rororo computer

HERAUSGEGEBEN VON LUDWIG MOOS UND MANFRED WAFFENDER

C ist trotz der Entwicklung von Programmiersprachen der fünften Generation die Hauptsprache für professionelle Software geworden. Dies liegt sicher auch an dem Erfolg von Betriebssystemen wie Unix oder Windows, die fast ausschließlich in C programmiert sind.
Professionelle Windows-Anwendungen werden ebenfalls mit C erstellt. Dieses Buch setzt Grundkenntnisse in C und der Bedienung von Windows voraus. Es bietet eine strukturierte Einführung in C für Windows, mit der sich Schritt für Schritt anhand praxisnaher Beispiele lernen läßt, wie man eigene Windows-Anwendungen erstellt. Helmut Erlenkötter/Volker Reher

HELMUT ERLENKÖTTER/
VOLKER REHER

C FÜR WINDOWS

VISUAL C++, BORLAND C++, TURBO C++

EINE STRUKTURIERTE EINFÜHRUNG

GRUNDKURS COMPUTERPRAXIS
HERAUSGEGEBEN
VON RUDOLF HAMBUSCH

ROWOHLT

11.–13. Tausend Mai 1995

Originalausgabe
Veröffentlicht im Rowohlt Taschenbuch Verlag GmbH,
Reinbek bei Hamburg, August 1993

Umschlaggestaltung Thomas Henning
Grafiken Carola Hennig und Ilse Parkmann
Satz Times PostScript Linotype Library, PN 4.2
bei Langosch Grafik+DTP, Hamburg
Druck und Bindung Clausen & Bosse, Leck
Printed in Germany
1690-ISBN 3 499 19234 9

INHALT

EDITORIAL

Folgt man den Aussagen von Bildungs- und Wirtschaftspolitikern, so wird das Zusammenleben der Menschen in Zukunft von informationsverarbeitenden Maschinen geprägt sein: Mehr als die Hälfte aller Arbeitenden wird direkt oder indirekt mit Computern zu tun haben. Eine besondere Rolle spielt dabei der heute bereits millionenfach verbreitete Jedermanncomputer, der Personal Computer (PC). Schüler, Handwerksmeister, Rechtsanwälte, Kaufleute, Lehrer und viele andere leben, spielen und arbeiten schon heute mit diesem Gerät. Der Einsatz des persönlichen Computers wird weniger von der Fähigkeit des Benutzers geprägt, das Gerät in seiner Technizität (Hardware) zu verstehen, als es vielmehr mit Hilfe der Computerprogramme (Software) zu bedienen.
Die Serie «Grundkurs Computerpraxis» erklärt Informationsverarbeitung sehr konkret und auf einfache Weise. Dabei steht das, was den Computer im eigentlichen Sinne funktionieren läßt, im Vordergrund: die Software.
Sie umfaßt

- Betriebssysteme,
- Anwenderprogramme,
- Programmiersprachen.

Ausgewählt werden Programme, die sich hunderttausendfach bewährt und einen Standard gesetzt haben, der Gefahr des Veraltens also nur in geringem Maße unterliegen.
Im «Grundkurs Computerpraxis» wird das praktische Computerwissen übersichtlich gegliedert, textverständlich strukturiert, auf das Wesentliche begrenzt und mit Grafiken, Beispielen und Übungen optimal zugänglich gemacht.

Der Herausgeber der Serie, Rudolf Hambusch, leitet am Institut für Schule und Weiterbildung des Landes Nordrhein-Westfalen unter anderem das Projekt Lehrerfortbildung in Informationsverarbeitung Wirtschaft. Die Autoren sind erfahrene Berufspädagogen, Praktiker und Mitarbeiter im Fortbildungsprojekt.

VORWORT

Der Windows-Programmierung haftet der Ruf an, besonders aufwendig und schwer verständlich zu sein. Was die nötigen Schritte zur Erstellung eines Programms betrifft, ist der Aufwand im Verhältnis zu DOS-Programmen in der Tat um einiges größer. Was das Verstehen der Programmierphilosophie angeht, sind wir jedoch der Meinung, daß sie nicht wesentlich schwerer zu erlernen ist als zum Beispiel für MS-DOS. Das größte Problem für einen Neuling ist es, erst einmal das Konzept von Windows zu akzeptieren. Ist diese Einstiegshürde überwunden, lernt man ein System mit vielen Vorzügen gegenüber der herkömmlichen Art der Programmierung kennen.
In unserem Buch haben wir daher als oberstes Ziel angestrebt, das Windows-Programmiermodell verständlich zu machen. Dabei haben wir Ausnahmen bei der Programmierung ausgeklammert und von mehreren Möglichkeiten, ans Ziel zu kommen, auch nur eine vorgestellt. Wir gehen davon aus, daß Sie in C programmieren können. Wir haben uns allerdings bemüht, möglichst einfache C-Konstruktionen zu verwenden. Der benötigte Sprachumfang wird zum Beispiel von unserem, ebenfalls bei Rowohlt erschienenen Buch "Programmiersprache C" abgedeckt.
Wie Sie im Laufe der ersten Kapitel feststellen werden, erfordert jedes Windows-Programm eine Vielzahl von immer wiederkehrenden Programmteilen. Daher legen sich viele Programmierer Programmgerüste an, die sie bei jedem neuen Programm immer wieder als Ausgangspunkt verwenden können. Man muß also das Rad nur einmal erfinden und nicht jedesmal neu. Mit dieser herkömmlichen Programmiermethode befaßt sich das Buch in den einführenden Kapiteln.
Daß diese Methode jedoch nicht der Weisheit letzter Schluß ist, ist auch den Compilerherstellern Borland und Microsoft aufgefallen. Daher haben beide eine Vereinfachung der Programmerstellung mit

Hilfe von C++-Techniken angestrebt. Das Ergebnis dieser Bemühungen sind die OWL (Object Windows Library) bei Borland und die MFC (Microsoft Foundation Class Library) bei Microsoft. Diesen objektorientierten Ansatz werden wir Ihnen am Beispiel der MFC in den Kapiteln 9 und 10 näherbringen.

Neben diesen sprachrelevanten Teilen wird auch beschrieben, welche Werkzeuge man einsetzt, um zum Beispiel Icons oder Cursor zu entwerfen. Besonders ausführlich haben wir dabei den Help-Compiler berücksichtigt, der in den Beschreibungen häufig recht stiefmütterlich abgehandelt wird.

Die einsetzbaren Entwicklungssysteme für dieses Buch sind:

Borland C++
MS-C/C++ mit dem SDK
Quick-C für Windows
Turbo C++
Visual C++

Beachten Sie bitte, daß Visual C++ in der Professional Version der direkte Nachfolger von MS-C/C++ 7.0 ist! In der Standardversion ersetzt es Quick-C für Windows.

Wir danken den Herren Dipl.-Hdl. Gerhard Haase und Dipl.-Hdl. Dipl.-Kfm. Alexander Parkmann für Beratung und Korrektur bei der Erstellung des Manuskriptes.

1 WINDOWSELEMENTE

In diesem ersten Kapitel wollen wir Ihnen die Elemente einer Windows-Anwendung zeigen, wie sie der Benutzer zu Gesicht bekommt, und Begriffe erläutern, die sich für den Programmierer hinter diesen Elementen verbergen.

1.1 Das Windows-Konzept

Die Idee, Computer durch eine grafische Benutzeroberfläche zu bedienen, ist bereits recht alt. Aufgrund der zu teuren bzw. nicht ausreichenden Rechnerleistungen konnte sie sich jedoch erst zu Beginn der 80er Jahre mit Einführung des Apple Macintosh durchsetzen. Die große Gemeinde der PC-Besitzer kam erst in den letzten Jahren in den Genuß der einfachen und schnell zu erlernenden Bedienungsoberfläche. Wenn man von den älteren Windows-Versionen und GEM absieht, begann der eigentliche Boom mit der Einführung der Windows-Version 3.0 im Jahre 1990. Eine nochmalige Verbesserung brachte schließlich die Version 3.1 mit sich. Als weiteres zukunftsträchtiges Produkt kam 1993 schließlich Windows NT hinzu. Der teilweise überraschende Erfolg von Windows hat zu einer starken Nachfrage nach Windows-Programmen geführt, so daß es sich heute kaum ein Softwarehaus leisten kann, keine Programme für diese Benutzeroberfläche anzubieten. Wenn man nun eine Programmiersprache wählen soll, mit der man Windows-Programme erstellen will, kommt man unweigerlich zu C. Die Programmiersprache C ist nicht irgendeine Sprache, sondern diejenige, in der Windows selbst geschrieben wurde. Wenn man also zukunftssicher und so systemnah wie möglich programmieren möchte oder muß, ist C als Programmiersprache die beste Wahl.

Wenn Sie früher für MS-DOS Programme geschrieben haben, müssen Sie sich bei der Windows-Programmierung mit einigen neuen Ideen auseinandersetzen. Drei der wichtigsten Änderungen sind folgende: Erstens müssen sich alle Programme den Bildschirm teilen, zweitens steht einem Programm nicht die gesamte Rechenzeit zur Verfügung, und drittens muß sich das Programm den Speicher mit anderen Programmen teilen. Damit das funktioniert, muß Windows eine sehr viel größere Kontrolle über die Programme ausüben, als das zum Beispiel MS-DOS getan hat. Für den Programmierer bedeutet ein Einstieg in die Windows-Programmierung neben dem Erlernen einer ganzen Reihe von neuen Funktionen auch eine grundsätzlich andere Denkweise. Nicht mehr das Programm – und damit der Programmierer – gibt vor, was in welcher Reihenfolge innerhalb einer Anwendung zu geschehen hat. Bei einem Windows-Programm legt der **Anwender** in weitem Rahmen selber fest, in welcher Reihenfolge einzelne Funktionen angewählt werden. Der Programmierer muß daher mehr die Vorstellung des Anwenders über richtige Arbeitsabläufe im Auge haben als seine eigene. Diese Erkenntnis mag sich noch trivial anhören, bei der Programmentwicklung hat sie aber eine ganze Reihe von tiefgreifenden Konsequenzen. Um diese zu verstehen, sehen wir uns in den nächsten beiden Kapiteln die beiden wichtigsten Begriffe in der Windows-Programmierung an, das Fenster und die Nachricht.

1.2 Fenster

Alles, was man mit Windows machen kann, spielt sich in Fenstern ab. In diese Fenster gibt der Anwender Informationen in das System ein und erhält sie auch wieder zurück. Die folgende Abbildung zeigt ein typisches Fenster mit seinen Bedienungselementen.

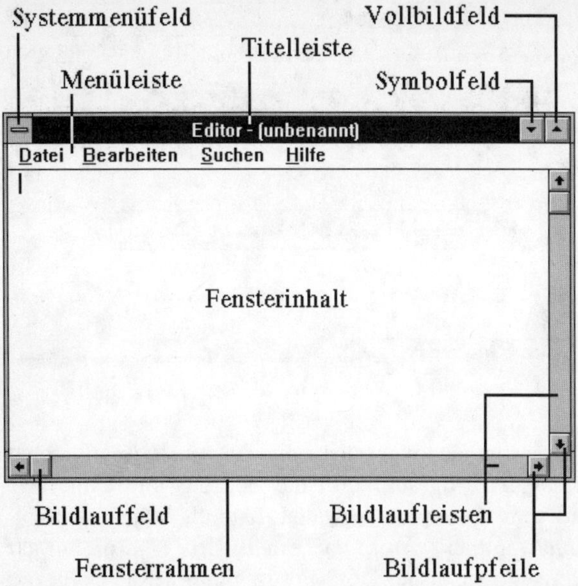

Aus der Sicht des Programmierers kann man ein Fenster in zwei Bereiche einteilen:
Erstens den **Rahmen** mit Menü-, Titel- oder Bildlaufleisten (der Begriff Rahmen bezieht sich auf alles, was nicht Fensterinhalt ist), der von Windows verwaltet wird und um den sich der Programmierer nur wenig kümmern muß. Das bedeutet, daß beispielsweise das Vergrößern und Verkleinern des Fensters ohne Zutun des Programmierers abläuft. Auch das Öffnen und Schließen von Menüs funktioniert, ohne daß man sich selber darum kümmern muß. Schließlich sorgt Windows auch noch dafür, daß ein Fenster, das den Eingabefokus besitzt, entsprechend hervorgehoben dargestellt wird. Der Begriff **Eingabefokus** besagt, daß dieses Fenster das aktive Fenster ist. Alle momentanen Aktionen beziehen sich auf dieses Fenster. Das aktive Fenster liegt normalerweise über allen anderen Fenstern und ist zusätzlich optisch hervorgehoben. Die folgende Abbildung zeigt mehrere inaktive und ein aktives Fenster.

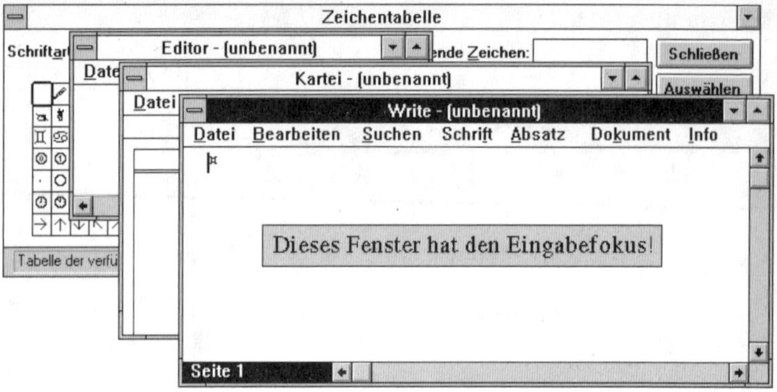

Der zweite Bereich ist der eigentliche **Fensterinhalt** (engl.: client area); er bereitet dem Programmierer die meisten Kopfschmerzen. Dieser Teil wird vom Programm verwaltet. Es muß daher dafür sorgen, daß der Inhalt immer korrekt dargestellt wird. Und das ist gar nicht so einfach. Wenn Sie bisher DOS-Programme entwickelt haben, konnten Sie sich darauf verlassen, daß etwas, was auf dem Bildschirm ausgegeben wurde, sichtbar blieb, bis es wieder gelöscht wurde. Bei Windows ist das ganz anders. Windows kümmert sich nämlich nicht darum, daß der Inhalt eines Fensters erhalten bleibt, wenn es von einem anderen Fenster verdeckt wird. Wird das oben liegende Fenster wieder geschlossen oder zur Seite geschoben, zeichnet Windows den Rahmen (Titel, Menü, Bildlaufleiste) neu. Den Inhalt des Fensters muß die Anwendung selbst neu ausgeben. Diesen Effekt kann man besonders deutlich wahrnehmen, wenn man mit einem Zeichenprogramm arbeitet. War dessen Fenster verdeckt und wird es dann wieder sichtbar, so kann man sehr deutlich sehen, daß die Anwendung selber den Fensterinhalt neu aufbaut, was unter Umständen auch recht lange dauern kann.
Damit das Programm merkt, daß der Fensterinhalt oder Teile davon nicht mehr gültig sind und neu ausgegeben werden müssen, sendet Windows eine entsprechende Nachricht an das Fenster. Welche Bedeutung Nachrichten im Windows-System haben, erfahren Sie im folgenden Kapitel.

1.3 Nachrichten

Mit Hilfe von Nachrichten (engl.: messages) werden die Informationen von Windows an ein Fenster weitergeleitet. Dabei wird für jedes nur denkbare Ereignis eine Nachricht erzeugt. Das kann zum Beispiel das Drücken einer Taste, die Bewegung der Maus oder das Auswählen eines Menübefehls sein. Windows kennt einige hundert unterschiedliche Nachrichten, und zusätzlich kann der Programmierer eigene definieren. Zum Verteilen an den entsprechenden Empfänger werden sie erst einmal in Warteschlangen eingestellt und von dort weitergeleitet.
Programmtechnisch ist eine Nachricht eine Struktur vom Typ MSG, die den folgenden Aufbau hat:

```
typedef struct
{
    HWND      hwnd;
    UINT      message;
    WPARAM    wParam;
    LPARAM    lParam;
    DWORD     time;
    POINT     pt;
} MSG;
```

Im einzelnen haben die Variablen in der Struktur folgende Aufgaben:
hwnd ist die **Kennziffer** des Fensters, an das die Nachricht gerichtet ist. Statt Kennziffer verwendet man auch die Begriffe **Bezug** oder **Handle** für diesen Wert.
message ist die Nummer der Nachricht. Es können Werte zwischen 0 und 65535 auftreten. Die Werte bis 1023 werden dabei vom Windows-System genutzt. So bedeutet zum Beispiel die Nachricht 514 (0202_{hex}), daß der Benutzer die linke Maustaste losgelassen hat. Damit der Programmierer nicht solche nichtssagenden Zahlen benutzen muß, sind diese Konstanten in der Datei windows.h mit sprechenden Namen versehen worden. Diese Nachricht ist zum Beispiel so definiert:

```
#define WM_LBUTTONUP 0x0202
```

Das heißt nichts anderes, als daß man den Wert 514 (0202_{hex}) im Programm mit WM_LBUTTONUP ansprechen kann. Die Konstanten

für Nachrichten von Windows fangen im übrigen alle mit *WM_* an, was soviel wie Windows Message bedeuten soll.
wParam und *lParam* sind zwei Werte, die je nach Nachricht unterschiedliche Bedeutung haben und die Nachricht genauer spezifizieren.
time gibt die Uhrzeit der Nachricht an.
pt enthält die Mausposition zum Zeitpunkt der Nachrichtenerzeugung.
Wie erfolgt nun programmtechnisch die Übergabe der Struktur MSG, also der Nachricht? Ganz einfach! Windows ruft eine Funktion in Ihrem Programm auf und übergibt dieser Funktion die Nachricht als Parameter. Bei dieser Funktion handelt es sich um die sogenannte **Fensterfunktion**, die alle Meldungen, die an dieses Fenster gehen, entgegennimmt und entsprechende Reaktionen veranlaßt. Diese Tatsache ist auch schon eines der wesentlichen Konzepte der Windows-Programmierung, das man verstanden haben muß! **Im Gegensatz zu normalen C-Programmen braucht ein Windows-Programm neben der Hauptfunktion mindestens noch eine zweite Funktion, nämlich die Fensterfunktion.**

1.4 Dialogfelder und deren Bestandteile

Um Daten vom Benutzer entgegenzunehmen oder Meldungen auszugeben, werden unter Windows Dialog- und Meldungsfelder benutzt. Für den Programmierer sind diese Felder nichts anderes als Fenster, wenn auch mit besonderen Eigenschaften. Für die verschiedenen Aufgaben stehen unterschiedliche Arten von Dialog- und Meldungsfeldern zur Verfügung.
Die für den Programmierer einfachste Form stellen Meldungsfelder dar, wie in der folgenden Abbildung zu sehen.

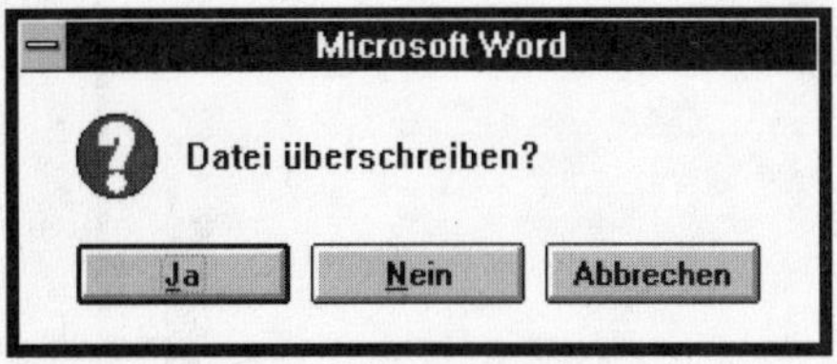

Die Tätigkeit des Benutzers beschränkt sich hier darauf, entweder die Meldung zu bestätigen oder abzubrechen. Meldungsfelder werden verwendet, um dem Benutzer die Durchführung einer Aktion zu bestätigen, oder sie dienen als Sicherheitsabfrage beim Löschen oder Überschreiben von Dateien.
Bei einem Dialogfeld erwartet Windows vom Benutzer eine Eingabe oder die Auswahl von Optionen. Typischerweise werden Dialogfelder dann eingesetzt, wenn eine Befehlsauswahl über das Menü nicht mehr ausreicht und zusätzliche Informationen vom Benutzer benötigt werden. Menübefehle, hinter denen sich Dialogfelder verbergen, werden durch drei Auslassungspunkte (...) hinter dem Befehl gekennzeichnet. Dialogfelder werden zum Beispiel für die Eingabe von Dateinamen, die Auswahl von Zeichensätzen und Bildschirmfarben oder ähnlichem benutzt. In einem Dialogfeld können verschiedene standardisierte Objekte erscheinen. Die folgende Abbildung zeigt die wichtigsten dieser Kontrollelemente:

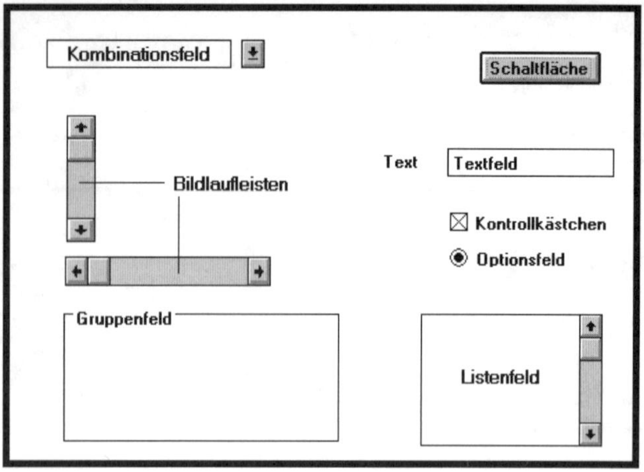

Dialog- und Meldungsfelder können in zwei unterschiedlichen Arten vorkommen. Zum einen in der **modalen** (siehe die folgende Abbildung) und zum anderen in der **nicht modalen** Form (siehe Bild auf S. 21).

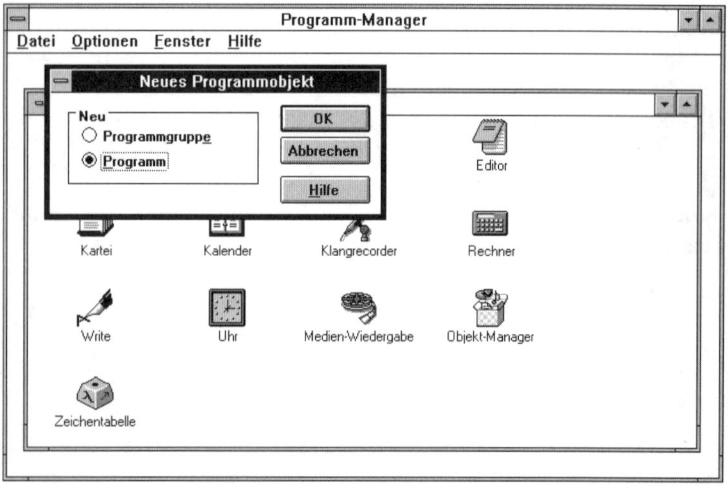

Modale Felder sind Felder, auf die der Benutzer auf jeden Fall reagieren muß. Das heißt, er kann so lange nicht weiterarbeiten, bis er das Feld geschlossen hat. Nichtmodale Felder hingegen erlauben es dem Benutzer, in der Anwendung weiterzuarbeiten, während das Feld geöffnet bleibt. In der folgenden Abbildung sehen Sie das Dialogfeld von WinWord für die Rechtschreibung. Es erlaubt das Arbeiten im Text und das Zurückkehren in die Dialogbox, ohne daß man den Menüpunkt für die Rechtschreibprüfung erneut aufrufen müßte.

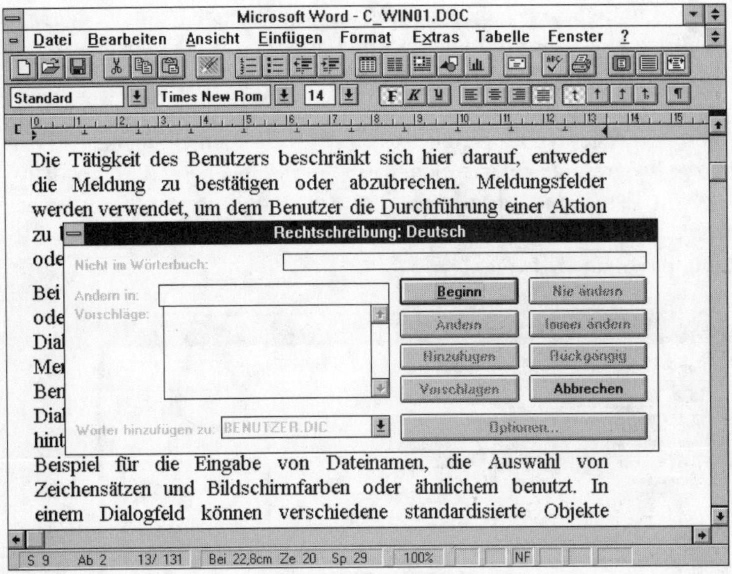

Für den Programmierer sind modale Felder einfacher zu erstellen. In diesem Fall muß er sich nicht darum kümmern, welche Auswirkungen das Wechseln zwischen Anwendung und Dialogfeld hat. Für den Anwender hingegen sind nichtmodale Felder häufig angenehmer zu bedienen.

Bei den modalen Feldern gibt es noch eine weitere Unterteilung. Bei einem normalen modalen Feld kann der Benutzer zwar in der Anwendung, zu der das Feld gehört, nicht mehr arbeiten. Wenn er jedoch zu einer anderen Anwendung umschaltet, kann er dort durchaus arbeiten. Es gibt jedoch Umstände, bei denen ein Umschalten zu einer

Anwendung nicht erlaubt werden kann. Das kann zum Beispiel ein Windows-interner Fehler sein. In diesem Fall verwendet man sogenannte **systemmodale Felder**, die das ganze System sperren, bis der Benutzer reagiert hat.

Zum Entwerfen von Dialogfeldern bieten alle Hersteller entsprechende Werkzeuge an. Mit ihnen kann man am Bildschirm die einzelnen Elemente der Dialogbox positionieren oder in der Größe verändern. Weitere Informationen zu der Erstellung von Dialogen finden Sie im dritten Kapitel.

Viele Dialogboxen haben häufig wiederkehrende Aufgaben. Dazu gehört zum Beispiel der Dialog zum Laden (siehe die folgende Abbildung) oder der Dialog zum Speichern von Dateien. Um dem Programmierer an dieser Stelle Arbeit abzunehmen und um vor allem dem Anwender eine möglichst einheitliche Bedienung aller Windows-Programme zu erlauben, wurde mit der Version 3.1 eine Gruppe von acht **Standarddialogen** zum Bestandteil des SDK (Software Development Kit). Es handelt sich dabei u. a. um Dialoge zum Öffnen und Schließen von Dateien.

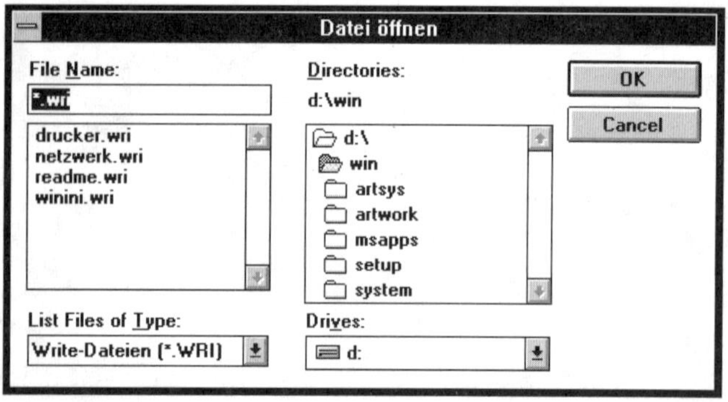

Bei der Entwicklung von Programmen sollte sich der Programmierer, wann immer es möglich ist, dieser Dialoge bedienen. Die konsequente Benutzung dieser standardisierten Dialogfelder kann dem Anwender die Arbeit erheblich vereinfachen. Damit die Dialogfelder benutzt werden können, muß im Windows-Verzeichnis SYSTEM die Datei COMMDLG.DLL vorhanden sein. Eine eingehende Beschreibung dieser Standarddialoge finden Sie in Kapitel 6.3.

1.5 Menüs und Befehle

Befehle werden einem Windows-Programm häufig über Menüs gegeben (siehe die folgende Abbildung). In der **Menüleiste** sind die Befehle zu Gruppen wie zum Beispiel *Datei*, *Bearbeiten* oder *Hilfe* bzw. *?* zusammengefaßt. Die Reihenfolge der Menüpunkte in der Leiste ist grundsätzlich frei wählbar. Sie sollten sich jedoch an die übliche Reihenfolge halten, um dem Anwender die Einarbeitung in das Programm nicht unnötig zu erschweren.

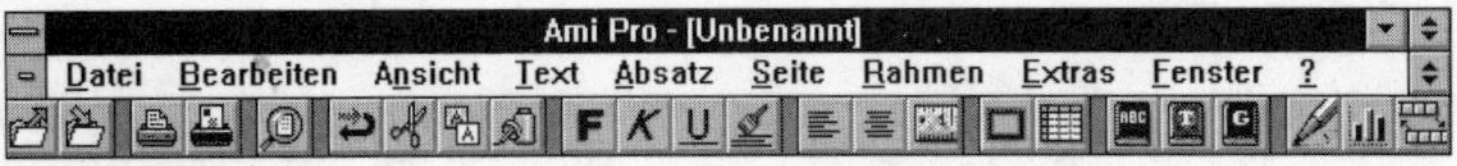

Wählt man diese Begriffe aus, wird in der Regel ein Fenster (engl.: Popup) (siehe die folgende Abbildung) aufgeschlagen, in dem man die gewünschte Aktion auswählt.

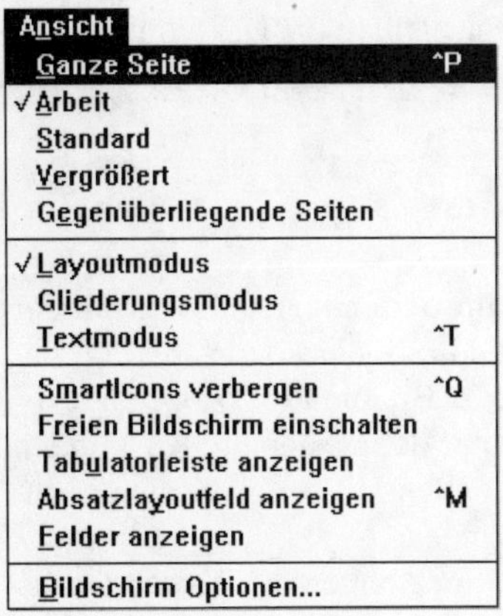

Sie als Programmierer haben mit dem Öffnen der Menüs, dem Bewegen der Markierung innerhalb der Menüs und der Auswahl der Befehle nichts zu tun. Das Programm bekommt von Windows die Nummer des gewählten Befehls geliefert und kann dann entsprechend reagieren. Die Kennziffer eines jeden Menüpunktes haben Sie vorher bei der Zusammenstellung der Menüzeile festgelegt.

In den letzten Jahren ist in vielen Programmen noch eine sogenannte **Symbolleiste** (siehe die erste Abbildung auf S. 23) zur Menüleiste hinzugekommen. Mit Hilfe dieser Symbole können Befehle direkt gewählt werden, ohne daß man Menüs über mehrere Schritte öffnen müßte. Für den Benutzer bedeutet das einen gesteigerten Bedienungskomfort.
Weitere Informationen zu den Menüs finden Sie im dritten Kapitel.

1.6 Icon, Cursor und Caret

Icon

Wird eine Anwendung im Programm-Manager dargestellt, oder ist sie auf Symbolgröße verkleinert, so wird sie in Form eines kleinen Bildes dargestellt. Dieses **Icon** bzw. **Symbol** hilft dabei, ein Programm optisch zu identifizieren. Bis auf wenige Ausnahmen, wie zum Beispiel der Taskmanager, haben alle Windows-Programme mindestens ein Symbol. Dieses Symbol ist in der Programmdatei selbst gespeichert. Die folgende Abbildung zeigt beispielhaft die vier Symbole, die im Dateimanager von Windows 3.1 enthalten sind.

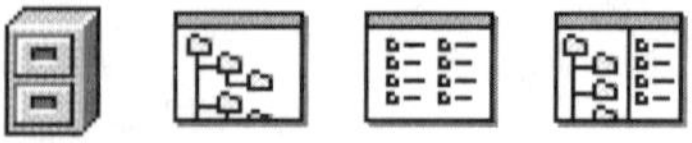

Icons werden mit einem speziellen Malprogramm erstellt und mit der Dateiendung ICO abgespeichert. Die Größe eines Icons beträgt dabei für einen VGA-Bildschirm 32 mal 32 Bildpunkte. Da sie im fertigen Windows-Programm immer an einer definierten Stelle zu finden sind, ist es möglich, sie mit entsprechenden Hilfsprogrammen anzuzeigen oder sogar nachträglich zu verändern.
Zur optischen Darstellung der Programme haben die Anwender neben den Symbolen, die in den Programmen selbst gespeichert sind, noch eine große Auswahl an Bildern im Programm-Manager. Sollte auch das nicht reichen, finden Sie in der Datei MORICONS.DLL nochmals mehr als hundert zusätzliche Symbole.

Cursor

Der **Cursor** bzw. **Mauszeiger** zeigt die Bewegung der Maus auf dem Bildschirm an. Meist wird der Cursor als Pfeil dargestellt.

Je nach Verwendungszweck kann er jedoch eine Vielzahl von Formen annehmen. Dabei können Sie auf vordefinierte Darstellungen zurückgreifen oder Cursor selbst erstellen. Die vordefinierten Formen, die Windows benutzt und die Ihnen für Ihre Programme auch zur Verfügung stehen, können Sie im Anhang unter der Funktion LoadCursor finden. Gespeichert sind diese Standardcursorformen in den entsprechenden Bildschirmtreibern wie zum Beispiel VGA.DRV oder SUPERVGA.DRV.
Cursor können im Gegensatz zu den Symbolen nur schwarzweiß erscheinen. Allerdings kann man dafür sorgen, daß sie wahlweise durchscheinend, ausgefüllt oder invertiert wirken. Ein Mauszeiger ist genauso groß wie ein Icon, hat also meist 32 mal 32 Bildpunkte. Er wird standardmäßig in einer Datei mit der Endung CUR gespeichert. Neben dem äußeren Erscheinungsbild hat jeder Cursor noch einen sogenannten **Hotspot** (üblich sind auch die Begriffe Kontaktpunkt oder Zentrierpunkt). Dieser Punkt ist ein einzelnes Pixel (Bildschirmpunkt), das die Stelle festlegt, an der der Cursor Kontakt haben muß, um eine Aktion auszulösen. So ist der Kontaktpunkt bei einem Pfeilcursor sinnvollerweise die Spitze und bei einem kreuzförmigen Cursor der Achsenschnittpunkt.

Caret

Bei DOS-Programmen bedeutet der Begriff Cursor das blinkende Zeichen, das die aktuelle Eingabestelle markiert. In der Windows-Terminologie bezeichnet Cursor jedoch den Mauszeiger. Als Name für die Eingabemarke wird daher der Begriff **Caret** verwendet (siehe die folgende Abbildung).

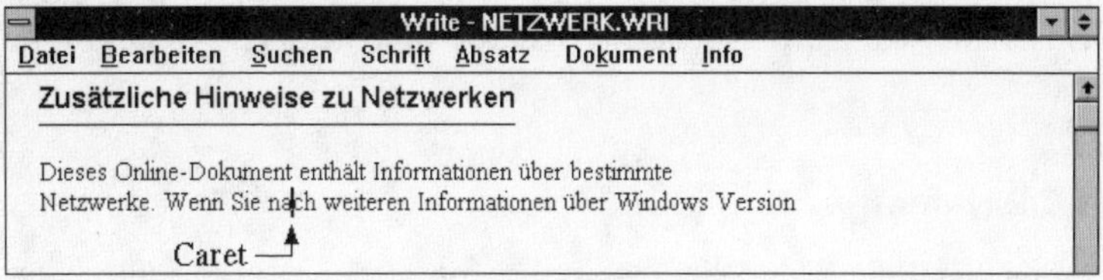

Trotz dieser eigentlich recht eindeutigen Sprachregelung wird der Begriff Cursor auch in Windows selbst nicht einheitlich verwendet. So wird in der Systemsteuerung vom Einstellen der "Cursor-Blinkfrequenz" gesprochen, obwohl es sich genaugenommen um eine "Caret-

Blinkfrequenz" handelt. Achten Sie also darauf, in welchem Zusammenhang der Begriff gebraucht wird, um festzustellen, was eigentlich gemeint ist.

1.7 Programmieren für Windows

Der folgende Abschnitt erläutert einige Begriffe und Konzepte, die bei der Windows-Programmierung benutzt werden.

1.7.1 Funktionen

Wenn Sie Windows-Programme in C erstellen wollen, benötigen Sie neben den Standard-C-Funktionen eine große Anzahl von zusätzlichen Funktionen. Damit kann man zum Beispiel Fenster anlegen, Text und Grafiken ausgeben, Dateien öffnen und so weiter. Das Windows-**API** (Application Programming Interface) stellt mehrere hundert Funktionen in besonderen Bibliotheken für die verschiedensten Aufgaben zur Verfügung.
Ein großer Teil der Anfangsschwierigkeiten bei der Windows-Programmierung besteht nun darin, sich einen Überblick über die vorhandenen Funktionen zu verschaffen. Außerdem muß man sich als C-Programmierer abgewöhnen, einige der normalen C-Funktionen wie z. B. printf zu verwenden, da deren Benutzung unter Windows nicht mehr sinnvoll ist. Wenn Sie in die Handbücher zu ihren Compilern sehen, finden Sie zu jeder Standard-C-Funktion vermerkt, ob sie für Windows geeignet ist oder nicht. Insbesondere Funktionen zur Textausgabe und zur Speicherverwaltung sind für Windows nicht mehr einsetzbar. Einige Beispiele für Windows-Funktionen finden Sie im Anhang.

1.7.2 Namen

Wenn Sie Ihr erstes Windows-Programm sehen, werden Sie wahrscheinlich Probleme haben, es zu lesen. Selbst wenn man schon länger in C programmiert, hat man Schwierigkeiten, die Programme vom Aufbau her zu verstehen. Das liegt unter anderem daran, daß die Namen für Funktionen, Datentypen, Konstanten und Variablen in einer für Windows typischen Schreibweise verwendet werden.

Funktionen werden so bezeichnet, daß jedes Wort im Funktionsnamen mit Großbuchstaben anfängt wie zum Beispiel **C**reate**W**indow, **S**croll**W**indow oder **G**et**N**earest**C**olor. Diese Schreibweise unterscheidet sich von normalem C, wo Funktionsnamen klein geschrieben werden, wie zum Beispiel fprintf, strcpy oder bsearch.

Konstanten werden in großer Zahl in Windows-Programmen verwendet. Viele sind standardmäßig in der Include-Datei windows.h enthalten. Wie auch im Standard-C üblich, werden Konstanten durchgehend groß geschrieben, um sie von Variablen zu unterscheiden (WS_ MINIMIZE, NULL, TRUE).

Datentypen wie zum Beispiel BYTE, BOOL, DWORD oderWNDCLASS wurden mit der Anweisung **typedef** festgelegt.

```
typedef unsigned char        BYTE;
typedef int                  BOOL;
typedef unsigned long        DWORD;
typedef struct tagWNDCLASS
{
    UINT         style;
    WNDPROC      lpfnWndProc;
    int          cbClsExtra;
    int          cbWndExtra;
    HINSTANCE    hInstance;
    HICON        hIcon;
    HCURSOR      hCursor;
    HBRUSH       hbrBackground;
    LPCSTR       lpszMenuName;
    LPCSTR       lpszClassName;
} WNDCLASS;
```

Derartige Datentypen werden ebenso wie die Konstanten groß geschrieben. Ein wesentlicher Vorteil ihrer Benutzung ist, daß man aussagekräftige Namen für sie vergeben kann, die schon Aufschluß über ihren Verwendungszweck liefern.

Bei den **Variablennamen** wird von vielen Programmierern eine besondere Schreibweise, die sogenannte **ungarische Notation,** verwendet. Hierbei fängt jeder Variablenname mit einer Vorsilbe (Präfix) an, die etwas über den Variablentyp aussagt, gefolgt vom eigentlichen Namen, der mit einem Großbuchstaben beginnt. Ein Beispiel ist der Name *szPauseName*. Der Präfix *sz* steht hier für "string-zero terminated" = "Zeichenkette, mit binärer Null begrenzt". Ein weiteres Beispiel wäre die Vorsilbe *fn*, die für Funktion steht. Für die Vergabe der Präfixe existiert keine einheitliche Norm. Bei größeren Projekten sollte man daher alle Beteiligten auf eine einheitliche Namensgebung verpflichten. Erst dann ist die ungarische Notation sinnvoll und nützlich.

1.7.3 Handle

Ein **Handle** bzw. **Bezug** ist eine vorzeichenlose 16-Bit-Zahl, mit der ein Objekt in Windows gekennzeichnet ist. Ein solches Objekt kann ein Fenster, ein Zeichenbereich oder ähnliches sein. Jeder Zugriff auf ein Objekt erfolgt über eine solche Kennziffer. Diese Vorgehensweise unterscheidet sich von DOS-Programmen, bei denen häufig die direkte Speicheradresse benutzt wird, wie zum Beispiel beim direkten Schreiben in den Bildschirmspeicher. Die unter Windows übliche Methode, mit Kennziffern zu arbeiten, mag am Anfang gewöhnungsbedürftig sein, sie hat jedoch große Vorteile, was Sicherheit und Hardwareunabhängigkeit der Programme angeht. Die Kennzifferarten werden in Windows mit sprechenden Namen versehen (durch die Preprozessoranweisung typedef). Dazu gehören die Typen **HWND** für Fenster, **HICON** für Symbole oder **HCURSOR** für Mauszeiger. In allen Fällen handelt es sich um vorzeichenlose Integerzahlen. Die unterschiedliche Bezeichnung dient in erster Linie der besseren Lesbarkeit der Programme.

1.7.4 Instanz

Eine Eigenschaft von Windows ist es, daß sich zu jedem Zeitpunkt mehrere Programme im Speicher befinden können, die reihum den Prozessor nutzen und so quasi parallel laufen. Dabei kann es vorkommen, daß man ein und dasselbe Programm mehrmals startet. Da Windows mit dem zur Verfügung stehenden Speicher möglichst wirtschaftlich umgehen will, kontrolliert es, ob sich das zu ladende Programm nicht schon im Speicher befindet. Ist das der Fall, wird der Programmcode nicht nochmals geladen, sondern nur ein Bereich für die privaten Daten der weiteren **Instanz** des Programms angelegt. In der folgenden Abbildung sehen Sie drei Instanzen des Programms Rechner.

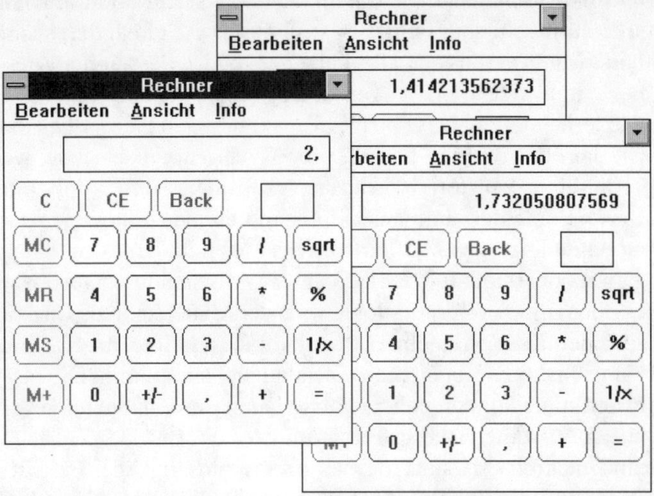

Für alle drei Programme ist insgesamt nur einmal der Programmcode geladen worden. Was diese drei Instanzen unterscheidet, sind der jeweils eigene Datenbereich und die jeweils eigene Kennziffer (engl.: Handle).

1.8 Zusammenfassung

- Der gesamte Informationsfluß innerhalb von Windows läuft über **Nachrichten**. Dabei erzeugt jeder Tastendruck, jede Mausbewegung, jeder Mausklick eine Nachricht.
- Im Gegensatz zu normalen C-Programmen braucht ein Windows-Programm neben der Hauptfunktion noch eine zweite Funktion, nämlich die **Fensterfunktion**. Diese Funktion verarbeitet die Nachrichten, die von Windows an das Fenster geschickt werden.
- Das aktive Fenster hat den **Eingabefokus** und erhält von Windows die Nachrichten.
- Bei der Darstellung von Fenstern sorgt Windows dafür, daß der **Rahmen** des Fensters – dazu zählen auch Bildlauf- und Menüleisten – auf dem Bildschirm dargestellt wird. Für den **Inhalt** des Fensters (engl.: client area) ist das Programm selber zuständig.

- Um es nochmals zu betonen: Windows sichert den alten **Bildschirminhalt** nicht, wenn z. B. ein Fenster vor ein anderes geschoben wird. Wird das oben liegende Fenster wieder zur Seite geschoben, muß das vorher verdeckte seinen Fensterinhalt selbst wiederherstellen. Das einzige, was Windows in diesem Fall macht, ist, dem betroffenen Fenster eine Nachricht zu schicken, welche Teile seines Fensterinhaltes zerstört wurden.
- Bei **Dialogfeldern** unterscheidet man zwischen **modalen** und **nicht modalen** Dialogen. Auf modale Dialoge muß der Anwender reagieren, nichtmodale Dialoge kann er zwischendurch verlassen.
- In der Windows-Terminologie wird der Mauszeiger als **Cursor** bezeichnet. Die Einfügemarke in einem Text heißt **Caret**.
- Unter **Instanz** versteht man ein geladenes Programm. Die meisten Programme können beliebig oft geladen werden. Sie bilden somit weitere Instanzen dieses Programms.
- Sind mehrere Instanzen eines Programms im Speicher, ist der **Programmcode** nur einmal vorhanden und wird von allen Instanzen gemeinsam genutzt. Nur die Bereiche für die Daten werden für jede Instanz neu angelegt.
- Jedes Objekt, wie zum Beispiel Fenster, Cursor oder Icon, enthält von Windows eine Kennziffer, unter der man es ansprechen kann. Der Fachbegriff für diese Kennziffer ist **Handle** oder **Bezug**.

2 EIN MINIMALPROGRAMM

In diesem Kapitel wollen wir Ihnen ein erstes einfaches Windows-Programm vorstellen und es detailliert erläutern. Wenn Sie es sich in Kapitel 2.3 ansehen, werden Sie über die Größe des Programms wahrscheinlich unangenehm überrascht sein. Dafür, daß es "nur" ein leeres Fenster auf den Bildschirm bringt, scheint es recht umfangreich zu sein. Bedenken Sie aber, welcher Aufwand nötig wäre, ein solches Fenster, wie es in Kapitel 2.5 gezeigt ist, mit all seinen Funktionen selbst zu programmieren! So gesehen, relativiert sich der erhebliche Aufwand dann doch wieder.
Das hier vorgestellte Minimalprogramm finden Sie in ähnlicher Form als Grundbaustein in jedem kompletten Windows-Programm wieder. Wenn Sie daher dieses erste Programm verstanden haben, haben Sie damit auch schon eine große Hürde genommen. Dem weiteren Erfolg steht dann nicht mehr allzuviel im Wege.

2.1 Dateien zur Erstellung eines Windows-Programms

Um Windows-Programme zu erstellen, benutzt man das Windows-API (Application Programming Interface). Das API stellt dem Programmierer einige hundert Funktionen zur Verfügung, um Fenster zu erzeugen, Text und Grafik auszugeben, Menüs zu bearbeiten und so weiter. Die Funktionen stecken in den Libraries, die zu jedem Entwicklungssystem für Windows gehören. Das heißt, daß man für die Windows-Programmierung zusätzlich spezielle Bibliotheken braucht und nicht etwa mit den Standard-Libraries der normalen C-Compiler auskommt!
Abgesehen von den zusätzlichen Bibliotheken benötigt man zur Er-

stellung eines Windows-Programms auch mehr Dateien als für ein normales C-Programm. Die folgende Tabelle stellt die wesentlichen Dateien zusammen, die für Standard- bzw. WINDOWS-C-Programme benötigt werden. Die Angabe kann und muß sagt, ob diese Datei zur Programmerstellung nötig oder ob sie optional ist:

	Dateityp	kann	muß	Bedeutung
C				
	C		x	Quellcode des C-Programms.
	H	x		Normalerweise sind eine oder mehrere Include-Dateien eingebunden, abhängig von den benutzten Funktionen.
	MAK	x		Eine Make-Datei, die das Compilieren und Linken vereinfacht.
C für Windows				
	C		x	Quellcode des C-Programms für Windows.
	H		x	Mindestens die Include-Datei **windows.h** muß eingebunden werden.
	MAK	x		Eine Make-Datei, die das Compilieren und Linken der vielen Bestandteile automatisiert.
	DEF		x	Eine Definitionsdatei, die zum Linken immer benötigt wird.
	RC	x		Eine Ressourcedatei, die Informationen über Bitmaps (BMP), Cursor (CUR), Dialogfelder (DLG), Symbole (ICO), Menüs oder Zeichenketten enthält.
	BMP	x		Bitmap
	CUR	x		Cursor
	DLG	x		Dialogfeld
	ICO	x		Programmsymbol (Icon)

Wie Sie der Tabelle entnehmen können, werden als Minimalanforderung drei Dateien für ein simples Windows-Programm benötigt: Das **C-Programm**, die Include-Datei **windows.h** und eine **Definitionsdatei** für den Linker. Für die Erstellung des ersten Programms werden wir auch nur diese drei Teile benutzen, die anderen werden in späteren Abschnitten im einzelnen erläutert.

2.2 Funktionen eines C-Programms für Windows

Wie Sie wissen, besteht ein ausführbares C-Programm zumindest aus einer Funktion, nämlich der Funktion **main**. Im Gegensatz dazu besteht ein Windows-Programm aus mindestens zwei Funktionen: der Hauptfunktion, die hier allerdings **WinMain** heißt, und einer **Fensterfunktion**, die einen beliebigen Namen haben kann.
WinMain hat die gleiche Aufgabe wie main; sie dient als Startpunkt für die Programmausführung. Die Fensterfunktion wird in einem Windows-Programm benötigt, um alle Nachrichten, die an dieses Fenster gehen, zu bearbeiten. Diese Funktion hat die Eigenschaft, daß sie nicht aus Ihrem Programm heraus aufgerufen wird, sondern Windows sie direkt anspricht.

2.3 Die Programmdatei

Das folgende Listing zeigt das Minimalprogramm. Die Zeilennummern, die als Kommentare vor jeder Zeile stehen, dienen ausschließlich der Erläuterung. Sie können natürlich weggelassen werden.

```
/*prg2_1.c*/
      #include <windows.h>
/* 3*/
/*=====================< Globale Variable >====================== */
/* 5*/ HANDLE Instanz;
/* 6*/
/*========================< Prototypen >======================== */
/* 8*/ int PASCAL WinMain(HANDLE, HANDLE, LPSTR, int);
/* 9*/ LONG FAR PASCAL FensterFunktion(HWND,WORD,WORD,LONG);
/*10*/
/*=======================< Hauptprogramm >======================== */
/*12*/ int PASCAL WinMain(HANDLE dieseInstanz,
/*13*/                    HANDLE vorigeInstanz,
/*14*/                    LPSTR  kommando,
/*15*/                    int    fenstertyp)
/*16*/ {
/*17*/ MSG  meldung;
/*18*/ HWND Hauptfenster;
/*19*/   Instanz = dieseInstanz;
/*20*/   if (!vorigeInstanz)
/*21*/   {
/*22*/   WNDCLASS wc;
/*23*/     wc.style = NULL;
/*24*/     wc.lpfnWndProc = FensterFunktion;
/*25*/     wc.cbClsExtra =    0;
/*26*/     wc.cbWndExtra =    0;
/*27*/     wc.hInstance =     dieseInstanz;
/*28*/     wc.hIcon =         0;
/*29*/     wc.hCursor =       LoadCursor(NULL,IDC_ARROW);
/*30*/     wc.hbrBackground = GetStockObject(WHITE_BRUSH);
/*31*/     wc.lpszMenuName =  NULL;
/*32*/     wc.lpszClassName = "Einfach";
/*33*/     if (!RegisterClass(&wc))
/*34*/     {
/*35*/       return 255;
/*36*/     }
/*37*/   }
/*38*/   Hauptfenster = CreateWindow( "Einfach",
/*39*/                                "Hello WinWorld!",
/*40*/                                WS_OVERLAPPEDWINDOW,
/*41*/                               CW_USEDEFAULT,
/*42*/                               CW_USEDEFAULT,
/*43*/                               CW_USEDEFAULT,
/*44*/                               CW_USEDEFAULT,
/*45*/                               NULL,
/*46*/                               NULL,
/*47*/                               dieseInstanz,
/*48*/                               NULL);
/*49*/   if (!Hauptfenster)
/*50*/   {
/*51*/      return 255;
/*52*/   }
/*53*/   ShowWindow(Hauptfenster, fenstertyp);
/*54*/   while (GetMessage(&meldung,0,0,0))
/*55*/   {
/*56*/     DispatchMessage(&meldung);
/*57*/   }
/*58*/   return meldung.wParam;
/*59*/ }
/*60*/
/*=====================< Fensterfunktion >===================== */
/*62*/ LONG FAR PASCAL FensterFunktion( HWND fenster,
/*63*/                           WORD nachricht,
/*64*/                           WORD parameter1,
```

```
/*65*/                          LONG parameter2)
/*66*/ {
/*67*/   switch (nachricht)
/*68*/   {
/*69*/     case WM_DESTROY:
/*70*/       PostQuitMessage(0);
/*71*/       return 0;
/*72*/   }
/*73*/   return DefWindowProc(fenster, nachricht, parameter1,
                                 parameter2);
/*74*/ }
```

Wenn Sie bereits andere Windows-Programme gesehen haben, wird Ihnen vielleicht auffallen, daß wir in diesen ersten Programmen von den üblichen Variablen- und Funktionsbezeichnungen abweichen. So verwenden wir statt des herkömmlichen Variablennamens *hInstance* den deutschen Begriff *dieseInstanz* oder statt *msg* (message) das Wort *nachricht*. Unsere Absicht ist es, Ihnen das Lesen des Programms zu erleichtern. Auf diese Weise können Sie leichter zwischen frei wählbaren Begriffen (meist in Deutsch) und fest definierten Funktionen und Konstanten (in Englisch) unterscheiden. Später werden wir wieder zu den üblichen Gepflogenheiten zurückkehren.

Zeile 2: In der include-Datei **windows.h** sind alle Deklarationen und Konstanten enthalten, die man für die Erstellung von Windows-Programmen benötigt. Diese Datei ist im Übrigen mit mehreren tausend Zeilen sehr groß geraten. Sie muß immer eingebunden werden.

Zeile 5: In den folgenden Beispielprogrammen wird bei einigen Funktionen die Instanz des Programmes benötigt. Damit alle Funktionen diesen Wert einfach benutzen können, ist er hier als globale Variable *Instanz* deklariert worden. In der Windows-Sprache heißt jede geladene Kopie des Programms eine **Instanz**. Jede Instanz bekommt von Windows eine Kennziffer zugeteilt, die vom Typ HANDLE ist. Handle ist ein vorzeichenloser 16-Bit-Ganzzahlwert.

Zeile 12-15: Statt main wird in einem Windows-Programm **WinMain** verwendet. Es hat die gleiche Aufgabe wie main in einem normalen C-Programm, erhält jedoch andere Parameter. Die Parameter haben folgende Bedeutung:

dieseInstanz	Dieser Parameter ist die Kennziffer dieses Programmes. Windows weist ihn von sich aus zu.
vorigeInstanz	Hier erscheint ebenfalls ein HANDLE, sprich eine Kennziffer. Ist *vorigeInstanz* ungleich NULL, weiß

das Programm, daß von ihm bereits mindestens eine Version läuft. Der Nutzen dieser Information ist, daß Windows den bereits geladenen Programmcode der ersten Instanz mitbenutzen kann und so wertvollen Speicherplatz spart.

kommando Dieser Parameter hat die gleiche Aufgabe, die in main die Variablen *argc* und *argv* haben. *kommando* zeigt auf eine Zeichenkette mit den Kommandozeilenparametern.

fenstertyp Als letztes erhält WinMain die Angabe, wie es dargestellt werden soll (als Vollbild, als Symbol o.a.).

Zeile 17: Die Variable *meldung* ist eine Struktur vom Typ MSG und dient der Übermittlung von Nachrichten an das Fenster. Die Nachricht enthält unter anderem die Kennziffer des angesprochenen Fensters und die Bedeutung der Nachricht. (Siehe Kapitel 1.3).
Zeile 18: In dieser Zeile wird die Variable *Hauptfenster* deklariert. Auch sie ist ein Handle, also eine vorzeichenlose 16-Bit-Ganzzahl. Obwohl HWND und HANDLE beide vom Typ **unsigned int** sind, wird hier die Bezeichnung HWND benutzt, um deutlich zu machen, daß die Kennziffer für ein Fenster benutzt wird.
Zeile 19: Der Variablen *Instanz* wird die Instanz des Programmes zugewiesen, damit man sie problemlos an anderer Stelle des Programms verwenden kann. In diesem ersten Programm wird sie allerdings noch nicht genutzt.
Zeile 20-37: Wenn man mit einem Fenster arbeiten will, muß man als erstes bei Windows eine sogenannte **Fensterklasse** registrieren lassen. Mit dieser Registrierung wird Windows unter anderem mitgeteilt, wohin es die Nachrichten für dieses Fenster schicken soll. Die Registrierung soll nicht mehrfach erfolgen, weil Windows alle nötigen Informationen zu dieser Fensterklasse nur einmal braucht. Da ein Programm jedoch mehrfach gestartet werden kann, darf die Registrierung nur beim ersten Mal erfolgen. Aus diesem Grund wird der Anweisungsblock zwischen Zeile 21 und Zeile 37 nur dann ausgeführt, wenn noch keine vorherige Instanz des Programmes existiert. Sie erinnern sich, daß die Variable *vorigeInstanz* die Kennziffer einer vorherigen Instanz oder NULL beim erstmaligen Aufruf enthält.
Zeile 22: Die Variable *wc* vom Typ WNDCLASS wird deklariert. In dieser Struktur können anschließend alle Informationen abgelegt

werden, die Windows zur Verwaltung dieser Fensterklasse braucht.
Zeile 23: *wc.style* bestimmt einige grundlegende Eigenschaften der Fensterklasse (siehe auch Kapitel 4.2).
Zeile 24: *wc.lpfnWndProc* zeigt auf die Funktion, die alle Nachrichten der Fensterklasse erhalten soll (in unserem Beispiel die Funktion *FensterFunktion* in Zeile 62). Mit anderen Worten: Alle Nachrichten für das Fenster werden an diese Funktion weitergeleitet. *FensterFunktion* und nicht *WinMain* ist daher auch dafür verantwortlich, daß alle relevanten Informationen ordnungsgemäß verarbeitet werden.
Zeile 25+26: Die Variablen *wc.cbClsExtra* und *wc.cbWndExtra* dienen dem Reservieren von zusätzlichem Speicherplatz für ein Fenster.
Zeile 27: In *wc.hInstance* wird die Kennziffer des eigenen Programms eingetragen. Diese Kennziffer wurde dem Programm über die Parameter von *WinMain* mitgegeben.
Zeile 28: Die Variable *wc.hIcon* kann festlegen, welches Symbol dargestellt werden soll, wenn das Fenster minimiert wurde oder im Programm-Manager dargestellt wird. In diesem ersten Beispielprogramm haben wir auf die Auswahl eines Symbols verzichtet.
Zeile 29: Mit *wc.hCursor* legen Sie fest, welches Aussehen der Cursor haben soll. In unserem Beispiel wird ein Pfeil (IDC_ARROW) dargestellt.
Zeile 30: Mit *wc.hbrBackground* legen Sie fest, welche Farbe der Hintergrund des Fensters haben soll. Zur Farbfestlegung wird hier die Funktion **GetStockObject** eingesetzt.
Zeile 31: *wc.lpszMenuName* enthält den Namen des Menüs. Da wir keines brauchen, wird NULL angegeben.
Zeile 32: Die letzte Variable *wc.lpszClassName* speichert den Namen der Fensterklasse. Häufig verwendet man hier den Programmnamen gleichzeitig als Namen der Fensterklasse.
Zeile 33-36: Die eigentliche Registrierung der Fensterklasse erfolgt in Zeile 33 durch den Aufruf der Funktion **RegisterClass**. Als Parameter erhält sie die Struktur *wc,* die jetzt alle nötigen Angaben für die Fensterklasse enthält. Liefert die Funktion den Wert Null zurück, ist die Registrierung fehlgeschlagen, und das Programm wird mit einem Fehlercode beendet.
Zeile 38-52: Die Funktion **CreateWindow** erzeugt nun ein Fenster auf Basis der oben angelegten Fensterklasse. Diese Funktion kann im Gegensatz zur Registrierung der Fensterklasse beliebig oft ausgeführt werden. Das muß sie auch, da jede neue Instanz auch ihr eigenes

Fenster braucht. Liefert die Funktion den Wert NULL zurück (Zeile 49), ist die Erzeugung des Fensters fehlgeschlagen, und das Programm wird mit einem Fehlercode beendet.
Zeile 38: Der erste Parameter der Funktion CreateWindow ist der Name der soeben registrierten Fensterklasse. Durch diesen Namen weiß Windows, welche Art von Fenster erzeugt werden soll.
Zeile 39: Der zweite Parameter gibt die Beschriftung der Titelleiste an. In unserem Beispiel den Text "Hello WinWorld!". Die übrigen Parameter können im wesentlichen für Position und Größe verwendet werden. Wir wollen an dieser Stelle jedoch nicht weiter darauf eingehen.
Zeile 53: Da mit CreateWindow das Fenster zwar angelegt, aber in der Regel noch nicht sichtbar ist, wird nun mit **ShowWindow** das Fenster auch angezeigt. Dabei ist die Variable *Hauptfenster* die Kennziffer (Handle) dieses Fensters, und die Variable *fenstertyp* legt fest, wie es dargestellt werden soll (als Vollbild, als Symbol etc.). Dieser zweite Parameter ist *WinMain* beim Aufruf mitgegeben worden.
Zeile 54-57: Diese Zeilen stellen für unser Programm die Hauptschleife dar. Bis zum Ende des Programms wird diese Schleife immer wieder durchlaufen. Ihre Aufgabe besteht darin, alle Nachrichten für das Fenster aus der Warteschlange zu holen und an die von uns geschriebene Funktion **FensterFunktion** in Zeile 62 zur Bearbeitung weiterzuleiten. **GetMessage** holt dabei die Nachricht von Windows ab, während **DispatchMessage** sie weiterleitet.
Zeile 62-65: Dies ist die zweite Funktion, die in einem Windows-Programm mindestens vorhanden sein muß. Der Name dieser Funktion ist im Gegensatz zu **WinMain** jedoch frei wählbar. Diese Fensterfunktion, der wir den Namen **FensterFunktion** gegeben haben, erhält aus Zeile 56 (DispatchMessage) alle Nachrichten, die an das Fenster gehen, und muß nun entsprechend darauf reagieren. Die Parameter, die diese Funktion erhält, entsprechen den ersten vier Elementen der Nachrichten-Struktur MSG.
Vielleicht ist Ihnen aufgefallen, daß diese Funktion von keiner Stelle unseres Programms aus aufgerufen wird! Daß sie dennoch ausgeführt wird, liegt daran, daß man sich unser Programm als Bestandteil eines größeren Programms – nämlich Windows selbst – vorstellen kann. Die Funktion wird also von Windows direkt angesprochen. Die Adresse dazu haben wir in Zeile 24 mit der Anweisung *wc.lpfn WndProc=FensterFunktion;* festgelegt. Funktionen, die von Win-

dows direkt bedient werden, nennt man auch **Rückruffunktionen** (engl.: call back function).

Zeile 67-74: Anhand der Nachricht *nachricht* kann die jeweils nötige Aktion ausgeführt werden. Die Vielzahl der Nachrichten wird durch Konstanten, die in *windows.h* definiert sind, dargestellt. Unser Minimalprogramm reagiert dabei nur auf eine einzige Nachricht, nämlich WM_DESTROY (WM steht für *Window Message*). Alle anderen Nachrichten werden in unserem Beispiel nicht beachtet und müssen zur Verarbeitung an die Standardprozedur (DefWindowProc) weitergeleitet werden.

Zeile 69-70: Die Nachricht **WM_DESTROY** wird von Windows erzeugt, wenn Sie das Fenster über das Systemmenü oder [Alt]+[F4] schließen. Mit der Funktion **PostQuitMessage** teilt unser Programm nun Windows mit, daß es beendet werden möchte. Als Antwort darauf schickt Windows seinerseits die Nachricht WM_QUIT. Diese Nachricht wird nun, wie alle anderen auch, in Zeile 54 von GetMessage abgeholt. In diesem besonderen Fall wird sie jedoch nicht an die Fensterfunktion weitergeleitet, sondern beendet die while-Schleife in Zeile 54. Das geschieht dadurch, daß GetMessage bei Erhalt der Nachricht WM_QUIT den Wert 0 zurückliefert (in allen anderen Fällen wird ein Wert ungleich 0 zurückgegeben). Nach Verlassen der while-Schleife sorgt das return in Zeile 58 für das endgültige Ende des Programms.

An diesem Beispiel wollen wir noch einmal klarmachen, wie ein Windows-Programm arbeitet: Da unter Windows alles mit Hilfe von Nachrichten geregelt wird, kann ein Programm nicht quasi "eigenmächtig" eine Aktion durchführen. Wenn es also eine Aktion, wie zum Beispiel sich zu beenden, ausführen will, schickt es eine Nachricht an Windows, das seinerseits die Nachricht zum Beenden in die Warteschlange des Fensters stellt. Das Programm holt die Nachricht schließlich ab und führt die gewünschte Aktion aus. Das Fenster hat auf diese Art sozusagen den offiziellen "Dienstweg" eingehalten. Dieses Vorgehen mag umständlich erscheinen, hat aber den Vorteil, daß das Programm auf eine eindeutig definierte Art gesteuert wird.

Wenn Sie nach den ausführlichen Erläuterungen, die wir Ihnen zu diesem Minimalprogramm gegeben haben, immer noch der Meinung sind, daß Windows-Programmierung nicht einfach ist, so haben Sie recht. Sie sollten allerdings berücksichtigen, daß man sich nur einmal

ein brauchbares Rumpfprogramm schreibt und es dann immer wieder als Ausgangspunkt für neue Programme benutzen kann, indem man einfach neue Codeblöcke dazukopiert.
Zum Schluß noch zwei Details, die wir bisher übergangen haben: Die Funktionstypen int PASCAL bei WinMain und long FAR PASCAL bei der Funktion FensterFunktion. Die Ausgabe PASCAL bestimmt hierbei, daß Parameter bei Funktionsaufrufen nicht in der sonst bei C üblichen Reihenfolge auf dem Stack abgelegt werden. FAR sagt dem Compiler, daß die Funktion in einem anderen Codesegment liegt. Was Sie sich nur merken sollten, ist, daß Rückruffunktionen als FAR PASCAL deklariert werden müssen.

Zusammenfassung

Das Windows-Programm funktioniert im wesentlichen wie folgt:

(1) Start des Programms mit der Funktion WinMain. Dabei wird dem Programm unter anderem seine Kennziffer (engl.: handle) mitgeteilt, unter der Windows es kennt.
(2) Registrieren der Fensterklasse dieses Programms (nur beim ersten Aufruf).
(3) Erzeugen und Anzeigen eines Fensters anhand der definierten Fensterklasse.
(4) Abholen der für dieses Fenster bestimmten Nachrichten und Weiterleiten an eine selbstgeschriebene Fensterfunktion durch die Hauptnachrichtenschleife.
(5) Innerhalb der Fensterfunktion Überprüfen der Nachricht in einer switch-Struktur. Reagieren auf Nachrichten, die für das Programm von Bedeutung sind.
(6) Als Reaktion auf das Schließen des Fensters durch den Anwender wird die Nachrichtenschleife abgebrochen und das Hauptprogramm beendet.

2.4 Aufbau der Definitionsdatei

Neben dem C-Programm und der Include-Datei windows.h benötigen wir als letztes noch eine Definitionsdatei für den Linker. Die Definitionsdatei PRG2_1.DEF ist eine Textdatei, die für unser Beispielprogramm folgenden Inhalt hat:

```
;Definitionsdatei PRG2_1.DEF

NAME PRG2_1
EXETYPE Windows
DESCRIPTION "Programm prg2_1"

STUB "WINSTUB.EXE"
CODE PRELOAD MOVEABLE DISCARDABLE
DATA PRELOAD MOVEABLE MULTIPLE
HEAPSIZE  1024
STACKSIZE 5120       ;Diese Angabe kann entfallen, wenn
                     ;der Linker mit dem entsprechenden
                     ;Schalter aufgerufen wird.

EXPORTS
 FensterFunktion @1
```

Die Bedeutung der einzelnen Einträge können Sie der folgenden Liste entnehmen. Die Liste enthält die wichtigsten Schlüsselwörter, die in einer Definitionsdatei erscheinen können:

- NAME

NAME gibt an, daß es sich um ein Programm und nicht um eine DLL (Dynamic Link Library) handelt. Wird dieser Abschnitt angegeben, kann der Abschnitt LIBRARY nicht benutzt werden. Wird keiner von beiden angegeben, wird NAME als Standardwert angenommen. Als NAME wird normalerweise der Programmname gewählt.

- LIBRARY

Dieser Abschnitt legt fest, daß es sich um eine DLL handelt. Wird dieser Abschnitt angegeben, kann der Abschnitt NAME nicht benutzt werden.

- DESCRIPTION

Hinter DESCRIPTION kann ein bis zu 255 Zeichen langer Text stehen, der vom Linker in die EXE- oder DLL-Datei eingebaut wird. Man kann ihn zum Beispiel für Copyright-Hinweise benutzen. Sollen Anführungszeichen in diesem Text erscheinen, benutzt man zwei Anführungszeichen hintereinander.

- STUB

Dieser Abschnitt legt fest, welches unter DOS ausführbare Programm der Linker vor dem Beginn des Windows-Programms einfügen soll. Dieses eingefügte Programm hat die Aufgabe, immer wenn das Windows-Programm unter DOS gestartet wird, die Meldung "This program requires Microsoft Windows" auszugeben und das

Programm anschließend zu beenden. Bei Bedarf kann man auch andere Programme einbinden, die andere Funktionen ausführen.

Beispiel:

STUB "WINSTUB.EXE"

- EXETYPE

EXETYPE legt fest, unter welchem Betriebssystem das Programm laufen soll. Als Parameter können WINDOWS, DOS oder UNKNOWN angegeben werden. Wird WINDOWS als Parameter angegeben, kann optional noch die Versionsnummer angegeben werden.

Beispiel:

EXETYPE WINDOWS 3.0
REALMODE

Die obige Anweisung legt fest, daß das Programm unter Windows ab Version 3.0 und in jedem Modus laufen kann.

- PROTMODE

Diese Anweisung legt fest, daß das Programm bzw. die DLL nur im Standard- oder 386-Modus laufen kann.

- REALMODE

REALMODE legt fest, daß die Anwendung in jedem Modus laufen kann.

- STACKSIZE

Dieser Abschnitt legt die Größe des Stack in Bytes fest.

Beispiel:

STACKSIZE 5120

- HEAPSIZE

Legt die Heap-Größe in Bytes fest.

- CODE

Die CODE-Anweisung legt die Standardattribute für alle Codesegmente eines Programms oder einer DLL fest.

Beispiel:

CODE PRELOAD MOVEABLE DISCARDABLE

In diesem Beispiel wird mit PRELOAD festgelegt, daß das Codesegment beim Programmstart komplett geladen wird. MOVEABLE bestimmt, daß es im Speicher verschoben, und DISCARDABLE, daß es bei Bedarf aus dem Speicher entfernt und anschließend von der Platte wieder geladen werden kann.

- DATA

Die DATA-Anweisung legt die Standardattribute für alle Datensegmente der Anwendung oder der DLL fest.

Beispiel:

DATA PRELOAD MOVEABLE MULTIPLE

Die Angaben PRELOAD und MOVEABLE haben die gleiche Bedeutung wie im Abschnitt CODE. MULTIPLE bedeutet, daß jede Instanz des Programms ihr eigenes Datensegment hat. Zur Erinnerung: Wenn ein Programm mehrmals gestartet wird, wird der Programmcode nur einmal geladen, jede Version (Instanz) erhält aber ihren eigenen Datenbereich.

- SEGMENTS

Mit dieser Anweisung können die Standardwerte, die mit CODE und DATA bestimmt wurden, für einzelne Segmente geändert werden.

- EXPORTS

Unter diesem Abschnitt werden alle Funktionen angegeben, die von Windows direkt angesprochen werden müssen.

Beispiel:

EXPORTS
FensterFunktion @1

In diesem Beispiel aus dem Programm prg2_1 befindet sich nur eine Funktion, nämlich die Fensterfunktion *FensterFunktion*. Die optionale Numerierung hinter dem Funktionsnamen (@1, @2, @3 usw.) dient Windows dazu, schneller auf diese Werte zuzugreifen. WinMain ist eine Ausnahme von dieser Regel und wird nie aufgeführt. Ein häufiger Programmierfehler ist das Vergessen einer Funktion in diesem Abschnitt!

- IMPORTS

Diese Funktion ist das Gegenteil von EXPORTS und wird in der Regel bei der Benutzung von DLLs benötigt.

Bei der Erstellung von Definitionsdateien sind folgende Regeln zu beachten:

- Schlüsselwörter können groß oder klein geschrieben werden.
- Das NAME- bzw. LIBRARY-Schlüsselwort muß als erstes stehen.
- Außer den Schlüsselwörtern SEGMENTS, EXPORTS und IMPORTS dürfen alle Schlüsselwörter nur einmal vorkommen.
- Heißt ein Argument genau wie ein Schlüsselwort, muß es in Anführungszeichen ("") gesetzt werden.
- Kommentare beginnen mit einem Semikolon (;).

2.5 Compilieren und Linken

Die modernen Compiler mit ihren leistungsfähigen Entwicklungsumgebungen vereinfachen Ihnen den gesamten Übersetzungsvorgang beträchtlich. Meist brauchen Sie nur noch ein oder zwei Befehle anzuwählen, um das fertige Programm am Bildschirm bewundern zu können. Wir wollen Ihnen dennoch zeigen, welche Schritte sich dabei hinter den Kulissen vollziehen.
Grundsätzlich sind vier Schritte nötig, um ein fertiges Windows-Programm zu erstellen. (Eine Beschreibung der Ressourcen finden Sie im nächsten Kapitel.)

(1)	Compilieren der Ressourcen	RC	-> RES
(2)	Compilieren des Quellcodes	C	-> OBJ
(3)	Linken der Objektdatei	OBJ + LIB + DEF	-> EXE
(4)	Einfügen der Ressourcen	EXE + RES	

Sollten während des Compilierens und Linkens Fehlermeldungen auftauchen, die sagen, daß Libraries oder include-Dateien nicht gefunden werden können, müssen Sie überprüfen, ob die Umgebungsvariablen **lib** und **include** richtig gesetzt sind. Falls nicht, können sie mit den Befehlen set lib = *<pfadname>* und set include = *<pfadname>* eingestellt werden.
Rufen Sie jetzt den Compiler mit diesem Befehl auf (am Beispiel von Microsoft-C):

```
cl -c -AS -W3 -Gsw -Os -Zdp PRG2_1.c
```

Die Schalter haben dabei folgende Bedeutung:

-c	nur compilieren
-AS	Speichermodell Small
-W3	Warnstufe 3
-Gsw	Stack Test entfernen, Windows Prolog/Epilog zufügen
-Os	nach Codegröße optimieren
-Zdp	Debug Informationen zufügen, Strukturen packen.

Im zweiten Schritt rufen Sie den Linker mit dem folgenden Befehl auf:

```
link /NOD PRG2_1,,,SLIBCEW LIBW,PRG2_1.DEF
```

Die Schalter des Linkers haben folgende Bedeutung:

/NOD	Standardbibliotheken nicht durchsuchen
PRG2_1	Zu linkende Objektdatei
SLIBCEW LIBW	Zu durchsuchende Bibliotheken
PRG2_1.DEF	Definitionsdatei

Benötigt das Programm auch Ressourcen (siehe Kapitel 3), was außer in unserem Beispiel praktisch immer der Fall ist, muß auch noch der Ressource-Compiler als drittes Programm benutzt werden. Sein Aufruf kann dann so aussehen:

```
rc prg2_1
```

Damit sind die Ressourcen wie Symbole, Menüs, Dialoge usw. in die EXE-Datei eingebunden worden. Auch wenn keine Ressourcen nötig sind, sollte man den Ressource-Compiler dennoch benutzen, und zwar mit dem Aufruf:

```
rc prg2_1.exe
```

Das sorgt dafür, daß RC im Kopf der EXE-Datei einige Schalter für Windows setzt.

Nach diesen Schritten ist das Windows-Programm fertig. Die hier vorgestellte manuelle Arbeitsweise ist aber sicher nicht für umfangreichere Projekte geeignet. Hier sollte man auf jeden Fall eine Make-Utility für das Übersetzen und Linken der Programme sowie das Einbinden der Ressourcen verwenden. Make-Utilities automatisieren den Prozeß der Programmerstellung mit Hilfe von Beschreibungsdateien, in denen man einmal die benötigten Dateien und Schalter eingibt. Bei jedem Compiliervorgang prüft die Make-Utility, welche Teile des Quellcodes sich geändert haben, und baut die fertige Anwendung entsprechend neu zusammen. Die Make-Programme heißen je nach Compiler MAKE, NMAKE oder ähnlich.

Bei den in diesem Buch besprochenen Compilern ist es sehr einfach, den Programmcode aus der Entwicklungsumgebung heraus zu compilieren und zu linken. So müssen Sie zum Beispiel in der Visual Workbench nur den Befehl *Build <programmname>* aus dem Menü *Projekt* wählen, um den kompletten Vorgang zu starten. Eine Makedatei müssen Sie auch nicht selbst anlegen, sondern dem System nur noch mitteilen, welche Komponenten dazu gehören.

Da die Beschreibung sämtlicher Compiler-, Linker- und Make-Op-

tionen den Rahmen dieses Buches bei weitem sprengen würde, verweisen wir Sie an dieser Stelle auf die Online-Hilfe der Compiler, um sich die jeweilige Syntax anzusehen.
Nach fehlerfreiem Compilieren und Linken wird ein Programm erzeugt, das das Fenster aus der folgenden Abbildung anzeigt.

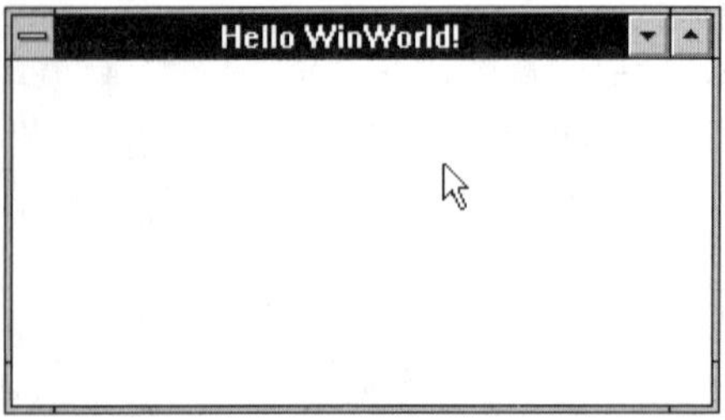

Mit diesem Fenster kann man nicht mehr machen, als es in Größe und Position zu ändern und es am Ende zu schließen. Wenn Sie jedoch berücksichtigen, welcher programmtechnische Aufwand dahinter steckt, dann sind die wenigen Programmzeilen, die wir benutzen mußten, durchaus zu verkraften.

2.6 Das Programm wird erweitert

Um das bisher Gelernte zu vertiefen, haben wir das erste Programm leicht geändert und etwas erweitert. Im folgenden Listing sind die neu hinzugekommenen Zeilen durch einen Buchstaben (/*55A*/) hinter der Zeilennummer gekennzeichnet.

```
/*prg2_2.c*/
       #include <windows.h>
/* 3*/
/*=====================< Globale Variable >====================== */
/* 5*/ HANDLE Instanz;
/* 6*/
/*=======================< Prototypen >========================= */
/* 8*/ int PASCAL WinMain(HANDLE, HANDLE, LPSTR, int);
/* 9*/ LONG FAR PASCAL FensterFunktion(HWND,WORD,WORD,LONG);
/*10*/
/*=====================< Hauptprogramm >======================== */
/*12*/ int PASCAL WinMain(HANDLE dieseInstanz,
/*13*/                     HANDLE vorigeInstanz,
/*14*/                     LPSTR  kommando,
/*15*/                     int    fenstertyp)
/*16*/ {
/*17*/ MSG  meldung;
/*18*/ HWND Hauptfenster;
/*19*/   Instanz = dieseInstanz;
/*20*/   if (!vorigeInstanz)
/*21*/   {
/*22*/   WNDCLASS wc;
/*23*/     wc.style = NULL;
/*24*/     wc.lpfnWndProc = FensterFunktion;
/*25*/     wc.cbClsExtra =    0;
/*26*/     wc.cbWndExtra =    0;
/*27*/     wc.hInstance =     dieseInstanz;
/*28*/     wc.hIcon =         LoadIcon(NULL,IDI_ASTERISK);
/*29*/     wc.hCursor =       LoadCursor(NULL,IDC_CROSS);
/*30*/     wc.hbrBackground = GetStockObject(GRAY_BRUSH);
/*31*/     wc.lpszMenuName =  NULL;
/*32*/     wc.lpszClassName = "Einfach";
/*33*/     if (!RegisterClass(&wc))
/*34*/     {
/*35*/       return 255;
/*36*/     }
/*37*/   }
/*38*/   Hauptfenster=CreateWindow( "Einfach",
/*39*/                              "Hello WinWorld 2!",
/*40*/                              WS_OVERLAPPEDWINDOW,
/*41*/                              CW_USEDEFAULT,
/*42*/                              CW_USEDEFAULT,
/*43*/                              CW_USEDEFAULT,
/*44*/                              CW_USEDEFAULT,
/*45*/                              NULL,
/*46*/                              NULL,
/*47*/                              dieseInstanz,
/*48*/                              NULL);
/*49*/   if (!Hauptfenster)
/*50*/   {
/*51*/     return 255;
/*52*/   }
/*53*/   ShowWindow(Hauptfenster, fenstertyp);
/*53A*/  UpdateWindow(Hauptfenster);
/*54*/   while (GetMessage(&meldung,0,0,0))
/*55*/   {
/*55A*/    TranslateMessage(&meldung);
/*56*/     DispatchMessage(&meldung);
/*57*/   }
/*58*/   return meldung.wParam;
/*59*/ }
/*60*/
```

```
/*======================< Fensterfunktion >====================== */
/*62*/ LONG FAR PASCAL FensterFunktion( HWND fenster,
/*63*/                             WORD nachricht,
/*64*/                             WORD parameter1,
/*65*/                             LONG parameter2)
/*66*/ {
/*66A*/long int x,y;
/*67*/   switch (nachricht)
/*68*/   {
/*68A*/    case WM_LBUTTONUP:
/*68B*/      MessageBeep(0);
/*68C*/      for(x = 1; x< = 200000; x++) y++;
/*68D*/      MessageBeep(0);
/*68E*/      return 0;
/*69*/     case WM_DESTROY:
/*70*/       PostQuitMessage(0);
/*71*/       return 0;
/*72*/   }
/*73*/   return DefWindowProc(fenster, nachricht, parameter1,
                              parameter2);
/*74*/ }
```

Zeile 28: Die Bezeichnung IDI_ASTERISK legt fest, daß das Programm bei Verkleinerung mit folgendem Symbol dargestellt wird:

Mit der Funktion **LoadIcon** werden normalerweise selbstgestaltete Symbole geladen. In unserem Beispiel haben wird der Einfachheit halber ein vordefiniertes Symbol verwendet. Die Bezeichnungen dieser Symbole und deren Aussehen finden Sie im Anhang im Abschnitt Funktionen.

Zeile 29: Mit der Konstanten IDC_CROSS legen Sie fest, welche Cursorform standardmäßig in diesem Fenster erscheinen soll.

Das Beispiel bewirkt, daß nebenstehender Cursor im Anwendungsfenster erscheint.

Auch hier kann man einen selbstdefinierten Cursor angeben. Häufig reichen die vorhandenen Typen jedoch aus. Eine Liste der unterschiedlichen Cursorformen, die Windows bereitstellt, finden Sie im Anhang im Abschnitt Funktionen.

Zeile 30: Diese Zeile legt fest, daß das Fenster mit grauem Hintergrund dargestellt wird:

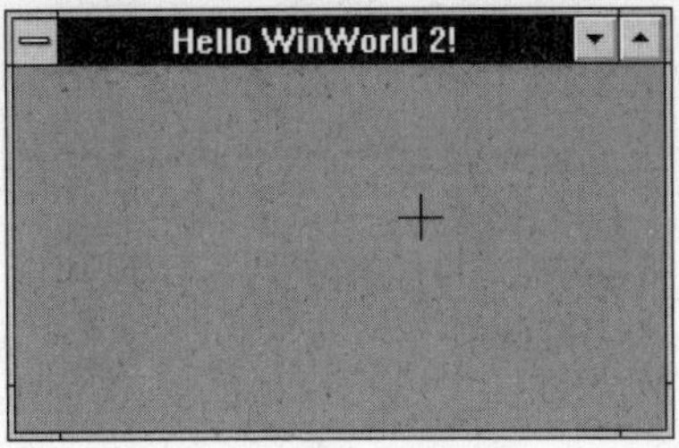

Mit wc.hbrBackground = COLOR_BACKGROUND+1 erhalten Sie ein Fenster in der aktuellen Windowsfarbe für den Desktop, die in der Systemsteuerung definiert wird. COLOR_APPWORKSPACE +1 steht für die Farbe des Programmarbeitsbereiches.

Zeile 39: Der Text in der Titelleiste soll lauten "Hello WinWorld 2!"

Zeile 53A: Die Funktion **UpdateWindow** erscheint normalerweise an dieser Stelle hinter **ShowWindow**. Sie sendet die Nachricht **WM_PAINT** an die Fensterfunktion **FensterFunktion.** Diese Nachricht teilt dem Fenster mit, daß sein Fensterinhalt neu gezeichnet werden muß, und es kann entsprechend darauf reagieren. Da in unserem Beispiel nichts zu zeichnen ist, wird die Nachricht unbearbeitet an **DefWindowProc** weitergegeben. Obwohl die Funktion UpdateWindow im Beispielprogramm nicht nötig ist, haben wir sie trotzdem eingesetzt, da sie bei den meisten anderen Programmen nützlich ist.

Zeile 55A: Die Funktion **TranslateMessage** wandelt unter anderem die von Tastendrucken erzeugten Codes in Zeichen um.

Zeile 66A: Die Variablen *x* und *y* werden in den folgenden Zeilen benutzt, um eine Warteschleife zu realisieren.

Zeile 68A -68E: Mit diesem Block ist eine zusätzliche case-Anweisung in die Fensterfunktion aufgenommen worden, die auf eine spezielle Windows-Nachricht reagiert. Sollen weitere Nachrichten bearbeitet werden, wird für jede eine eigene case-Abfrage in der Fensterfunktion realisiert.

Zeile 68A: Mit der Zeile case **WM_LBUTTONUP** reagiert unser Programm jetzt zusätzlich auf das Loslassen der linken Maustaste (left **button up**).

Zeile 68B + 68D: Die Funktion **MessageBeep** gibt einen Piepton über den Systemlautsprecher aus.

Zeile 68C: Diese Zeile dient als Warteschleife. Wenn Sie die linke Maustaste loslassen, sollte der Lautsprecher zweimal nacheinander piepsen. Den Wert von 200000 können Sie der Geschwindigkeit Ihres Rechners anpassen.

2.7 Zusammenfassung

(1) Machen Sie sich klar, daß WinMain fast nichts und die Fensterfunktion fast alles erledigt.

(2) Ein einmal entwickeltes Programmgerüst kann man immer wieder als Ausgangspunkt für neue Entwicklungen nehmen.

(3) Damit ein Programm reagieren kann, muß es Nachrichten erhalten. Soll das Programm von sich aus etwas machen, dann schicken Sie ihm eine Nachricht!

3 RESSOURCEN

Unter dem Begriff Ressourcen versteht man in der Windows-Programmierung die Daten eines Programms, die in separaten Dateien verwaltet werden. Zu den Ressourcen zählt man unter anderem **Symbole** (Icons), **Cursor**, **Bitmaps**, **Zeichenketten** und **Menüs**. Ressourcen legen im wesentlichen das äußere Erscheinungsbild eines Programmes fest. Ein Vorteil dieses getrennten Erstellens und Pflegens der Ressourcen liegt darin, daß man Programme für viele verschiedene Sprachen erstellen kann, ohne den Programmcode ändern zu müssen. Es reicht, wenn man die Texte in den Ressourcen an die Landessprache anpaßt. Ebenso können einmal erstellte Ressourcen in vielen Programmen wiederverwendet werden. Als spezielles Werkzeug zur Bearbeitung von Ressourcen liefert Borland seinen "Resource-Workshop" und Microsoft das "App Studio", in denen alle Werkzeuge zur Erstellung und Manipulation von Ressourcen enthalten sind. Mit diesen Werkzeugen können beispielsweise auch die Ressourcen fertiger Programme untersucht werden. In der folgenden Abbildung sehen Sie, wie App Studio die Ressourcen des Programms PAINTBRUSH.EXE darstellt.

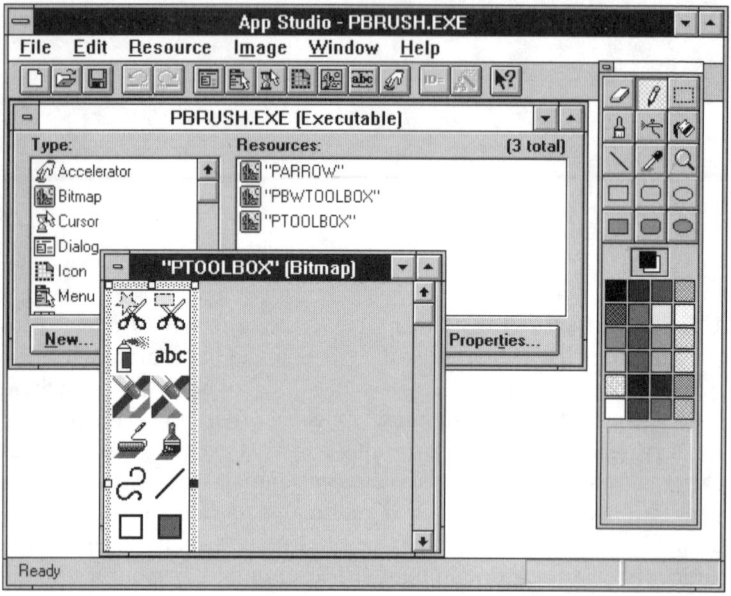

Alle Ressourcen werden in der Regel in einer sogenannten Ressource-Skript-Datei definiert. Diese Textdatei hat die Endung RC. Sie kann mit jedem beliebigen Editor erstellt werden und beschreibt die Eigenschaften der einzelnen Ressourcen. Sie wird vom Ressource-Compiler RC.EXE in eine Binärdatei (.RES) übersetzt und an die EXE-Datei angehängt.

Das folgende Beispiel zeigt ein Skript, in dem drei Ressourcen beschrieben sind:

- ein Symbol, das MyIcon heißt,
- ein Menü mit Namen IconMenu und
- das Dialogfeld AboutBox.

```
MyIcon       ICON        icon1.ico

IconMenu     MENU
BEGIN
    POPUP        "&Help"
    BEGIN
       MENUITEM "&About Icon...", IDM_ABOUT
    END
END

AboutBox     DIALOG     22, 17, 144, 75
STYLE DS_MODALFRAME | WS_CAPTION | WS_SYSMENU
CAPTION "About Icon"
BEGIN
   CTEXT "Microsoft Windows"     -1,     0, 5,144, 8
   CTEXT "Icon Application"      -1,     0,14,144, 8
   CTEXT "Version 3.0"           -1,     0,34,144, 8
   DEFPUSHBUTTON "OK"       IDOK,   53,59,32,14,WS_GROUP
   ICON  "MyIcon",               -1,    12,20, 16,21
END
```

Bei der Beschreibung der Ressourcen beginnt man mit ihrem frei wählbaren Namen, gefolgt vom entsprechenden Typ wie z. B. BITMAP, CURSOR, ICON, DIALOG, MENU, STRINGTABLE. Die weiteren Angaben zu den Ressourcen werden je nach Typ in einer oder mehreren Zeilen gemacht.

In diesem Kapitel werden wir uns nun mit einigen wichtigen Ressourcen beschäftigen und zeigen, wie man sie in ein Programm einbindet. Ein weiteres ausführliches Beispiel für eine Ressourcedatei finden Sie im Kapitel 10.2. Als Ausgangsprogramm wird Programm PRG2_2 dienen.

3.1 Symbole

Symbole (Icons) dienen der optischen Identifizierung von Programmen. Sie werden verwendet, um das Programm im Programm-Manager oder in verkleinerter Form am unteren Bildschirmrand darzustellen, wie man in der folgenden Abbildung sehen kann.

Die Größe eines Symbols beträgt in der Regel 32 mal 32 Pixel (Bildschirmpunkte) mit bis zu 16 Farben. Bei Symbolen und auch bei Cursorn handelt es sich um sogenannte Bitmaps. Bitmaps sind Grafiken, bei denen jeder Bildschirmpunkt durch ein oder mehrere Bits repräsentiert wird.

3.1.1 Symbole entwerfen

Zum Entwerfen von Icons liefern die Compilerhersteller verschiedene Werkzeuge aus. Zu Beginn der Entwicklung von Windows gab es nur das SDK von Microsoft, das das Programm SDKPAINT.EXE beinhaltete, mit dem man Symbole und Cursor entwerfen konnte. Mit Quick-C für Windows und dem SDK 3.1 wurde das SDKPAINT durch IMAGEDIT.EXE ersetzt (siehe die folgende Abbildung). Dieses wiederum wurde mit dem Erscheinen von Visual C++ durch das App Studio abgelöst. Das App Studio ist nicht nur für das Erstellen von Symbolen und Cursorn zuständig, sondern übernimmt die gesamte Verwaltung der Ressourcen.

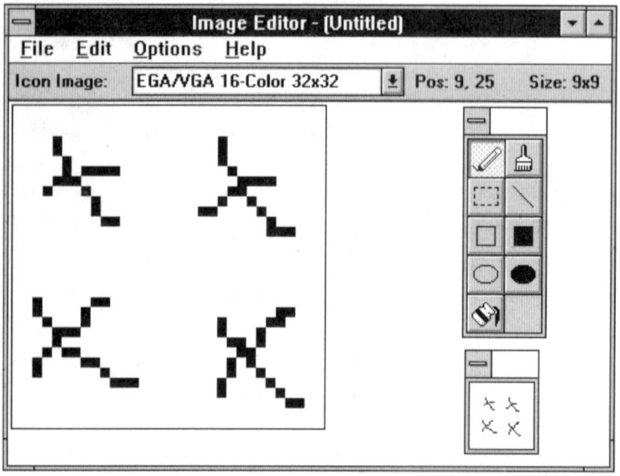

Bei den Borland Compilern wurde der Schritt von der Werkzeugsammlung hin zu einem integrierten Tool bereits viel früher vollzogen. Hier konnte sich der Programmierer mit dem Resource Workshop die Bearbeitung der Ressourcen wesentlich vereinfachen und beschleunigen.

Gleichgültig, welches Werkzeug Sie benutzen, die Erstellung von Symbolen geschieht immer in ähnlicher Weise. Sie starten das benötigte Programm und geben an, daß Sie ein Icon erstellen möchten. Als Größe des Symbols geben Sie für VGA-Bildschirme 32x32 Pixel an. Während Sie das Symbol mit Stift, Pinsel oder Farbeimer bearbeiten,

können Sie das Aussehen des Icons in Originalgröße meist in einem kleinen Zusatzfenster kontrollieren.
Als Besonderheit bei einem Symbol ist zu beachten, daß man Teile dieser Bitmap **transparent** gestalten kann. Transparent bedeutet, daß das Symbol an bestimmten Stellen die Hintergrundfarbe durchscheinen läßt. In den folgenden beiden Abbildungen sehen Sie ein Symbol, bei dem der Hintergrund nicht transparent, sondern weiß gezeichnet ist. Das fällt so lange nicht auf, wie auch der Fensterhintergrund weiß ist. Sollte diese Farbe jedoch mit Hilfe der Systemsteuerung umgestellt worden sein, wird das Icon so dargestellt, wie in der zweiten Abbildung zu sehen ist.

Weißer Fensterhintergrund

Grauer Fensterhintergrund

Häufig ist dieses Aussehen jedoch nicht erwünscht. Die Bereiche, die den Fensterhintergrund durchscheinen lassen sollen, müssen daher transparent gefüllt werden. Das fertige Symbol wird mit der Extension(Dateiendung) .ICO abgespeichert.

3.1.2 Symbole im Programm verwenden

Die Aufgabe von Symbolen beschränkt sich im allgemeinen darauf, das Programm auf dem Bildschirm darzustellen. Daher reicht es aus, wenn man bei der Registrierung der Fensterklasse dieses Symbol als Standardsymbol definiert und zusätzlich eine Zeile mit Angaben zu diesem Symbol im Ressource-Skript einträgt.

Aufgabe:
Das Programm prg3_1 soll das nebenstehende selbstdefinierte Symbol erhalten.

Gehen Sie dazu folgendermaßen vor:
Um sich Tipparbeit zu ersparen, verwenden Sie bitte eine Kopie von prg2_2, die in prg3_1 umbenannt wird. Erstellen Sie also eine Kopie von prg2_2.c, und benennen Sie sie in prg3_1.c um. Machen Sie das gleiche mit der Datei prg2_2.def. Ändern Sie in beiden Programmen alle Bezeichnungen prg2_2 in prg3_1 um.
Entwerfen Sie mit einem Ressource-Tool das dargestellte Symbol, und speichern Sie es unter dem Namen A.ICO.
Ändern Sie die Zeile 28 in prg3_1.c wie folgt:

```
/*28*/     wc.hIcon = LoadIcon(dieseInstanz,"GROSSESA");
```

Erstellen Sie mit einem beliebigen Editor oder mit Hilfe der Entwicklungsumgebung ein Ressource-Skript mit Namen prg3_1.rc. Tragen Sie dort folgende Zeile ein.

```
GROSSESA ICON DISCARDABLE     "A.ICO"
```

Compilieren und linken Sie das Programm. Fügen Sie zum Schluß die Ressource-Datei hinzu (siehe dazu Kapitel 2.5). Das fertige Programm, auf Symbolgröße verkleinert, hat folgendes Aussehen:

Wie Sie sehen, benötigt die Ressource-Datei nur wenige Angaben für ein Icon. Als erste den Namen *GROSSESA*. Dieser Name taucht im Programm als Parameter der Funktion **LoadIcon** wieder auf. Als zweite die Anweisung *ICON* und als letzte den Namen der Datei *a.ico*, die das eigentliche Symbol enthält.

3.2 Cursor

Die Erstellung eines Cursors und seine Benutzung im Programm entsprechen weitestgehend dem, was Sie im vorigen Kapitel über Symbole erfahren haben.

Cursor haben nicht nur die Aufgabe, dem Benutzer zu zeigen, an welcher Stelle des Bildschirms er sich gerade befindet. Sie dienen auch dazu, den gerade aktiven Modus eines Programms anzuzeigen. Diese Eigenschaft kann man besonders deutlich im Programm PAINTBRUSH erkennen. Je nachdem, welches Zeichenwerkzeug man hier ausgewählt hat, hat der Cursor eine andere Form.
In den nächsten Kapiteln wollen wir Ihnen zeigen, wie man Cursor entwirft und wie man sie in Programmen verwendet.

3.2.1 Cursor entwerfen

Zum Gestalten eines Cursors werden dieselben Programme eingesetzt wie auch zum Entwerfen von Symbolen. Nach dem Start eines dieser Programme geben Sie Cursor als gewünschten Dateityp an. Da Windows nur einfarbige Cursor kennt, beschränkt sich Ihre Auswahl auf seine Größe, die Sie mit 32x32 Pixel angeben. Zeichnen Sie nun Ihren Cursor, und speichern Sie ihn mit der Endung CUR ab.
Genau wie bei den Symbolen können Cursor auch Bereiche haben, in denen sie undurchsichtig, durchsichtig oder invertiert sind. Zusätzlich hat er jedoch noch einen sogenannten **Hotspot** oder Kontaktpunkt. Dieser legt fest, an welcher Stelle der Cursor Kontakt haben muß, um eine Aktion auszulösen. Um einen Hotspot zu definieren, bieten die Zeichenprogramme spezielle Befehle an (siehe die folgende Abbildung), sobald ein Cursor bearbeitet wird.

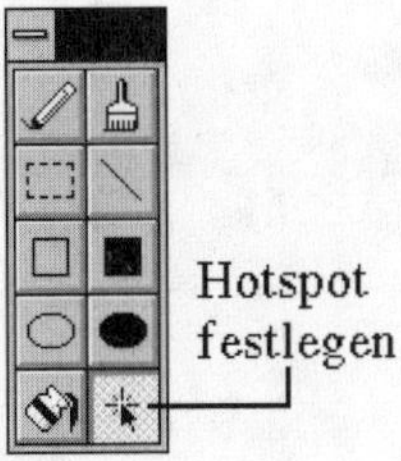

3.2.2 Cursor im Programm verwenden

In diesem Schritt wollen wir für das Programm prg3_1 einen eigenen Cursor definieren.

Aufgabe:
Das Fenster von Programm prg3_1 soll den folgenden Cursor erhalten.

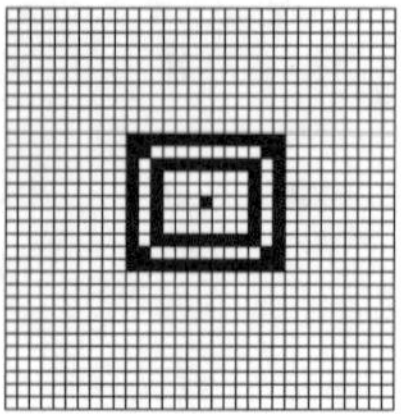

Zeichnen Sie hierzu den dargestellten Cursor. Der Kontaktpunkt soll das Pixel in der Mitte des Rechtecks sein.
Die Zeile 29 des Programms prg3_1 wird so geändert:

```
/*29*/ wc.hCursor = LoadCursor(dieseInstanz,"QUADRAT");
```

In der Ressource-Datei wird diese Zeile hinzugefügt:

```
QUADRAT        CURSOR        "QUADRAT.CUR"
```

Nach dem Erstellen und Starten des Programms sollte sich das Fenster mit seinem neuen Cursor so darstellen:

3.2.3 Cursor vorübergehend ändern

Wie Sie wissen, ändert der Cursor in Windows immer dann seine Form in eine Sanduhr, wenn länger andauernde Operationen durchgeführt werden. Dieses Ändern erfolgt nicht automatisch, sondern muß von Ihnen programmiert werden. Der dazu benötigte Befehl lautet **SetCursor**. Die genaue Syntax dieser Funktion finden Sie im

Anhang. Um den Einsatz von SetCursor zu demonstrieren, nehmen wir wieder einige Änderungen in unserem Beispielprogramm vor. Fügen Sie als erstes folgende Zeile hinter 66A ein:

```
/*66B*/HCURSOR vorigerCursor;
```

Dann ersetzen Sie die Zeilen 68B und 68D durch die folgenden Zeilen.

```
/*68B*/      vorigerCursor = SetCursor(LoadCursor(NULL,IDC_WAIT));
/*68D*/      SetCursor(vorigerCursor);
```

Übersetzen und starten Sie das Programm jetzt. Drücken Sie die linke Maustaste. Wenn Sie loslassen, verwandelt sich der Cursor in eine Sanduhr. Nach einigen Augenblicken, abhängig von der Schnelligkeit Ihres Rechners, erscheint der ursprüngliche quadratische Cursor wieder. Was ist dabei im einzelnen geschehen?
Sehen wir uns dazu die eingefügten Zeilen im Detail an!
Zeile 66B: In dieser Zeile wird eine Variable namens *vorigerCursor* deklariert. Sie soll vom Typ **HCURSOR** sein. Der Typ HCURSOR steht für unsigned int und ist identisch mit den anderen Bezügen wie HWND oder HICON. Die unterschiedlichen Namen für die Datentypen sind im wesentlichen gewählt worden, um bereits beim Lesen des Programmcodes feststellen zu können, welche Aufgabe die so deklarierte Variable hat.
Zeile 68B: Diese Zeile hat die Aufgabe, das Aussehen des Mauszeigers zu ändern. Dazu muß als erstes der gewünschte Cursor geladen werden. In diesem Fall ist es die Sanduhr, die mit dem Befehl **LoadCursor(NULL,IDC_WAIT)** geladen wird. Der Rückgabewert dieser Funktion ist ein Bezug (HCURSOR) auf den geladenen Mauszeiger. Dieser Bezug wiederum wird von der Funktion SetCursor als Parameter benötigt, um den Cursor schließlich anzuzeigen. Als letzte Aktion in dieser Zeile speichern wir den Rückgabewert von SetCursor in der Variablen *vorigerCursor*. Wie der Variablenname schon andeutet, liefert SetCursor nämlich den Bezug des alten Cursors, in unserem Fall das kleine Quadrat, zurück.
Zeile 68D: Hier wird der Cursor wieder in seine ursprüngliche Form zurückgesetzt. Den Bezug zu diesem Cursor hatten wir uns in Zeile 68B gemerkt.

Die Funktion scheint recht einfach zu benutzen zu sein, was auch der Fall ist. Man sollte allerdings noch etwas tiefer in die Abläufe schauen, um sie besser zu verstehen.
Damit die Sanduhr erscheinen kann, muß man die linke Maustaste gedrückt und wieder losgelassen haben. Mit dem Loslassen generiert Windows die Nachricht WM_LBUTTONUP. Da wir in unserem Programm diesen Fall abgefangen haben, kann jetzt das Umschalten des Cursors, die Pause und das Zurückschalten auf den Ursprungscursor erfolgen. So weit, so gut! Löschen Sie jetzt die Zeile 68D vorübergehend, oder ändern Sie sie in Kommentar. Wenn Sie nun das Programm erneut starten, die linke Maustaste loslassen und dann sofort auch die Maus loslassen, behält der Mauszeiger die Form einer Sanduhr, obwohl die Zeit für die Schleifendurchläufe schon vergangen ist. Dieses Verhalten hatten wir auch erwartet.
Bewegen Sie jetzt die Maus! Schon erscheint der alte Cursor wieder! Und das, obwohl der Befehl SetCursor zum Zurücksetzen nicht mehr wirksam ist. Die Lösung des Rätsels liegt darin, daß die Funktion **DefWindowProc** bei jeder Mausbewegung die Nachricht WM_SETCURSOR erhält und daraufhin von sich aus den Mauszeiger wieder in seiner ursprünglichen Form darstellt. Überprüfen kann man das, indem man zusätzlich noch die folgenden Zeilen in die Fensterfunktion eingibt:

```
case WM_SETCURSOR:
  return 0;
```

Damit bewirkt man, daß die Nachricht WM_SETCURSOR nicht an DefWindowProc weitergeleitet, sondern abgefangen wird. Wenn Sie jetzt die linke Maustaste loslassen und dann die Maus bewegen, behält der Cursor seine Form bei, es sei denn, Sie bewegen ihn in ein anderes Fenster. Dann nimmt der Cursor die dort gültige Form an. Kehren Sie in prg3_1 zurück, bleibt die neue Cursorform auch hier erhalten, da unser Programm ja die Nachricht zum Darstellen des Cursors ignoriert. Ein Programm, das den Cursor in seinem Fenster ändern muß, sollte sicherstellen, daß der Cursor für die Fensterklasse mit *wc.hCursor = NULL* auf NULL gesetzt wurde.
Machen Sie nun eventuelle Änderungen (WM_SETCURSOR) rückgängig, die Sie für diesen Test gemacht haben.

3.3 Meldungsfelder

Meldungsfelder gehören zwar nicht zu den Ressourcen, wir können sie aber als Vorstufe zu den Dialogen betrachten und wollen sie daher an dieser Stelle kurz vorstellen.
Meldungsfelder dienen dazu, dem Benutzer die Bestätigung eines ausgeführten Befehls zu geben oder ihn auf kritische Situationen hinzuweisen. Um Meldungsfelder zu erzeugen, benutzt man die Funktion **MessageBox**. Eine ausführliche Beschreibung der Funktion finden Sie im Anhang.
Fügen Sie folgende Zeile vor der Funktion PostQuitMessage ein, und starten Sie das Programm.

```
/*69B*/  MessageBox(fenster,"Ich mach Schluß!",
                    NULL,MB_ICONSTOP | MB_OK);
```

Wenn nach dem Schließen des Fensters die Nachricht WM_DESTROY erzeugt wird, erscheint folgendes Meldungsfenster:

Da Meldungsfelder eine einfache Art der Informationsausgabe auf dem Bildschirm sind, werden wir sie in den folgenden Beispielen häufiger benutzen.

3.4 Zeichenketten

Zeichenketten können wahlweise im Programmcode oder als Ressourcen definiert werden. Die Auslagerung in Ressourcen hat den Vorteil, daß man ziemlich einfach internationale Versionen von Programmen erstellen kann. Es muß dann nur noch die Ressource-Datei geändert werden; der Programmcode bleibt unangetastet.
Der erste Schritt bei der Festlegung der Zeichenketten-Ressource ist

wieder der entsprechende Eintrag im Ressource-Skript. Für unser Beispiel wollen wir nur eine Zeichenkette definieren. Dazu wird folgendes in der Datei prg3_1.rc eingetragen:

```
STRINGTABLE
BEGIN
                1,      "That's all folks!"
END
```

Die Definition der Textressourcen wird durch das Schlüsselwort STRINGTABLE eingeleitet. Daran schließt sich ein Block an, der durch BEGIN und END markiert ist. Wenn Sie es übersichtlicher finden, können Sie das BEGIN auch durch eine öffnende geschweifte Klammer { und das END durch eine schließende } ersetzen. Innerhalb des Blocks werden dann alle Zeichenketten definiert. Dazu vergibt man eine eindeutige Nummer für jeden String. Die Zeichenketten dürfen dabei maximal 255 Zeichen lang sein.
Im Programm müssen zwei Zeilen hinzugefügt und eine geändert werden. Machen Sie diese Ergänzungen jetzt im Programm.

```
/*66C*/char zeichenkette[256];
/*69A*/     LoadString(Instanz,1,zeichenkette,sizeof(zeichenkette));
/*69B*/     MessageBox(fenster,zeichenkette,"Ende",
                        MB_ICONSTOP | MB_OK);
```

Ist das Programm fehlerfrei erstellt worden, erscheint beim Schließen des Fensters die Meldung aus der folgenden Abbildung.

Nun zu den Änderungen im Programm:
Zeile 66C: Die Variable *zeichenkette* dient zur Aufnahme des Strings.
Zeile 69A: Genau wie bei LoadIcon und LoadCursor muß die Textressource vor ihrer Benutzung geladen werden. Dazu dient die Funk-

tion **LoadString**. Als ersten Parameter erwartet sie die Instanz des Programms. Diesen Bezug hat das Programm bei seinem Start von Windows mitgeteilt bekommen. In weiser Voraussicht haben wir uns diesen Wert in der globalen Variablen *Instanz* gemerkt und können ihn der Funktion jetzt mitgeben. Als zweites geben wir die Nummer der einzulesenden Zeichenkette an. Im Beispiel ist das die 1. Als dritter Parameter *zeichenkette* wird ein Puffer benötigt, in den der eingelesene String abgelegt wird. Der vierte und letzte Parameter gibt die maximale Länge an, bis zu der ein Text eingelesen werden soll.
Zeile 69B: In dieser Zeile sind zwei Änderungen gemacht worden; Erstens wurde der Text ”Ich mach Schluß!” durch die Variable *zeichenkette* ersetzt, zweitens wurde statt der Standardüberschrift des Fensters (NULL erzeugt die Standardüberschrift ”Fehler”) der Text ”Ende” gewählt.

3.5 Menüleisten und Befehle

Was unserem Programm bis jetzt noch fehlt, ist die übliche Menüleiste. Sie gehört auch zur Gruppe der Ressourcen und wird daher außerhalb des eigentlichen Programmcodes verwaltet. Auch hier liegt der Vorteil des separaten Verwaltens wieder darin, daß das Umstellen eines Programms in eine andere Sprache wesentlich erleichtert wird. Die Definition eines Menüs sehen Sie in den folgenden Zeilen. Tragen Sie diese Zeilen in der Datei prg3_1.rc ein:

```
MenueFuerPrg3_1 MENU
{
        POPUP "&Datei"
        {
            MENUITEM "&Laden",     11,
            MENUITEM "&Speichern", 12, GRAYED
            MENUITEM SEPARATOR
            MENUITEM "&Beenden",   13
        }
        MENUITEM "&Vollbild",      2
        POPUP "\a&Hilfe"
        {
            MENUITEM "&Inhalt",    31
            MENUITEM SEPARATOR
            MENUITEM "&Info...",   32
        }
}
```

Mit diesen Angaben haben Sie das Aussehen des Menüs bereits definiert. Jetzt muß nur noch dem Programm mitgeteilt werden, daß das Fenster ein Menü besitzt. Diese Eintragung machen Sie in Zeile 31.

```
/*31*/      wc.lpszMenuName = "MenueFuerPrg3_1";
```

Das Ergebnis dieser Änderungen sehen Sie in der folgenden Abbildung. Damit erweckt unser Minimalprogramm nach außen hin schon den Anschein eines vollständigen Programms, auch wenn die Auswahl eines Menüpunktes – abgesehen vom Systemmenü – noch keine Aktion auslöst.

Nun zur Beschreibung der Menüdefinition in der Ressourcedatei. Dieser Abschnitt fängt mit dem Namen des Menüs an (*MenueFuer-Prg3_1*), gefolgt vom Schlüsselwort MENU. Der folgende Block, der wieder wahlweise mit BEGIN und END oder { und } gebildet wird, enthält die Definition der Menüpunkte und Popups. Dabei werden einzelne Menüpunkte, gleichgültig ob sie in der Menüleiste oder in einem Popup sind, mit MENUITEM definiert. Sollen Menüpunkte in einem eigenen Fenster erscheinen, werden sie mit dem Schlüsselwort POPUP zusammengefaßt. Hinter den Schlüsselwörtern POPUP und MENUITEM folgt der Text des Menüpunktes. Soll ein Menüpunkt über ein Zeichen der Tastatur zu erreichen sein, wird vor das entsprechende Zeichen ein kaufmännisches Und (&) gesetzt. Dieses Zeichen wird nicht angezeigt, sondern bewirkt, daß das folgende Zeichen unterstrichen dargestellt wird. Hinter den Texten der Menuitems folgt dann noch eine eindeutige Nummer für diesen Befehl.
Die folgende Abbildung zeigt das Menü, das durch folgende Zeilen definiert wurde:

```
POPUP "&Datei"
{
    MENUITEM "&Laden",    11,
    MENUITEM "&Speichern",12, GRAYED
    MENUITEM SEPARATOR
    MENUITEM "&Beenden",  13
}
```

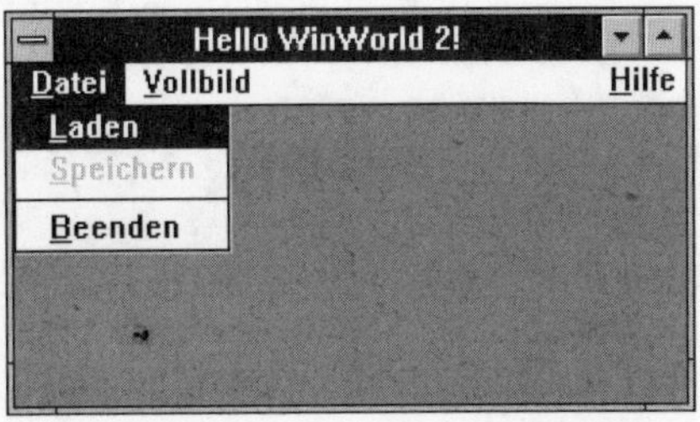

Damit dürfte auch klar sein, welche Wirkung die Schlüsselwörter GRAYED bzw. SEPARATOR haben. GRAYED blendet einen Menüpunkt ab, so daß er nicht mehr anwählbar ist. SEPARATOR erzeugt eine Trennlinie im Menü, die die Übersichtlichkeit der Befehle verbessert. CHECKED würde ein Häkchen neben dem Befehl erzeugen.

Im Vorgriff auf die folgenden Programme können wir Ihnen auch gleich sagen, wie unser Programm erfährt, welcher Befehl aus dem Menü gewählt wurde. Wie Sie inzwischen wissen, läuft in Windows fast alles in Form von Nachrichten. Hier ist das nicht anders. Wählt der Benutzer einen Menüpunkt aus, so erzeugt Windows unter anderem die Nachricht WM_COMMAND mit der Nummer des gewählten Befehls. Und das war's schon. Jetzt kann das Programm auf den Befehl reagieren und die gewünschte Aktion ausführen.

3.6 Dialogfelder

Dialogfelder werden immer dann eingesetzt, wenn der Benutzer mehr Informationen eingeben muß, als sinnvoll über ein Menü auszuwählen sind. Zur Gruppe der Dialogfunktionen gehören ungefähr drei Dutzend Funktionen. Diese Tatsache allein zeigt schon, daß Dialoge ein wichtiger Bestandteil des Windows-Systems sind. In diesem

letzten Teil des dritten Kapitels wollen wir uns mit den modalen Dialogen befassen.
Die Erstellung von Dialogfeldern ist verhältnismäßig aufwendig. Im einzelnen sind dazu Erweiterungen in folgenden Dateien nötig:

RC	Definieren des Dialogfeldes mit allen benötigten Elementen wie zum Beispiel Schaltflächen, Texten oder Listboxen.
C	Schreiben einer Funktion, die auf die Dialogbox reagiert. Diese Funktion ähnelt der Fensterfunktion.
DEF	Eintragen der Dialogboxfunktion im Abschnitt EXPORTS.

Als ersten Schritt zur Erstellung eines Dialoges legen wir nun das Aussehen des Dialogfensters fest. Es kann direkt in der Ressourcedatei eingegeben werden oder mit einem entsprechenden Hilfsprogramm auf dem Bildschirm entworfen werden. Diese sogenannten **Dialogeditoren** sind als eigenständige Programme zu finden, oder sie sind in andere Tools integriert. Die Beschreibung selbst einer einfachen Dialogbox ist bereits recht umfangreich. Auch sind die Koordinaten der einzelnen Elemente nur mühselig manuell auszurechnen. Aus diesem Grund wird man immer einen Dialogeditor benutzen, um das Aussehen der Box zu definieren. Allenfalls kleinere Korrekturen werden von Hand durchgeführt. Für unser Beispiel werden wir den Eintrag in der Ressource-Datei ausnahmsweise manuell vornehmen. Tragen Sie bitte die folgenden Zeilen in die Datei prg3_1.rc ein:

```
InfoBox  DIALOG  10, 10, 177, 92
STYLE    WS_DLGFRAME | WS_POPUP
CAPTION  "Info über PRG3_1"
BEGIN
  CTEXT       "InfoBox von PRG3_1",-1,55,20,79,12
  ICON        "GROSSESA",-1,12,20,0,0
  CTEXT       "V. Reher / H.Erlenk\366tter 1993",-1,37,44,107,12
  DEFPUSHBUTTON    "OK" IDOK,65,66,50,14
END
```

Zusätzlich wird die Zeile

```
#include <windows.h>
```

in prg3_1.rc benötigt, und zwar als erste Zeile.

Die Beschreibung einer Dialogbox beginnt mit dem Namen dieser Box. In unserem Beispiel haben wir sie InfoBox genannt. Hinter dem Namen folgen das Schlüsselwort DIALOG und die Koordinaten des Fensters. Die ersten beiden Werte geben die x- und y-Werte der linken oberen Ecke an. Die beiden letzten Werte bestimmen Breite und Höhe. Die Einheiten leiten sich aus den Abmessungen des Systemzeichensatzes her. Horizontale Einheiten entsprechen 1/4 der Grundeinheit, vertikale Einheiten 1/8 der Grundeinheit.

- STYLE

definiert den Fensterstil des Dialogfeldes. Die an dieser Stelle benutzbaren Konstanten sind in der Datei windows.h definiert. Soll mehr als ein Stil Anwendung finden, werden die Konstanten durch ein ODER (|) getrennt.

- CAPTION

definiert den Titel des Dialogfeldes.

- BEGIN und END

klammern wie üblich den Rest der Definition.

- CTEXT

Diese Anweisung zentriert den folgenden Text. Der Wert -1 hinter dem Text ist die Kennziffer dieses Elements. Da Textfelder und Icons naturgemäß keine Botschaften senden können, ist hier der beliebige Wert -1 eingetragen worden. Die folgenden vier Werte geben wieder die x- und y-Position sowie Breite und Höhe an. In der zweiten Textzeile wird Ihnen auffallen, daß der Name Erlenkötter ohne den Buchstaben ö, statt dessen aber mit den Zeichen \366 geschrieben wird. Dies liegt an den unterschiedlichen Zeichensätzen, die benutzt werden. Windows verwendet den sogenannten ANSI-Zeichensatz im Gegensatz zu DOS-Programmen. Dort wird der erweiterte ASCII-Zeichensatz benutzt. Beide Zeichensätze finden Sie im Anhang dieses Buches.

- ICON

positioniert das angegebene Symbol in der Dialogbox. Üblicherweise wird in einer Infobox das Symbol des Programms angezeigt.

- DEFPUSHBUTTON

erzeugt eine Standardschaltfläche mit dem angegebenen Text. Als Kennziffer wurde die Konstante IDOK verwendet, die in der Datei windows.h definiert ist und den Wert 1 hat.

Die Änderungen im C-Programm sehen Sie im folgenden. Als erstes fügen Sie bitte die folgende Funktion dem Programm hinzu:

```
/*75*/
/*76*/ BOOL FAR PASCAL InfoBoxFunktion(HWND BezugDialog,
/*77*/                                 WORD nachricht,
/*78*/                                 WORD parameter1,
/*79*/                                 LONG parameter2)
/*80*/ {
/*81*/   switch (nachricht)
/*82*/   {
/*83*/     case WM_INITDIALOG:
/*84*/       return TRUE;
/*85*/     case WM_COMMAND:
/*86*/       switch (parameter1)
/*87*/       {
/*88*/         case IDOK:
/*89*/         case IDCANCEL:
/*90*/           EndDialog(BezugDialog,0);
/*91*/           return TRUE;
/*92*/       }
/*93*/   }
/*94*/   return FALSE;
/*95*/ }
```

Diese Dialogfeldfunktion entspricht in vielen Punkten einer Fensterfunktion. Der wesentliche Unterschied ist wohl, daß eine Dialogfeldfunktion weitaus weniger zu tun hat als eine Fensterfunktion. Außerdem werden nicht behandelte Nachrichten nicht an eine Standardfunktion (**DefWindowProc**) weitergereicht, sondern in diesem Fall wird der Wert FALSE zurückgegeben. Wird die OK-Schaltfläche gedrückt oder die Esc-Taste betätigt, endet der Dialog mit **EndDialog**. Für jedes Dialogfeld im Programm gibt es eine eigene Dialogfeldfunktion.

Die Zeile 10 sorgt dafür, daß die Dialogfunktion einen Prototyp bekommt.

```
/*10*/ BOOL FAR PASCAL InfoBoxFunktion(HWND,WORD,WORD,LONG);
```

Neben dieser Dialogfeldfunktion müssen noch einige Änderungen im Programm erfolgen, damit die Dialogbox auch auf dem Bildschirm erscheinen kann. In der Zeile **66D** wird eine Variable deklariert, die sich, vereinfacht gesagt, merkt, wo die Dialogfunktion zu finden ist.

```
/*66D*/static FARPROC ZeigerAufInfoBox;
```

In den Zeilen **68F-68P** werden die Vorkehrungen getroffen, um die Dialogbox zu öffnen.

```
/*68F*/     case WM_CREATE:
/*68G*/       ZeigerAufInfoBox
              = MakeProcInstance(InfoBoxFunktion,Instanz);
/*68H*/       return 0;
/*68I*/     case WM_COMMAND:
/*68J*/       switch(parameter1)
/*68K*/         {
/*68L*/           case 32:
/*68M*/             DialogBox(Instanz,"InfoBox",fenster,
                              ZeigerAufInfoBox);
/*68N*/             return 0;
/*68O*/         }
/*68P*/         break;
```

Zeile 68F: Die Nachricht WM_CREATE erscheint ganz zu Beginn beim Anlegen eines Fensters. Daher wird diese Nachricht häufig dazu benutzt, Initialisierungen durchzuführen.

Zeile 68G: In dieser Zeile besorgen wir uns die Adresse der Dialogfunktion mit der Funktion **MakeProcInstance** und speichern sie in der Variablen *ZeigerAufInfoBox.* Deren Wert benötigen wir für das Öffnen des Dialoges in Zeile 68M.

Zeile 68I: Die Nachricht WM_COMMAND teilt dem Programm mit, daß ein Befehl aus der Menüleiste gewählt wurde. Die Kennziffer des Menüpunkts wird in der Variablen *parameter1* geliefert. Den Wert dieser Kennziffer hatten wir bei Definition des Menüs in der Datei prg3_1.rc festgelegt.

Zeile 68L: Der Wert 32 bezieht sich auf die Kennziffer des Menüpunktes Info… in der Menüdefinition der Ressourcedatei.

```
/*68M*/         DialogBox(Instanz,"InfoBox",fenster,
                          ZeigerAufInfoBox);
```

Zeile 68M: Die Funktion **DialogBox** erwartet als erstes die Instanz des Programms, hier in der Variablen *Instanz* gespeichert. Als zweites folgt der Name des Dialogs, wie er in der Ressourcedatei festgelegt wurde. Der dritte Wert ist der Bezug (engl.: handle) des Fensters, zu dem die Dialogbox gehört. Und der letzte Parameter sagt Windows, wo es die Dialogbox findet. Diesen Wert hatten wir mit der Funktion **MakeProcInstance** in Zeile 68G geholt.

Der letzte Schritt der Änderungen besteht darin, in der Datei prg3_1.def im Abschnitt EXPORTS die Zeile

```
InfoBoxFunktion @2
```

zu ergänzen.
Starten Sie jetzt das Programm, und wählen Sie den Befehl Info… Aus dem Menü Hilfe erscheint ein Dialogfenster wie in der folgenden Abbildung zu sehen.

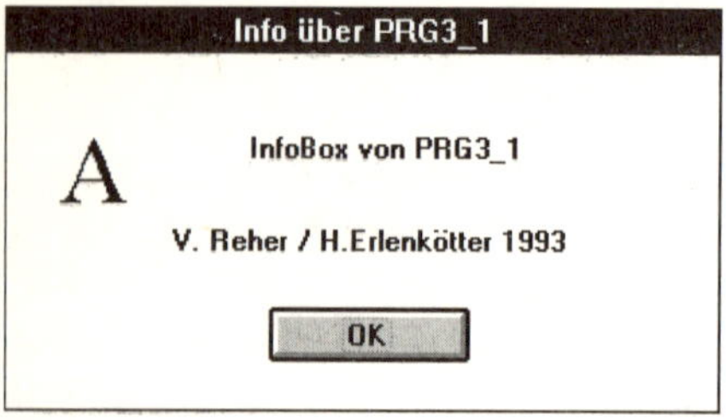

Damit haben wir die wesentlichen Ressourcen kennengelernt. In den folgenden Kapiteln werden wir sie immer wieder für die verschiedensten Aufgaben verwenden, um sicherer in ihrem Gebrauch zu werden. Ausgeklammert haben wir im Rahmen dieses Kapitels die Abkürzungsbefehle für Menüs, die sogenannten ACCELERATORS. Ein ausführliches Beispiel für diese Abkürzungstasten finden Sie in Kapitel 10.2.
Zum Abschluß des Kapitels finden Sie nochmals das C-Programm, die Ressourcedatei und die Definitionsdatei mit den Änderungen, die Sie im Laufe dieses Kapitels durchgeführt haben.

```
prg3_1.c
/*prg3_1.c*/
     #include <windows.h>
/* 3*/
/*=====================< Globale Variable >====================== */
/* 5*/ HANDLE Instanz;
/* 6*/
/*========================< Prototypen >========================= */
/* 8*/ int PASCAL WinMain(HANDLE, HANDLE, LPSTR, int);
/* 9*/ LONG FAR PASCAL FensterFunktion(HWND,WORD,WORD,LONG);
/*10*/ BOOL FAR PASCAL InfoBoxFunktion(HWND,WORD,WORD,LONG);
/*======================< Hauptprogramm >======================== */
/*12*/ int PASCAL WinMain(HANDLE dieseInstanz,
/*13*/                    HANDLE vorigeInstanz,
/*14*/                    LPSTR  kommando,
/*15*/                    int    fenstertyp)
/*16*/ {
/*17*/ MSG  meldung;
/*18*/ HWND Hauptfenster;
/*19*/   Instanz = dieseInstanz;
/*20*/   if (!vorigeInstanz)
/*21*/   {
/*22*/   WNDCLASS wc;
/*23*/     wc.style = NULL;
/*24*/     wc.lpfnWndProc =   FensterFunktion;
/*25*/     wc.cbClsExtra =    0;
/*26*/     wc.cbWndExtra =    0;
/*27*/     wc.hInstance =     dieseInstanz;
/*28*/     wc.hIcon =         LoadIcon(dieseInstanz,"grossesA");
/*29*/     wc.hCursor =       LoadCursor(dieseInstanz,"QUADRAT");
/*30*/     wc.hbrBackground = GetStockObject(GRAY_BRUSH);
/*31*/     wc.lpszMenuName =  "MenueFuerPrg3_1";
/*32*/     wc.lpszClassName = "Einfach";
/*33*/     if (!RegisterClass(&wc))
/*34*/     {
/*35*/       return 255;
/*36*/     }
/*37*/   }
/*38*/   Hauptfenster = CreateWindow( "Einfach",
/*39*/                                "Hello WinWorld 2!",
/*40*/                                WS_OVERLAPPEDWINDOW,
/*41*/                                CW_USEDEFAULT,
/*42*/                                CW_USEDEFAULT,
/*43*/                                CW_USEDEFAULT,
/*44*/                                CW_USEDEFAULT,
/*45*/                                NULL,
/*46*/                                NULL,
/*47*/                                dieseInstanz,
/*48*/                                NULL);
/*49*/   if (!Hauptfenster)
/*50*/   {
/*51*/      return 255;
/*52*/   }
/*53*/   ShowWindow(Hauptfenster, fenstertyp);
/*53A*/  UpdateWindow(Hauptfenster);
/*54*/   while (GetMessage(&meldung,0,0,0))
/*55*/   {
/*55A*/    TranslateMessage(&meldung);
/*56*/     DispatchMessage(&meldung);
/*57*/   }
/*58*/   return meldung.wParam;
/*59*/ }
/*60*/
```

```
/*======================< Fensterfunktion >====================== */
/*62*/ LONG FAR PASCAL FensterFunktion( HWND fenster,
/*63*/                          WORD nachricht,
/*64*/                          WORD parameter1,
/*65*/                          LONG parameter2)
/*66*/ {
/*66A*/long int x,y;
/*66B*/HCURSOR vorigerCursor;
/*66C*/char zeichenkette[256];
/*66D*/static FARPROC ZeigerAufInfoBox;
/*67*/   switch (nachricht)
/*68*/   {
/*68A*/    case WM_LBUTTONUP:
/*68B*/      vorigerCursor = SetCursor(LoadCursor(NULL,IDC_WAIT));
/*68C*/      for(x = 1; x< = 200000; x++) y++;
/*68D*/      SetCursor(vorigerCursor);
/*68E*/      return 0;
/*68F*/    case WM_CREATE:
/*68G*/      ZeigerAufInfoBox
             = MakeProcInstance(InfoBoxFunktion,Instanz);
/*68H*/      return 0;
/*68I*/    case WM_COMMAND:
/*68J*/      switch(parameter1)
/*68K*/       {
/*68L*/         case 32:
/*68M*/           DialogBox(Instanz,"InfoBox",fenster,
                            ZeigerAufInfoBox);
/*68N*/           return 0;
/*68O*/       }
/*68P*/       break;
/*69*/     case WM_DESTROY:
/*69A*/      LoadString(Instanz,1,zeichenkette,sizeof(zeichenkette));
/*69B*/      MessageBox(fenster,zeichenkette,"Ende",
                       MB_ICONSTOP | MB_OK);
/*70*/       PostQuitMessage(0);
/*71*/       return 0;
/*72*/   }
/*73*/   return DefWindowProc(fenster,nachricht,parameter1,
                              parameter2);
/*74*/ }
/*75*/
/*76*/ BOOL FAR PASCAL InfoBoxFunktion(HWND BezugDialog,
/*77*/                                 WORD nachricht,
/*78*/                                 WORD parameter1,
/*79*/                                 LONG parameter2)
/*80*/ {
/*81*/   switch (nachricht)
/*82*/   {
/*83*/     case WM_INITDIALOG:
/*84*/       return TRUE;
/*85*/     case WM_COMMAND:
/*86*/       switch (parameter1)
/*87*/       {
/*88*/         case IDOK:
/*89*/         case IDCANCEL:
/*90*/           EndDialog(BezugDialog,0);
/*91*/           return TRUE;
/*92*/       }
/*93*/   }
/*94*/   return FALSE;
/*95*/ }
```

```
#include <windows.h>

GROSSESA               ICON    DISCARDABLE     "A.ICO"


QUADRAT                CURSOR  DISCARDABLE     "QUADRAT.CUR"


STRINGTABLE
BEGIN
        1,      "That's all folks!"
END

MenueFuerPrg3_1 MENU
{
      POPUP "&Datei"
      {
            MENUITEM "&Laden",       11,
            MENUITEM "&Speichern", 12,  GRAYED
            MENUITEM SEPARATOR
            MENUITEM "&Beenden",    13
      }
      MENUITEM "&Vollbild",          2
      POPUP "\a&Hilfe"
      {
            MENUITEM "&Inhalt",     31
            MENUITEM SEPARATOR
            MENUITEM "&Info...",    32
      }
}

InfoBox  DIALOG  10, 10, 177, 92
STYLE    WS_DLGFRAME | WS_POPUP
CAPTION  "Info über PRG3_1"
BEGIN
  CTEXT      "InfoBox von PRG3_1",-1,55,20,79,12
  ICON       "GROSSESA",-1,12,20,0,0
  CTEXT      "V. Reher / H.Erlenkötter 1993",-1,37,44,107,12
  DEFPUSHBUTTON   "OK" IDOK,65,66,50,14
END
```

```
;Definitionsdatei PRG3_1.DEF

NAME PRG3_1
EXETYPE Windows
DESCRIPTION "Programm prg3_1"

STUB "WINSTUB.EXE"
CODE PRELOAD MOVABLE DISCARDABLE
DATA PRELOAD MOVEABLE MULTIPLE
HEAPSIZE  1024
STACKSIZE 5120

EXPORTS
 FensterFunktion @1
 InfoBoxFunktion @2
```

4 TEXT UND GRAFIK AUSGEBEN

Der Grund, warum in diesem Kapitel die Ausgabe von Text und Grafik gemeinsam behandelt wird, ist offensichtlich: Windows unterscheidet nicht mehr zwischen Text und Grafik, wie man es von MS-DOS gewohnt war. Die Routinen von Windows, die der graphischen Ausgabe dienen, werden unter dem Begriff **GDI** (Graphic Device Interface) zusammengefaßt. Hier werden dem Programmierer eine Vielzahl von Funktionen zur Ausgabe von Texten, Punkten, Linien oder Bitmaps zur Verfügung gestellt. Ein großer Vorteil des GDI ist es, daß die Ausgabe von Grafik geräteunabhängig erfolgt. Es ist also ziemlich gleichgültig, ob die Ausgabe auf dem Bildschirm oder einem Laserdrucker erfolgt. Windows besorgt die nötige Umsetzung.

4.1 Der Gerätekontext

Hinter dem Begriff **Gerätekontext** verbirgt sich ein Konzept, daß man zuerst verstanden haben muß, um irgend etwas auf dem Bildschirm ausgeben zu können. Die Schwierigkeit liegt auch hier wieder darin, daß man sich in die Gedanken der Entwickler von Windows versetzen muß. Hat man deren Absichten erst einmal verstanden, ist der Rest dann wieder einfacher.
Ein Gerätekontext (device context, DC) ist die Verbindung zwischen einem Windows-Programm und einem Gerätetreiber, der seinerseits ein Ausgabegerät wie zum Beispiel einen Laserdrucker anspricht. Einfach gesagt: Jedesmal, wenn ein Programm etwas auf Bildschirm oder Drucker ausgeben will, braucht es einen Gerätekontext!
Ein Gerätekontext ist eine Datenstruktur, in der folgende Informationen gespeichert sind. Die Spalte "GDI-Funktionen" gibt an, welche Funktionen die entsprechenden Attribute ändern oder benutzen.

Zeichenattribute	**Standardwert**	**GDI-Funktionen**
Hintergrundfarbe	weiß	SetBkColor
Hintergrundmodus	OPAQUE	SetBkMode
Bitmap	kein Standardwert	CreateBitmap, CreateBitmap-Indirect, CreateCompatible-Bitmap, SelectObject
Farbmuster	WHITE_BRUSH	CreateBrushIndirect, CreateDIBPatternBrush, CreateHatchBrush, Create-PatternBrush, CreateSolid-Brush, SelectObject
Farbmuster-Ursprung	(0,0)	SetBrushOrg, UnrealizeOb-ject
Clipping Gebiet	Anzeigefläche	CreateEllipticRgn, CreateEl-lipticRgnIndirect, CreatePoly-gonRgn, CreatePolyPolygon-Rgn, CreateRectRgn, Crea-teRoundRectRgn, Exclude-ClipRect, Intersec-ClipRect, OffsetClipRgn, SelectClipRgn
Farbpalette	DEFAULT_PALETTE	CreatePalette, RealizePalet-te, SelectPalette, Unrealize-Object
Aktuelle Stiftposition	(0,0)	LineTo, MoveTo
Zeichenmodus	R2_COPYPEN	SetROP2
Schriftart	SYSTEM_FONT	CreateFont, CreateFontIndi-rect, SelectObject
Zeichenabstand	0	SetTextCharacterExtra
Abbildungsmethode	MM_TEXT	SetMapMode
Stift	BLACK_PEN	CreatePen, CreatePenIndi-rect, SelectObject
Polygon-Füll-Modus	ALTERNATE	SetPolyFillMode

Zeichenattribute	Standardwert	GDI-Funktionen
Dehnungsmodus	BLACKONWHITE	SetStretchBltMode
Textfarbe	Black	SetTextColor
Abbildungsstreckung	(1,1)	SetViewportExt
Abbildungsursprung	(0,0)	SetViewportOrg
Ausgabestreckung	(1,1)	SetWindowExt
Ausgabeursprung	(0,0)	SetWindowOrg

Ein Grund für den Einsatz eines Gerätekontextes ist folgender: Stellen Sie sich vor, Sie wollten einen Text ausgeben. Dazu müßten Sie einer entsprechenden Funktion sehr viele Informationen mitgeben, wie zum Beispiel die Vorder- und Hintergrundfarbe, Schriftart, Farbmuster usw. Das würde den Aufwand für den Programmierer bei jedem Funktionsaufruf beträchtlich erhöhen. Dadurch, daß man eine **vordefinierte Parameterliste** in Form des Gerätekontextes hat, spart man eine ganze Menge Arbeit. Jetzt kann man einen relativ einfachen Funktionsaufruf benutzen und den Rest der Parameter aus dem Gerätekontext entnehmen.

Hinweis: Beachten Sie, daß nicht jede vorhandene Information auch von jeder Funktion benötigt wird!
Möchte man einen Gerätekontext verwenden, muß man ihn mit dem Befehl **CreateDC** anlegen. Da der Vorgang des Anlegens ziemlich zeitaufwendig ist, werden für die schnelle Ausgabe auf dem Bildschirm fünf vordefinierte Kontexte benutzt. Sie werden mit der Funktion **GetDC** angefordert und mit **ReleaseDC** wieder freigegeben. Da Windows nur diese beschränkte Anzahl von Gerätekontexten für Fenster hat, leiht sich das Programm gewissermaßen den Kontext nur vorübergehend, um seine Ausgaben zu erledigen. Nach dem Zeichnen der Figur oder des Textes wird der Gerätekontext wieder zurückgegeben und steht dann an anderer Stelle wieder zur Verfügung. Neben der Funktion GetDC stehen speziell für den Gebrauch mit der Meldung WM_PAINT noch das Funktionspaar **BeginPaint** und **EndPaint** zur Verfügung. In unserer Einführung wollen wir uns mit diesen beiden letzten Funktionen begnügen.
Um auf einen Gerätekontext Bezug nehmen zu können, braucht man wie üblich einen Handle. Dieser wird von CreateDC, GetDC oder BeginPaint zurückgeliefert. Diese Bezüge haben die gleiche Aufgabe,

wie Sie es auch bei Bezügen für Fenster, Cursor oder Symbole kennengelernt haben. Auch hier handelt es sich wieder um eine vorzeichenlose 16-Bit-Zahl, die Windows als interne Kennziffer dient. Die Bezeichnung für diesen Datentyp ist **HDC**.

Zusammenfassung:
(1) Alle Ausgaben auf Bildschirm oder Drucker benötigen einen Gerätekontext.
(2) Für die Ausgabe im Fenster existieren aus Geschwindigkeitsgründen 5 vordefinierte Gerätekontexte.
(3) Um auf einen Gerätekontext zugreifen zu können, wird ein Handle benutzt.

4.2 Die Meldung WM_PAINT

Sie mögen es vielleicht nicht mehr hören können, aber man kann es nicht oft genug wiederholen: **In Windows läuft der ganze Informationsfluß über Nachrichten.** Das kann die Nachricht sein, daß eine Taste losgelassen (WM_KEYUP), ein Befehl aus einem Menü gewählt (WM_COMMAND) oder das Anwendungsfenster zerstört wurde (WM_DESTROY). Die Hauptaufgabe der Nachricht **WM_PAINT** besteht darin, dem Programm mitzuteilen, daß es seinen Fensterinhalt oder Teile davon neu ausgeben muß. Die Nachricht WM_PAINT wird bei verschiedenen Anlässen erzeugt. Dazu zählen:
(1) Die Funktion **UpdateWindow**, die beim erstmaligen Anlegen des Fensters die Meldung WM_PAINT erzeugt.
(2) Das Sichtbarwerden eines Fensterteils, der durch ein anderes Fenster verdeckt war.
(3) Der Aufruf der Funktion **InvalidateRect**.
(4) Scrollen des Fensters.
(5) Die Veränderung der Fenstergröße. Vorausgesetzt, beim Anlegen der Fensterklasse wurden die Angaben CS_HREDRAW oder CS_VREDRAW für den **Fensterstil** (wc.style) gemacht. Diese beiden Angaben legen fest, daß bei jeder Änderung der Fenstergröße der gesamte Fensterinhalt neu gezeichnet wird.

Bei der Auflistung der Anlässe, die ein Neuzeichnen nötig machen, ist Ihnen wahrscheinlich die Funktion InvalidateRect aufgefallen. Was es damit auf sich hat, wollen wir kurz erläutern.

Ungültigkeitsgebiet

Da das Neuzeichnen eines Fensterinhalts unter Umständen recht zeitraubend ist, versucht Windows, den dazu nötigen Aufwand möglichst gering zu halten. Daher macht Windows folgendes: Jedesmal wenn ein Teil des Fensterinhaltes zerstört wird, zum Beispiel durch ein überlagerndes Fenster, merkt sich Windows genau diesen Bereich und markiert ihn als ungültig (engl.: update region). In der folgenden Abbildung ist der Bereich ungültig geworden, den die Uhr überdeckt.

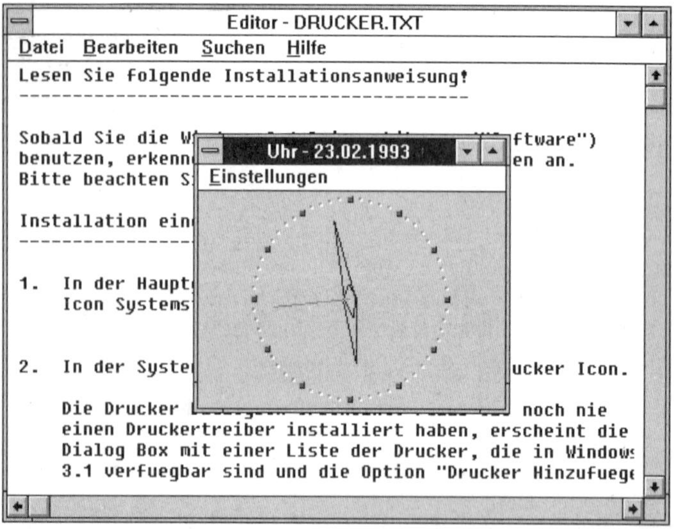

Wird das überlagernde Fenster wieder zur Seite geschoben, und erhält die Anwendung die Nachricht WM_PAINT, liefert Windows den rechteckigen ungültigen Bereich. Im Beispiel ist das der Bereich, der von der Uhr verdeckt war. Zum Reparieren dieser Stelle verwendet Windows nun zwei Techniken. Erstens teilt es dem Programm den ungültigen Bereich mit und erlaubt ihm so, nur die Zeichen auszugeben, die wirklich zerstört sind. Viele Programme kümmern sich jedoch nicht darum, sondern geben prinzipiell alles aus. Daher macht Windows noch ein zweites, auch ohne die Hilfe der Anwendung. Gibt die Anwendung im obigen Beispiel nicht nur die zerstörten Buchstaben neu aus, sondern jeweils eine ganze Zeile, sorgt Windows dafür,

daß die tatsächliche Bildschirmausgabe nur in dem Bereich erfolgt, der ungültig ist. Die hierzu verwendete Technik nennt sich **Clipping**. Unter Clipping versteht man allgemein das Abschneiden der Bildschirmausgabe am Rand eines Ausgabebereiches bzw. Fensters. Es wird dadurch sichergestellt, daß kein Fenster über seinen Rand, bzw. kein Fenster in ein anderes hineinschreiben kann.
Nach dieser langen Vorrede können wir nun zur Beschreibung der Funktion **InvalidateRect** kommen. Sie erlaubt es einem Programm, sich selbst eine Nachricht vom Type WM_PAINT zu schicken, damit der Fensterinhalt wieder ausgegeben wird. Das könnte zum Beispiel sinnvoll sein, wenn das Programm eine Berechnung durchgeführt hat und nun sein Fenster mit dem Ergebnis darstellen möchte. Um den gesamten Fensterinhalt für ungültig zu erklären, ruft die Anwendung die Funktion mit folgenden Parametern auf:

InvalidateRect(*hWnd, NULL, TRUE*)

hWnd ist hier der Bezug auf das angesprochene Fenster. Soll nur ein bestimmter Ausschnitt ungültig werden, wird statt NULL eine Variable vom Typ RECT eingesetzt, die die Koordinaten des ungültigen Rechtecks enthält.

4.3 Zeichnen

Nach so viel Theorie wollen wir jetzt endlich etwas in einem Fenster darstellen. Als Grundlage für unser Programm benutzen wir das Programm prg3_1, dessen Hauptprogrammteil Sie fast unverändert übernehmen können. Hier muß nur die Zeile 10 gelöscht werden, da dieses Programm keine Dialogbox verwendet. Die anderen Änderungen werden im Anschluß an das Listing beschrieben.
Das Programm erlaubt es, über ein Menü die Darstellung von Linien, einem Kreis und einer Reihe von Punkten zu wählen.

```
/*prg4_1.c*/
       #include <windows.h>
/* 3*/
/*=====================< Globale Variable >======================= */
/* 5*/ HANDLE Instanz;
/* 6*/
/*========================< Prototypen >========================== */
/* 8*/ int PASCAL WinMain(HANDLE, HANDLE, LPSTR, int);
/* 9*/ LONG FAR PASCAL FensterFunktion(HWND,WORD,WORD,LONG);
/*10*/
/*======================< Hauptprogramm >======================== */
/*12*/ int PASCAL WinMain(HANDLE dieseInstanz,
/*13*/                   HANDLE vorigeInstanz,
/*14*/                   LPSTR  kommando,
/*15*/                   int    fenstertyp)
/*16*/ {
/*17*/ MSG  meldung;
/*18*/ HWND Hauptfenster;
/*19*/   Instanz = dieseInstanz;
/*20*/   if (!vorigeInstanz)
/*21*/   {
/*22*/   WNDCLASS wc;
/*23*/     wc.style =          CS_HREDRAW | CS_VREDRAW;
/*24*/     wc.lpfnWndProc =     FensterFunktion;
/*25*/     wc.cbClsExtra =      0;
/*26*/     wc.cbWndExtra =      0;
/*27*/     wc.hInstance =       dieseInstanz;
/*28*/     wc.hIcon =           LoadIcon(dieseInstanz,"grossesA");
/*29*/     wc.hCursor =         LoadCursor(NULL,IDC_ICON);
/*30*/     wc.hbrBackground =   GetStockObject(WHITE_BRUSH);
/*31*/     wc.lpszMenuName =    "MenueFuerPrg4_1";
/*32*/     wc.lpszClassName =   "Einfach";
/*33*/     if (!RegisterClass(&wc))
/*34*/     {
/*35*/       return 255;
/*36*/     }
/*37*/   }
/*38*/   Hauptfenster = CreateWindow( "Einfach",
/*39*/                                "Zeichnen",
/*40*/                                WS_OVERLAPPEDWINDOW,
/*41*/                                CW_USEDEFAULT,
/*42*/                                CW_USEDEFAULT,
/*43*/                                CW_USEDEFAULT,
/*44*/                                CW_USEDEFAULT,
/*45*/                                NULL,
/*46*/                                NULL,
/*47*/                                dieseInstanz,
/*48*/                                NULL);
/*49*/   if (!Hauptfenster)
/*50*/   {
/*51*/     return 255;
/*52*/   }
/*53*/   ShowWindow(Hauptfenster, fenstertyp);
/*54*/   UpdateWindow(Hauptfenster);
/*55*/   while (GetMessage(&meldung,0,0,0))
/*56*/   {
/*57*/    TranslateMessage(&meldung);
/*58*/     DispatchMessage(&meldung);
/*59*/   }
/*60*/   return meldung.wParam;
/*61*/ }
/*62*/
```

```
/*======================< Fensterfunktion >====================== */
/*64*/ LONG FAR PASCAL FensterFunktion( HWND fenster,
/*65*/                                  WORD nachricht,
/*66*/                                  WORD parameter1,
/*67*/                                  LONG parameter2)
/*68*/ {
/*69*/ static int        MenueBefehl = 10;
/*70*/ int               x,y;
/*71*/ HDC               hdc;
/*72*/ PAINTSTRUCT       ps;
/*73*/
/*74*/   switch (nachricht)
/*75*/   {
/*76*/     case WM_PAINT:
/*77*/       hdc = BeginPaint (fenster, &ps);
/*78*/       switch(MenueBefehl)
/*79*/       {
/*80*/         case 10:
/*81*/           LineTo(hdc,30,30);
/*82*/           MoveTo(hdc,60,30);
/*83*/           LineTo(hdc,30,60);
/*84*/           break;
/*85*/         case 20:
/*86*/           Ellipse(hdc, 10,10,50,50);
/*87*/           Ellipse(hdc, 20,20,40,40);
/*88*/           break;
/*89*/         case 30:
/*90*/           y = 0;
/*91*/           for(x = 0; x< = 255; x++)
/*92*/           {
/*93*/             SetPixel(hdc,x,y,RGB(x,0,0));
/*94*/             y++;
/*95*/           }
/*96*/           break;
/*97*/       }
/*98*/       EndPaint(fenster, &ps);
/*99*/       return 0;
/*100*/    case WM_COMMAND:
/*101*/      switch(parameter1)
/*102*/      {
/*103*/        case 10:
/*104*/        case 20:
/*105*/        case 30:
/*106*/          MenueBefehl = parameter1;
/*107*/          InvalidateRect(fenster,NULL,TRUE);
/*108*/          return 0;
/*109*/        case 99:
/*110*/          SendMessage(fenster,WM_CLOSE,0,0L);
/*111*/          return 0;
/*112*/      }
/*113*/      break;
/*114*/    case WM_DESTROY:
/*115*/      PostQuitMessage(0);
/*116*/      return 0;
/*117*/  }
/*118*/  return DefWindowProc(fenster,nachricht,parameter1,
                             parameter2);
/*119*/}
```

Nach dem Übersetzen und Starten des Programms erscheint das Fenster aus der folgenden Abbildung.

Zu erkennen sind zwei Linien, die quer über den Bildschirm verlaufen.

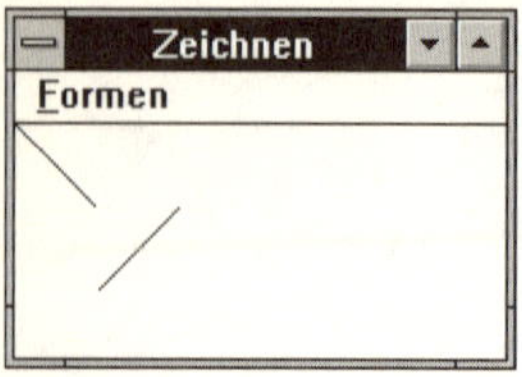

Das Menü Formen wird in der folgenden Abbildung dargestellt.

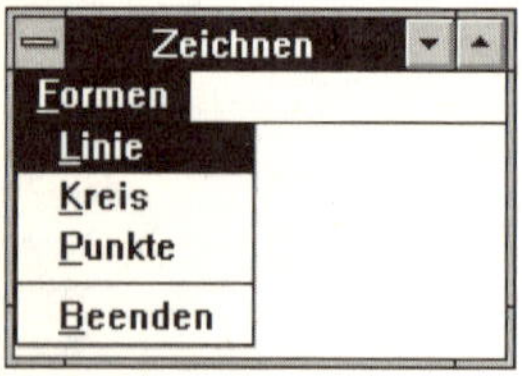

Nach Wahl des Befehls Kreis erscheint die in der folgenden Abbildung gezeigte Ausgabe.

Wie sieht nun der Programmcode aus, der diese Ausgaben auf dem Bildschirm erzeugt? Beginnen wir mit den Änderungen im Hauptprogramm gegenüber dem Programm prg3_1.

Zeile 23: Die Angaben CS_HREDRAW und CS_VREDRAW bei der Festlegung des Fensterstils geben an, daß der Fensterinhalt (engl.: client area) jedesmal neu gezeichnet werden soll, wenn das Fenster in der Größe horizontal oder vertikal verändert wurde. Eine solche Einstellung ist ganz nützlich, wenn man zum Beispiel immer in der Mitte des Fensters etwas ausgeben will. Ändert sich die Größe des Fensters, muß die alte Zeichnung gelöscht und in der Mitte neu erstellt werden. Für unser erstes Beispiel hätten wir diese Änderung allerdings nicht machen müssen.

Zeile 29+39: Hier wird ein kleines Rechteck (siehe auch Anhang) als Cursor und eine neue Überschrift fürs Fenster definiert.

Jetzt zur Beschreibung der Fensterfunktion, in der das Wesentliche geschieht.

Zeile 69: Die Variable *MenueBefehl* merkt sich den zuletzt ausgewählten Menüpunkt. Als Vorbelegung haben wir den Wert 10 gewählt, was dem Befehl Linie entspricht (die Zahl 10 hatten wir in der Ressourcedatei willkürlich als Kennziffer für diesen Menüpunkt gewählt). Als static muß die Variable deklariert werden, damit sie ihren Wert auch zwischen den Aufrufen von FensterFunktion behält.

Zeile 70: Zwei Hilfsvariablen, die zum Zeichnen einer Reihe von Punkten verwendet werden.

Zeile 71: Die Variable *hdc* merkt sich den Bezug auf den Gerätekontext. Die Bezeichnung hdc wird häufig gewählt, wenn es sich um einen **h**andle auf einen **d**evice **c**ontext handelt.

Zeile 72: Die Funktion **BeginPaint** in Zeile 77 erwartet als einen ihrer Parameter eine Variable vom Typ PAINTSTRUCT. Wir haben die Variable *ps* genannt, wie es bei den meisten Programmierern üblich ist. Die Struktur PAINTSTRUCT enthält folgende Felder

```
typedef struct tagPAINTSTRUCT
{
    HDC     hdc;
    BOOL    fErase;
    RECT    rcPaint;
    BOOL    fRestore;
    BOOL    fIncUpdate;
    BYTE    rgbReserved[16];
} PAINTSTRUCT;
```

und wird zum Zeichnen im Fenster benötigt. In der Variablen *hdc* wird der Bezug zum Fenster gespeichert. *fErase* teilt dem Programm mit, ob der Fensterhintergrund neu gemalt werden muß. Diese Angabe wird nur selten benötigt. Der wichtigste Wert ist *rcPaint*. *rcPaint* ist selber eine Struktur, und zwar vom Typ RECT. (Zur Erinnerung: Wir haben hier ein Beispiel einer geschachtelten Struktur in C). In dieser Variablen werden die vier Eckpunkte des ungültigen Rechtecks gespeichert (siehe Kapitel 4.2). Die restlichen drei Variablen sind für die interne Benutzung durch Windows reserviert.

Zeile 76: Der Programmteil, der zur Nachricht WM_PAINT gehört, ist der wichtigste in unserem Beispiel. Das erste Mal wird diese Nachricht ausgelöst, wenn in Zeile 54 die Funktion **UpdateWindow** aufgerufen wird. Und da die Static-Variable *MenueBefehl* mit dem Wert 10 initialisiert wurde, werden direkt zu Beginn die Anweisungen ausgeführt, die auf "case 10" folgen. Wie Sie wohl erraten können, dient die Funktion **LineTo** dem Linienziehen. Und damit ist auch erklärt, warum zu Beginn des Programms immer die beiden Linien erscheinen.

Zeile 77+98: BeginPaint liefert den Gerätekontext, der in *hdc* gespeichert wird. Die Funktionen **BeginPaint** und **EndPaint** müssen immer zusammen verwendet werden. Sie umschließen den gesamten Anweisungsblock, der irgendeine Ausgabe auf dem Bildschirm macht. Die Aufgabe von BeginPaint ist es, alles für die Ausgabe vorzubereiten (Bezug auf Gerätekontext liefern, die Struktur PAINTSTRUCT ausfüllen usw.). EndPaint räumt zum Schluß wieder auf.

Zeile 80+85+89: Die Werte 10, 20 und 30 entsprechen den Menüpunkten Linie, Kreis und Punkte. Sehen Sie sich dazu auch die Ressourcedatei prg4_1.rc an.

Zeile 81-83: Die Funktion **LineTo** zeichnet eine Linie zu den angegebenen Koordinaten. Der erste Wert steht dabei für den Gerätekontext, hier also die Fensterfläche. Der zweite Wert ist der x-Wert und der dritte der y-Wert. Wie man in der folgenden Abbildung sieht, beginnen die Koordinaten oben links mit dem Wert 0,0. Der x-Wert wächst nach rechts und der y-Wert nach unten.

Standard−Koordinatensystem

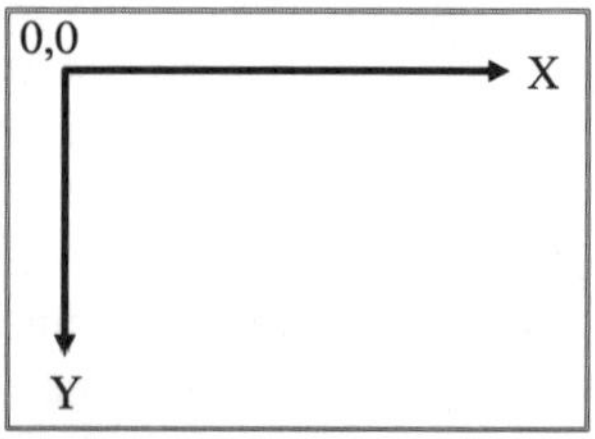

Und woher weiß LineTo, von wo aus die Linie zu zeichnen ist? Aus dem Gerätekontext! Wenn Sie sich nochmals die Tabelle auf Seite 75 ansehen, finden sie dort das Zeichenattribut "Aktuelle Stiftposition" mit dem Standardwert 0,0. Das ist der Koordinatenursprung, der für die erste Linie benutzt wird. Die Funktion **MoveTo** in Zeile 82 macht jetzt nichts anderes, als den Wert für die Stiftposition auf die angegebenen x- und y-Werte zu setzen. Und der zweite LineTo-Befehl zieht seine Linie dann mit dieser Koordinate als Ursprung.

Hinweis: Beachten Sie, daß LineTo die Koordinaten ebenfalls verändert! Die Stiftposition ist nach dem Linienzeichnen auf die Endposition dieser Linie gesetzt!

Zeile 86+87: Die Funktion **Ellipse** zeichnet eine gefüllte Figur. Wenn Sie die Zeilen 86 und 87 vertauschen, werden Sie feststellen, daß nur ein Kreis sichtbar ist, da in diesem Fall der eine durch den anderen übermalt wird! Die Größe der Ellipse wird durch ein gedachtes Rechteck bestimmt, dessen linke obere Ecke (20,20 und 10,10) und rechte untere Ecke (40,40 und 50,50) der Funktion als Parameter übergeben werden. Innerhalb dieses gedachten Rechtecks wird die Ellipse eingezeichnet. Der erste Parameter ist wieder der benötigte Gerätekontext. Da in unserem Beispiel jeweils ein Quadrat durch die Koordinaten festgelegt ist, werden zwei Kreise - als Sonderform der Ellipse – dargestellt. Die folgende Abbildung verdeutlicht nochmals, welche Bedeutung die Koordinaten für diese Funktion haben.

Koordinaten für eine Ellipse

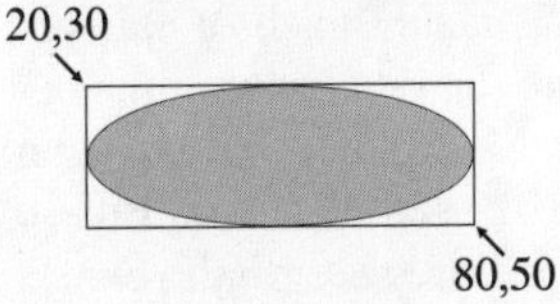

Zeile 93: Die Funktion **SetPixel** benötigt vier Parameter: als ersten den üblichen Gerätekontext, dann die x- und y-Koordinaten und zum Schluß die Farbe dieses Punktes. Um die Farbe zu setzen, haben wir das Makro RGB benutzt. Dieses Makro erhält seinerseits drei Werte, die die Farbe bestimmen. Dabei ist der erste Wert der Rot-Anteil der Farbe, der zweite der Grün-Anteil und der dritte der Blau-Anteil. Der Wert 0 bedeutet die geringste Intensität und 255 die höchste. Sind alle drei Werte gleich 0, ergibt das Schwarz, haben alle drei Parameter den Wert 255, ergibt das Weiß. Im Beispielprogramm wird in-

nerhalb der Schleife die Rot-Intensität bis zum Maximalwert von 255 gesteigert. Und da sich auch die Koordinaten kontinuierlich erhöhen, wird eine Linie dargestellt, deren Farbe vom Beginn zum Ende langsam in Rot übergeht.

Zeile 100+101: Die Nachricht WM_COMMAND wird immer dann erzeugt, wenn der Benutzer einen Befehl aus einem Menü wählt. Ist das der Fall, kann man anhand des Parameters *parameter1* feststellen, welcher Befehl das war. *parameter1* wird der Fensterfunktion in Zeile 66 übergeben. Der übergebene Wert entspricht den Kennziffern, die man den einzelnen Befehlen in der Ressourcedatei gegeben hat. In vielen Programmen finden Sie übrigens nicht diese Zahlenwerte, wie wir sie verwenden, sondern Konstanten. Gebräuchlich sind z. B. IDM_NEW, IDM_EXIT oder ähnliches. Die Definition erfolgt in einer separaten Header-Datei (*.h), die dann natürlich per include in das C-Programm und die Ressource-Datei eingebunden werden muß.

Beispiel:

```
#define IDM_NEW 100
#define IDM_EXIT 150
```

Der Vorteil dieser Methode ist, daß man mit aussagekräftigen Namen arbeiten kann und sich nicht mit bloßen Zahlen abgeben muß. Wir haben diese Vorgehensweise im Beispielprogramm nicht gewählt, um die Anzahl der benötigten Dateien so gering wie möglich zu halten.

Zeile 106: Diese Zeile ist für das Funktionieren des Programms besonders wichtig. In der Variablen *MenueBefehl* wird hier der Wert von *parameter1* gespeichert, was nichts anderes bedeutet, als daß diese Variable jetzt die Kennziffer des gewählten Befehls enthält. Da sie eine static-Variable ist und somit ihren Wert auch beim nächsten Aufruf von **FensterFunktion** noch hat, kann dann in Zeile 78 das entsprechende case ausgewählt werden.

Zeile 107: Die Funktion **InvalidateRect** sorgt dafür, daß Windows die Nachricht WM_PAINT an das Fenster schickt. InvalidateRect benötigt als ersten Parameter den Bezug auf das Fenster. Der zweite Parameter gibt normalerweise die Koordinaten des ungültigen Rechtecks in Form einer Variablen vom Typ RECT (siehe auch Erläuterung zu Zeile 72) an. Der Wert NULL bedeutet, daß der gesamte Fensterinhalt ungültig ist. Der letzte Parameter bestimmt, ob die Fensterfläche gelöscht werden soll oder nicht.

Zeile 110: Die letzte neue Funktion, die Sie in diesem Programm kennenlernen, ist **SendMessage**. Sie dient dazu, einem oder mehreren Fenstern eine Nachricht zu schicken. Der erste Parameter bestimmt das angesprochene Fenster, der zweite die zu sendende Nachricht. Die beiden letzten Parameter dienen, wie bereits erläutert, der genaueren Beschreibung bei speziellen Nachrichten, die wir im Beispiel nicht benötigen. SendMessage wird hier benutzt, um der eigenen Anwendung die Nachricht WM_CLOSE zu schicken. WM_CLOSE veranlaßt die Anwendung, sich zu beenden.

Zusammenfassung:

(1) Die Funktion UpdateWindow in Zeile 54 erzeugt die erste WM_PAINT-Nachricht. Da zu diesem Zeitpunkt die Variable *MenueBefehl* von der Initialisierung her den Wert 10 hat, erscheint das Fenster zu Beginn mit den beiden Linien. Würden Sie in Zeile 69 die Variable auf 20 setzen, wäre die erste Ausgabe zwei Kreise.

(2) Wählen Sie z. B. den Befehl Kreis, wird WM_COMMAND gesendet. In Zeile 106 wird der Variablen *MenueBefehl* die 20 zugewiesen (20 steht in diesem Programm bekanntlich für den Befehl Kreis).

(3) Damit der ausgewählte Befehl überhaupt eine Wirkung zeigt, muß der Bildschirm gelöscht und müssen die Kreise gemalt werden. Zu diesem Zweck wird daher in Zeile 107 der gesamte Fensterinhalt für ungültig erklärt.

(4) Hat ein Fenster einen Ungültigkeitsbereich, stellt Windows die Nachricht WM_PAINT in die Warteschlange des Fensters. Wird die Nachricht schließlich abgearbeitet, können die gewünschten Kreise gezeichnet werden (den Menüpunkt hatten wir uns ja in Zeile 106 gemerkt).

Diese Art der Programmierung – sozusagen von hinten herum – ist sicherlich gewöhnungsbedürftig. Haben Sie sich aber einmal an die ereignisorientierte Programmierung gewöhnt, kommt Ihnen Ihr alter Programmierstil genauso seltsam vor!

Zur Vervollständigung des Listings von prg4_1.c finden Sie hier noch die zugehörige Ressource- und die Definitionsdatei.

```
#include <windows.h>

GROSSESA                ICON    DISCARDABLE     "A.ICO"


MenueFuerPrg4_1 MENU
{
            POPUP "&Formen"
            {
                  MENUITEM "&Linie",          10
                  MENUITEM "&Kreis",          20
                  MENUITEM "&Punkte",         30
                  MENUITEM SEPARATOR
                  MENUITEM "&Beenden",        99
            }
}
```

```
;Definitionsdatei PRG4_1.DEF

NAME PRG3_1
EXETYPE Windows
DESCRIPTION "Programm prg4_1"

STUB "WINSTUB.EXE"
CODE PRELOAD MOVABLE DISCARDABLE
DATA PRELOAD MOVEABLE MULTIPLE
HEAPSIZE  1024
STACKSIZE 5120

EXPORTS
 FensterFunktion @1
```

4.4 Koordinatensysteme

Bei der Ausgabe der Grafiken im Programm prg4_1 haben wir zwei Punkte noch nicht behandelt. Das wollen wir an dieser Stelle kurz nachholen.

Abbildungsmethoden

Bei den Funktionen Ellipse, LineTo oder SetPixel sind wir stillschweigend davon ausgegangen, daß die Koordinaten, die den Funktionen übergeben wurden, auf dem Bildschirm genau einem Pixel entsprachen. Für das Beispiel stimmte die Annahme auch. Wenn Sie sich die Tabelle auf Seite 75 ansehen, finden Sie unter dem Zeichenattribut Abbildungsmethode den Eintrag **MM_TEXT**. Dieser Wert besagt,

daß eine logische Einheit einem Pixel entspricht. MM_TEXT ist die Standardeinstellung, Windows erlaubt jedoch auch andere Modi. Dazu gehören z. B. MM_LOMETRIC oder MM_TWIPS. Bei diesen Modi entspricht eine logische Einheit 0,1 mm bzw. 1/1440 Zoll. Die insgesamt acht unterschiedlichen Abbildungsmethoden dienen dazu, die grafische Darstellung möglichst geräteunabhängig zu halten.
Wir wollen dieses Thema hier nicht weiter vertiefen, sondern Sie nur auf den Umstand aufmerksam machen, so daß sie bei Bedarf wissen, wo Sie weitere Informationen herholen müssen.

Linien ziehen

Beachten Sie, daß beim Linienziehen zwar der Startpunkt, den Sie angeben, zur Linie gehört, der Endpunkt jedoch nicht! Wenn also eine Linie von Koordinate 10 bis 20 gezogen werden soll, endet sie bereits bei 19. Dieses auf den ersten Blick seltsame Verhalten hat den Vorteil, daß eine neue Zeichenfigur automatisch da anfangen kann, wo die vorherige aufhörte.

4.5 Text ausgeben

Der nächste Schritt nach dem Zeichnen von Grafiken ist die Ausgabe von Text. Windows stellt dafür fünf Funktionen zur Verfügung, von denen wir **TextOut,** die am häufigsten gebrauchte, benutzen werden. Zu diesem Zweck schreiben wir ein weiteres Übungsprogramm, prg4_2. Da dieses Programm nur eine Erweiterung von prg4_1 ist, werden wir es nicht komplett abdrucken, sondern nur die Änderungen mit den entsprechenden Zeilennummern auflisten.
Als erstes sorgen Sie dafür, daß die Textausgabe auch über das Menü erfolgen kann. Dazu fügen Sie in der Ressourcedatei prg4_2.rc hinter dem Menüpunkte "Punkte" diese Zeile ein:

```
MENUITEM "&Text",      40
```

In das Programm prg4_2.c werden die folgenden Zeilen eingefügt:

```
/*96A*/   case 40:
/*96B*/     SetTextColor(hdc,RGB(0,255,0));
/*96C*/     SetBkColor(hdc,RGB(0,0,255));
/*96D*/     TextOut(hdc,0,0,"Die Funktion TextOut.",14);
/*96E*/     break;


/*105A*/       case 40:
```

Compilieren Sie das Programm, und starten Sie es. Wählen Sie den Menüpunkt Text. Das Ergebnis sollte so aussehen:

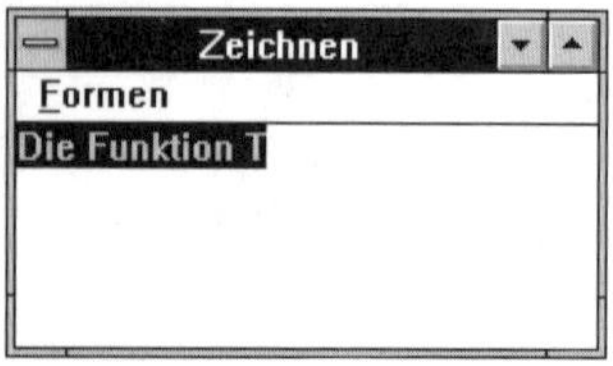

In diesen wenigen Zeilen lernen Sie drei neue Funktionen kennen. Die wichtigste, TextOut, soll als erstes dargestellt werden.

Zeile 96D: Die Funktion **TextOut** gibt Texte auf dem Bildschirm aus. Sie ist in etwa mit der Funktion printf zu vergleichen, die unter Windows ja nicht benutzt werden kann. TextOut braucht als ersten Parameter den Gerätekontext. Der zweite und dritte geben die Koordinaten an, wo der Text zu drucken ist. Parameter vier ist ein Zeiger auf die darzustellende Zeichenkette, und fünf gibt die Anzahl der Zeichen an, die von diesem String gedruckt werden sollen. Dieser letzte Parameter ist nötig, da TextOut sich nicht um eine **binäre Null** kümmert, die normalerweise das Ende einer Zeichenkette markiert. In der vorigen Abbildung sehen Sie, daß der Text abgeschnitten ist: "Die Funktion T". Das liegt offensichtlich daran, daß bei der Längenangabe der willkürliche Wert 14 angegeben wurde.

Zeile 96B+96C: Wie Sie wissen, dient der **Gerätekontext** unter anderem dazu, Standardparameter für die Grafikausgabe bereitzustellen. Meist reichen die Standardeinstellungen auch aus. Möchte man diese jedoch ändern, tut man das mit Hilfe von speziellen Funktionen. In der Tabelle auf Seite 75f. finden Sie Funktionen, die zur Veränderung der Standardwerte verwendet werden müssen. **SetTextColor**

(hdc,RGB (0,255,0)) dient dazu, die Farbe des Textes einzustellen. Im Beispiel haben wir wieder das Makro RGB benutzt, um die Farben auf grün einzustellen. **SetBkColor**(hdc,RGB(0,0,255)) setzt die Farbe des Hintergrunds hier auf blau.

Wenn Sie nicht nur eine, sondern mehrere Zeilen Text ausgeben wollen, müssen Sie u. a. Informationen über Höhe und Breite der Zeichen ermitteln, um die Zeilen im richtigen Abstand zu setzen. Die Funktion, die für diese Aufgabe gedacht ist, heißt **GetTextMetrics.** Der Aufruf dieser Funktion legt in einer von Ihnen zu definierenden Struktur vom Typ TEXTMETRIC alle Informationen ab. Danach haben Sie Zugriff auf ca. 20 Werte, die den Font beschreiben. Eine detaillierte Beschreibung zu GetTextMetrics mit Beispiel finden Sie im Kapitel 7.5.

5 EINGABE

In den bisher vorgestellten Programmen haben Sie keine Daten eingegeben (abgesehen von den Maus- und Tastaturaktionen, die Windows automatisch unterstützt), sondern haben mit fest programmierten Werten gearbeitet. Da so etwas jedoch nicht sehr nützlich ist, sehen wir uns jetzt an, wie man unter Windows Daten in ein laufendes Programm eingeben kann.

5.1 Daten über Dialogfeld eingeben

Das wichtigste Hilfsmittel, um Daten in ein Windows-Programm einzugeben, ist das Dialogfeld. Wie man ein solches Dialogfeld aufbaut und steuert, haben Sie bereits in Kapitel 3.6 kennengelernt. Allerdings beherrschte dieser Dialog nur die notwendigsten Dinge. In diesem Kapitel wollen wir Ihnen einige neue Elemente und Methoden vorstellen. Das Programm prg5_1 ist ziemlich umfangreich geraten, da es zur Erläuterung mehrerer Dinge dienen soll. Als Ausgangspunkt für dieses Programm können Sie eine Kopie von Programm prg3_1 nehmen und die nötigen Änderungen darin vornehmen.
Das Dialogfeld in diesem Programm soll die Eingabe einer Zahl erlauben, die umgerechnet und dann im Dialogfeld wieder ausgegeben wird. Als Bedienelemente werden Textfelder, Schaltflächen, Optionsfelder und eine Bildlaufleiste benutzt. Zu den **Bildlaufleisten** sei vorab noch kurz vermerkt, daß sie in zwei Formen auftreten können. Zum einen werden sie häufig als Bestandteile von Fenstern benutzt. Zum anderen dienen sie als Kontrollelemente (siehe die Abbildung auf Seite 96). Obwohl sie in beiden Fällen praktisch gleich aussehen, unterscheiden sie sich jedoch in der Programmierung.
Aber nun zum Programm:

```
/*prg5_1.c*/
      #include <windows.h>
      #include <stdio.h>
      #include <stdlib.h>
/*=====================< Globale Variable >===================== */
/* 6*/ HANDLE Instanz;
/* 7*/
/*======================< Prototypen >======================== */
/* 9*/ int PASCAL WinMain(HANDLE, HANDLE, LPSTR, int);
/*10*/ LONG FAR PASCAL FensterFunktion(HWND,WORD,WORD,LONG);
/*11*/ BOOL FAR PASCAL UmrechnungsFunktion(HWND,WORD,WORD,LONG);
/*=====================< Hauptprogramm >====================== */
/*13*/ int PASCAL WinMain(HANDLE dieseInstanz,
/*14*/                    HANDLE vorigeInstanz,
/*15*/                    LPSTR  kommando,
/*16*/                    int    fenstertyp)
/*17*/ {
/*18*/ MSG  meldung;
/*19*/ HWND Hauptfenster;
/*20*/   Instanz = dieseInstanz;
/*21*/   if (!vorigeInstanz)
/*22*/   {
/*23*/   WNDCLASS wc;
/*24*/     wc.style = NULL;
/*25*/     wc.lpfnWndProc =    FensterFunktion;
/*26*/     wc.cbClsExtra =     0;
/*27*/     wc.cbWndExtra =     0;
/*28*/     wc.hInstance =      dieseInstanz;
/*29*/     wc.hIcon =          LoadIcon(dieseInstanz,"grossesA");
/*30*/     wc.hCursor =        LoadCursor(NULL,IDC_ARROW);
/*31*/     wc.hbrBackground = GetStockObject(WHITE_BRUSH);
/*32*/     wc.lpszMenuName =  "MenueFuerPrg5_1";
/*33*/     wc.lpszClassName = "Einfach";
/*34*/     if (!RegisterClass(&wc))
/*35*/     {
/*36*/       return 255;
/*37*/     }
/*38*/   }
/*39*/   Hauptfenster = CreateWindow( "Einfach",
/*40*/                                "Dateneingabe",
/*41*/                                WS_OVERLAPPEDWINDOW,
/*42*/                                CW_USEDEFAULT,
/*43*/                                CW_USEDEFAULT,
/*44*/                                CW_USEDEFAULT,
/*45*/                                CW_USEDEFAULT,
/*46*/                                NULL,
/*47*/                                NULL,
/*48*/                                NULL);
/*49*/   if (!Hauptfenster)
/*50*/   {
/*51*/      return 255;
/*52*/   }
/*53*/   ShowWindow(Hauptfenster, fenstertyp);
/*54*/   UpdateWindow(Hauptfenster);
/*55*/   while (GetMessage(&meldung,0,0,0))
/*56*/   {
/*57*/    TranslateMessage(&meldung);
/*58*/     DispatchMessage(&meldung);
/*59*/   }
/*60*/   return meldung.wParam;
/*61*/ }
/*62*/
```

```
/*======================< Fensterfunktion >====================== */
/*65*/ LONG FAR PASCAL FensterFunktion( HWND fenster,
/*66*/                                  WORD nachricht,
/*67*/                                  WORD parameter1,
/*68*/                                  LONG parameter2)
/*69*/ {
/*70*/ static FARPROC ZeigerAufUmrechnung;
/*71*/   switch (nachricht)
/*72*/   {
/*73*/     case WM_CREATE:
/*74*/       ZeigerAufUmrechnung
           = MakeProcInstance(UmrechnungsFunktion,Instanz);
/*75*/       return 0;
/*76*/     case WM_COMMAND:
/*77*/       switch(parameter1)
/*78*/        {
/*79*/          case 100:
/*80*/            DialogBox(Instanz,"Umrechnung",fenster,
                            ZeigerAufUmrechnung);
/*81*/            return 0;
/*82*/          case 200:
/*83*/            SendMessage(fenster,WM_CLOSE,0,0L);
/*84*/            return 0;
/*85*/        }
/*86*/        break;
/*87*/     case WM_DESTROY:
/*88*/       PostQuitMessage(0);
/*89*/       return 0;
/*90*/   }
/*91*/   return DefWindowProc(fenster,nachricht,parameter1,
                              parameter2);
/*92*/ }
/*============< Dialogfunktion für Umrechnung >================== */
/*95*/ BOOL FAR PASCAL UmrechnungsFunktion( HWND BezugDialog,
/*96*/                                      WORD nachricht,
/*97*/                                      WORD parameter1,
/*98*/                                      LONG parameter2)
/*99*/ {
/*100*/char puffer[40];
/*101*/double temperatur;
/*102*/static minPos = 1;
/*103*/static maxPos = 3;
/*104*/static int nachkomma = 1;
/*105*/static int gewaehlteRichtung = 110;
/*106*/  switch (nachricht)
/*107*/  {
/*108*/    case WM_INITDIALOG:
/*109*/      CheckRadioButton(BezugDialog,110,111,gewaehlteRichtung);
/*110*/      SetScrollRange(GetDlgItem(BezugDialog,120),SB_CTL,
                            minPos,maxPos,FALSE);
/*111*/      SetScrollPos(GetDlgItem(BezugDialog,120),SB_CTL,
                          nachkomma,TRUE);
/*112*/      wsprintf(puffer,"%i",nachkomma);
/*113*/      SetDlgItemText(BezugDialog,210,puffer);
/*114*/      return TRUE;
/*115*/    case WM_HSCROLL:
/*116*/      switch(parameter1)
/*117*/      {
/*118*/        case SB_LINEUP:
/*119*/          nachkomma = nachkomma-1;
/*120*/          break;
/*121*/        case SB_LINEDOWN:
/*122*/          nachkomma = nachkomma+1;
/*123*/          break;
/*124*/      }
```

```
/*125*/        if(nachkomma>maxPos) nachkomma = maxPos;
/*126*/        if(nachkomma<minPos) nachkomma = minPos;
/*127*/        SetScrollPos(GetDlgItem(BezugDialog,120),SB_CTL,
                             nachkomma,TRUE);
/*128*/        wsprintf(puffer,"%i",nachkomma);
/*129*/        SetDlgItemText(BezugDialog,210,puffer);
/*130*/        return TRUE;
/*131*/      case WM_COMMAND:
/*132*/        switch (parameter1)
/*133*/        {
/*134*/          case 110:
/*135*/            gewaehlteRichtung = 110;
/*136*/            return TRUE;
/*137*/          case 111:
/*138*/            gewaehlteRichtung = 111;
/*139*/            return TRUE;
/*140*/          case IDOK:
/*141*/            GetDlgItemText(BezugDialog,100,puffer,10);
/*142*/            temperatur = atof(puffer);
/*143*/            if(gewaehlteRichtung == 111)
/*144*/            {
/*145*/              temperatur = 9.0*temperatur/5.0+32.0;
/*146*/            }
/*147*/            else
/*148*/            {
/*149*/              temperatur = 5.0/9.0*(temperatur-32.0);
/*150*/            }
/*151*/            sprintf(puffer,"%.*lf",nachkomma,temperatur);
/*152*/            SetDlgItemText(BezugDialog,130,puffer);
/*153*/            return TRUE;
/*154*/          case IDCANCEL:
/*155*/            EndDialog(BezugDialog,0);
/*156*/            return TRUE;
/*157*/        }
/*158*/    }
/*159*/    return FALSE;
/*160*/}
```

Starten Sie das Programm, und wählen Sie aus dem Menüpunkt Datei den Befehl Umrechnen. Tragen Sie im Feld *Wert eingeben:* 100 ein. Klicken Sie dann auf den nach rechts weisenden Bildlaufpfeil, bis darüber der Wert 2 erscheint. Als drittes wählen Sie dann die Optionsschaltfläche *Celsius in Fahrenheit* aus. Um das Ergebnis der Umrechnung zu sehen, klicken Sie auf OK.

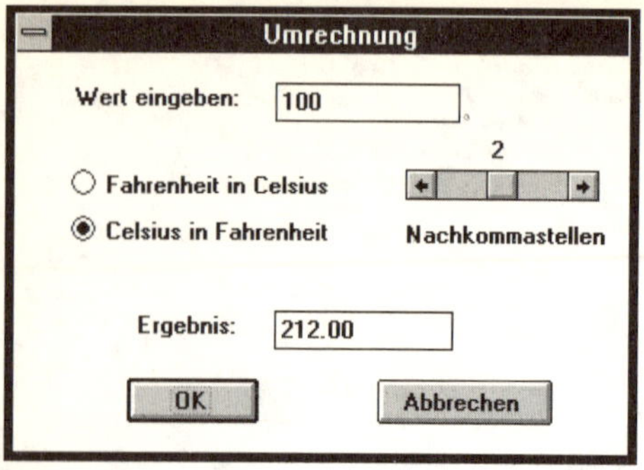

Die Berechnung kann beliebig oft mit veränderten Werten durchgeführt werden. Zum Schließen der Box wird die Schaltfläche *Abbrechen* gedrückt.

Zuerst die Beschreibung der wesentlichen Änderungen bis einschließlich der Fensterfunktion:

Zeile 3+4: Die Include-Dateien stdio.h und stdlib.h werden für die Funktionen **atof** und **sprintf** benötigt.

Zeile 11: Der Prototyp der Dialogfeldfunktion wird deklariert. Denken Sie daran, daß diese Funktion auch im EXPORTS-Abschnitt der Definitionsdatei erscheinen muß!

Zeile 32: Das Aussehen der Menüdefinition können Sie der Datei prg5_1.rc auf Seite 99 entnehmen.

Zeile 70+74: In Zeile 74 liefert die Funktion **MakeProcInstance** die Adresse der Dialogbox und speichert sie in der Variablen *ZeigerAufInfoBox*, die in Zeile 70 als static FARPROC deklariert wurde.

Zeile 79+82: Das Menü hat nur zwei Menüpunkte: *Umrechnen* mit der Kennzahl 100 und *Beenden* mit der Kennzahl 200.

Zeile 80: Ruft die Dialogbox auf.

Zeile 83: Beendet das Programm.

Fast die Hälfte des Programms besteht aus der Dialogfeldfunktion **UmrechnungsFunktion**. Alle neuen Funktionen und Nachrichten lernen Sie in diesem Teil kennen:

Zeile 108: Die Nachricht WM_INITDIALOG wird direkt vor dem Anzeigen der Dialogbox gesendet und kann zum Initialisieren der Box dienen. An dieser Stelle können zum Beispiel Optionsschaltflächen ausgewählt oder Textfelder mit einem Vorgabewert belegt werden.

Zeile 109: Die Funktion **CheckRadioButton** kann eine ganze Gruppe von Optionsschaltflächen ausschalten und eine bestimmte Fläche einschalten:

CheckRadioButton(*BezugDialog,110,111,gewaehlteRichtung*);

Als ersten Parameter benötigt sie einen Handle auf die angesprochene Dialogbox. Da die Funktion mehrere Optionsschaltflächen auf einmal ausschalten kann, benötigt sie einen Zahlenbereich, der die anzusprechenden Flächen enthält. Im Beispiel sollen alle Optionsflächen von Nummer 110 bis 111 ausgeschaltet werden; die Fähigkeit der Funktion wird hier natürlich nicht voll ausgeschöpft. Die einzuschaltende Fläche wird als letzter Parameter übergeben. Es handelt sich dabei um die Variable *gewaehlteRichtung*, die in Zeile 105 mit dem Wert 110 vorbelegt wurde. Wie Sie prg5_1.rc entnehmen können, ist damit die Optionsschaltfläche für *Fahrenheit in Celsius* identifiziert.
Zeile 110: SetScrollRange legt fest, in wieviel Abschnitte die Bildlaufleiste geteilt werden soll. Standardwert ist der Bereich von 0 bis 100. Die Differenz zwischen Anfangs- und Endwert darf nicht größer als 32767 sein. Für unser Beispiel reichen 3 Werte, da nur drei Werte eingestellt werden sollen.

SetScrollRange*(GetDlgItem(BezugDialog,120),SB_CTL,minPos, maxPos,FALSE);*

Der erste Parameter ist der Bezug auf die Bildlaufleiste. Diesen Bezug haben wir mit Hilfe der Funktion **GetDlgItem** ermittelt. Die Konstante SB_CTL (SB = scroll bar) definiert die Bildlaufleiste als Kontrollelement. Wäre statt dessen SB_HORZ oder SB_VERT verwendet worden, hätte es sich um die Bildlaufleisten eines Fensters gehandelt. In diesem Fall wäre als erster Parameter auch der Bezug auf ein Fenster nötig gewesen. *minPos* (1) und *maxPos* (3) sind zwei Variablen, mit denen wir den Bereich festlegen. Der letzte Wert ist vom Typ BOOL und bestimmt, ob nach der Einstellung des Bereiches die Leiste neu gezeichnet werden soll oder nicht.
Zeile 111: Die Funktion **SetScrollPos** positioniert das Bildlauffeld.

SetScrollPos(*GetDlgItem(BezugDialog,120),SB_CTL,nachkomma, TRUE*);

Die ersten beiden und der letzte Parameter haben die gleiche Bedeutung wie bei SetScrollRange. Der Wert, den wir mit *nachkomma* be-

zeichnet haben, legt die Position des Bildlauffeldes innerhalb des Bereiches fest, der durch SetScrollRange eingestellt wurde.
Zeile 112: Bei **wsprintf** handelt es sich um eine Funktion, die die gleiche Aufgabe und Syntax wie sprintf hat. Der einzige Unterschied ist, daß wsprintf keine Fließkommazahlen behandeln kann. Beide Funktionen arbeiten wie printf, schreiben das Ergebnis jedoch nicht auf den Bildschirm, sondern in ein Feld. Die Syntax von wsprintf lautet:

int wsprintf(*lpOutput, lpFormat [, argument]...*)

Zeile 113: SetDlgItemText ändert die Beschriftung eines Kontrollelementes in einem Dialogfeld.

SetDlgItemText(*BezugDialog,210,puffer*);

Der erste Wert ist der Bezug auf die Dialogbox, die Zahl 210 weist in unserem Beipiel auf den LTEXT über der Bildlaufleiste hin (siehe Ressource-Datei). Der letzte Parameter ist ein Zeiger auf den darzustellenden Text.
Nach diesen ganzen Voreinstellungen wird die Dialogbox dann angezeigt. Von jetzt an kann die Dialogfunktion auf die Aktionen des Benutzers reagieren.
Zeile 115+131: Da die Bildlaufleiste nicht wie die anderen Elemente die Nachricht WM_COMMAND, sondern WM_HSCROLL erzeugt, muß das Programm Vorkehrungen für beide Fälle treffen.
Zeile 118+121: Mit SB_LINEUP und SB_LINEDOWN wird signalisiert, daß das Bildlauffeld um eine Einheit nach oben bzw. unten bewegt wurde. Für horizontale und vertikale Bildlaufleisten werden die gleichen Konstanten verwendet. Daher bedeutet SB_LINEUP je nach Zusammenhang sowohl links als auch oben!
Zeile 141: Die Funktion **GetDlgItemText** liest die Eingabe aus einem Textfeld als Text in eine Variable (mit GetDlgItemInt könnte man sie als Ganzzahl auslesen lassen).

GetDlgItemText(*BezugDialog,100,puffer,10*);

Wie der Name der Variablen *BezugDialog* schon sagt, enthält sie den Bezug zum Dialogfeld. Der zweite int-Wert bestimmt das auszulesende Element. *puffer* nimmt den Text auf, und der letzte Parameter legt die maximale Anzahl Bytes fest, die gelesen werden sollen.
Die restlichen Zeilen enthalten nur durchweg einfache C-Funktionen und müßten ohne ausführliche Erläuterung verständlich sein.

Zum Abschluß des Kapitels sind die RC- und die DEF-Datei aufgelistet.

```
#include <windows.h>

GROSSESA                    ICON    DISCARDABLE     "A.ICO"

MenueFuerPrg5_1 MENU
{
      POPUP "&Datei"
      {
            MENUITEM "&Umrechnen",  100,
            MENUITEM SEPARATOR
            MENUITEM "&Beenden",    200
      }
}

UMRECHNUNG DIALOG DISCARDABLE  44, 47, 186, 126
STYLE DS_MODALFRAME | WS_POPUP | WS_VISIBLE | WS_CAPTION | WS_SYSMENU
CAPTION "Umrechnung"
FONT 8, "Helv"
BEGIN
    LTEXT           "Wert eingeben:",200,18,10,55,13
    EDITTEXT        100,79,9,56,12
    CONTROL         "Fahrenheit in Celsius",110,"Button",
                     BS_AUTORADIOBUTTON, 17,36,83,10
    CONTROL         "Celsius in Fahrenheit",111,"Button",
                     BS_AUTORADIOBUTTON, 17,51,83,10
    SCROLLBAR       120,118,36,59,10
    LTEXT           "Nachkommastellen",205,118,53,70,10
    LTEXT           " ",210,144,26,20,8
    EDITTEXT        130,79,81,54,12,WS_DISABLED
    LTEXT           "Ergebnis:",-1,37,82,34,8
    DEFPUSHBUTTON "OK",IDOK,34,103,40,14
    PUSHBUTTON      "Abbrechen",IDCANCEL,110,103,53,14
END
```

```
;Definitionsdatei PRG5_1.DEF

NAME PRG5_1
EXETYPE WINDOWS
DESCRIPTION "Programm prg5_1"

STUB "WINSTUB.EXE"
CODE PRELOAD MOVABLE DISCARDABLE
DATA PRELOAD MOVEABLE MULTIPLE
HEAPSIZE  1024
STACKSIZE 5120

EXPORTS
 FensterFunktion @1
 UmrechnungsFunktion @2
```

5.2 Eingaben mit der Maus

Bisher haben wir die Maus als Eingabegerät sträflich vernachlässigt. Das fiel auch leicht, da uns Windows fast alles abnimmt, was mit ihrer Steuerung zusammenhängt. Im folgenden Programm wollen wir nun die Nachrichten über die Bewegungen und Aktionen der Maus benutzen, um ein einfaches Malprogramm zu verwirklichen. Das Programm verzichtet bewußt auf alle unnötigen Funktionen. Und wenn Sie das Ergebnis und die dafür nötigen einhundert Programmzeilen vergleichen, wird Ihnen vielleicht auch der Gedanke kommen, daß Windows-Programmierung doch nicht so viel Aufwand erfordert.

```
/*prg5_2.c*/
      #include <windows.h>
/* 3*/
/*====================< Globale Variable >====================== */
/* 5*/
/* 6*/
/*=======================< Prototypen >========================= */
/* 8*/ int PASCAL WinMain(HANDLE, HANDLE, LPSTR, int);
/* 9*/ LONG FAR PASCAL FensterFunktion(HWND,WORD,WORD,LONG);
/*10*/
/*=====================< Hauptprogramm >======================== */
/*12*/ int PASCAL WinMain(HANDLE dieseInstanz,
/*13*/                     HANDLE vorigeInstanz,
/*14*/                     LPSTR  kommando,
/*15*/                     int    fenstertyp)
/*16*/ {
/*17*/ MSG  meldung;
/*18*/ HWND Hauptfenster;
/*19*/
/*20*/   if (!vorigeInstanz)
/*21*/   {
/*22*/   WNDCLASS wc;
/*23*/     wc.style =         CS_HREDRAW | CS_VREDRAW | CS_DBLCLKS;
/*24*/     wc.lpfnWndProc =   FensterFunktion;
/*25*/     wc.cbClsExtra =    0;
/*26*/     wc.cbWndExtra =    0;
/*27*/     wc.hInstance =     dieseInstanz;
/*28*/     wc.hIcon =         0;
/*29*/     wc.hCursor =       LoadCursor(NULL,IDC_CROSS);
/*30*/     wc.hbrBackground = GetStockObject(WHITE_BRUSH);
/*31*/     wc.lpszMenuName =  NULL;
/*32*/     wc.lpszClassName = "Einfach";
/*33*/     if (!RegisterClass(&wc))
/*34*/     {
/*35*/       return 255;
/*36*/     }
/*37*/   }
/*38*/   Hauptfenster = CreateWindow( "Einfach",
/*39*/                                "Kritzel",
/*40*/                                WS_OVERLAPPEDWINDOW,
/*41*/                                CW_USEDEFAULT,
/*42*/                                CW_USEDEFAULT,
/*43*/                                CW_USEDEFAULT,
/*44*/                                CW_USEDEFAULT,
/*45*/                                NULL,
/*46*/                                NULL,
/*47*/                                dieseInstanz,
/*48*/                                NULL);
/*49*/   if (!Hauptfenster)
/*50*/   {
/*51*/      return 255;
/*52*/   }
/*53*/   ShowWindow(Hauptfenster, fenstertyp);
/*54*/   UpdateWindow(Hauptfenster);
/*55*/   while (GetMessage(&meldung,0,0,0))
/*56*/   {
/*57*/    TranslateMessage(&meldung);
/*58*/     DispatchMessage(&meldung);
/*59*/   }
/*60*/   return meldung.wParam;
/*61*/ }
/*62*/
```

```
/*=======================< Fensterfunktion >====================== */
/*64*/ LONG FAR PASCAL FensterFunktion( HWND fenster,
/*65*/                                  WORD nachricht,
/*66*/                                  WORD parameter1,
/*67*/                                  LONG parameter2)
/*68*/ {
/*69*/ static int   x1,y1,x2,y2;
/*70*/ HDC              hdc;
/*71*/ PAINTSTRUCT      ps;
/*72*/
/*73*/   switch (nachricht)
/*74*/   {
/*75*/     case WM_PAINT:
/*76*/       hdc = BeginPaint(fenster, &ps);
/*77*/       MoveTo(hdc,x1,y1);
/*78*/       LineTo(hdc,x2,y2);
/*79*/       EndPaint(fenster, &ps);
/*80*/       return 0;
/*81*/     case WM_MOUSEMOVE:
/*82*/       x1 = x2;
/*83*/       y1 = y2;
/*84*/       x2 = LOWORD(parameter2);
/*85*/       y2 = HIWORD(parameter2);
/*86*/       if(parameter1 & MK_LBUTTON)
/*87*/       {
/*88*/         InvalidateRect(fenster,NULL,FALSE);
/*89*/       }
/*90*/       return 0;
/*91*/     case WM_LBUTTONDBLCLK:
/*92*/       MessageBeep(0);
/*93*/       InvalidateRect(fenster,NULL,TRUE);
/*94*/       return 0;
/*95*/     case WM_DESTROY:
/*96*/       PostQuitMessage(0);
/*97*/       return 0;
/*98*/   }
/*99*/   return DefWindowProc(fenster,nachricht,parameter1,
                             parameter2);
/*100*/}
```

Ein mögliches Ergebnis des Programms sehen Sie unten. Viel besser konnte ich nicht zeichnen; Sie können ja selbst einmal versuchen, mit der Maus ein halbwegs vernünftiges Bild herzustellen!

Die Fensterfunktion des Programms verarbeitet nur vier Nachrichten; zwei davon sind neu: WM_MOUSEMOVE und WM_LBUTTONDBLCLK. Die Bedeutung dieser Meldungen müßten Sie eigentlich schon aus der Bezeichnung herleiten können. Wenn nicht, können Sie im Anhang nachsehen!

Zeile 23: Der Wert CS_DBLCLKS muß bei der Definition des Fensterstils angegeben werden, damit dieses Fenster überhaupt Doppelklicknachrichten der Maus empfangen kann. Das Programm soll übrigens auf den Doppelklick der linken Maustaste mit dem Löschen des Bildschirms reagieren.

Zeile 84+85: Aus dem Parameter *parameter2* kann man nach Erhalt der Nachricht WM_MOUSEMOVE die Position des Mauszeigers ermitteln. Die x-Position ist dabei im niederwertigen Wort von *parameter2* enthalten, der y-Wert im höherwertigen. Die Makros LOWORD und HIWORD holen sich die jeweiligen Teile aus dem long-Wert heraus.

Zeile 86: Da *parameter1* den Zustand der Maustasten und der Tastaturtasten [⇧] und [Strg] bitweise verschlüsselt, kann mit dieser Konstruktion ermittelt werden, ob die linke Maustaste gedrückt wurde (siehe auch Anhang).

Die Definitionsdatei entspricht denen, die wir bisher kennengelernt haben.

Wenn Sie die Größe des Fensters verändern, werden Sie feststellen, daß dadurch der Fensterinhalt ebenfalls gelöscht wird! Diese Eigenschaft hatten wir in Zeile 23 mit den Angaben CS_HREDRAW und CS_VREDRAW festgelegt. Soll der Zeichenbereich nicht gelöscht werden, können diese beiden Angaben einfach weggelassen werden. Auch an diesem Beispiel können Sie wieder sehen, daß Windows den Bildschirminhalt eines Fensters nicht sichert. Haben Sie nämlich CS_HREDRAW und CS_VREDRAW aus dem Programm entfernt, kann das Fenster jetzt zwar in der Größe verändert werden, ohne daß eine WM_PAINT-Nachricht erzeugt wird. Haben Sie das Bild jedoch so weit verkleinert, daß ein Teil der Zeichnung verschwindet, wird dieser Teil beim anschließenden Vergrößern des Fensters nicht wiederhergestellt. Dazu müßte sich das Programm die Position der einzelnen Bildschirmpunkte gemerkt haben, was es in unserem kleinen Beispielprogramm nicht getan hat.

5.3 Edit-Window

Im dritten und letzten Programm dieses Kapitels wollen wir wieder demonstrieren, wie man mit wenigen Anweisungen in Windows hinreichend gute Anwendungen entwickeln kann. Dieser Effekt verstärkt sich noch um ein Vielfaches, wenn wir mit den Klassenbibliotheken arbeiten, die in den Kapiteln 9 und 10 beschrieben werden.

Das Programm prg5_3 hat die Aufgabe, mit wenigen Zeilen einen Editor aufzubauen. Mit ihm kann man zwar keine Dateien laden oder speichern (das lernen Sie im nächsten Kapitel kennen), es sind aber sämtliche Funktionen vorhanden, die man von einem einfachen Editor erwarten kann.

```
/*prg5_3c*/
     #include <windows.h>
/* 3*/
/*======================< Globale Variable >====================== */
/* 5*/ HANDLE Instanz;
/* 6*/
/*========================< Prototypen >======================== */
/* 8*/ int PASCAL WinMain(HANDLE, HANDLE, LPSTR, int);
/* 9*/ LONG FAR PASCAL FensterFunktion(HWND,WORD,WORD,LONG);
/*10*/
/*======================< Hauptprogramm >====================== */
/*12*/ int PASCAL WinMain(HANDLE dieseInstanz,
/*13*/                    HANDLE vorigeInstanz,
/*14*/                    LPSTR  kommando,
/*15*/                    int    fenstertyp)
/*16*/ {
/*17*/ MSG  meldung;
/*18*/ HWND Hauptfenster;
/*19*/   Instanz = dieseInstanz;
/*20*/   if (!vorigeInstanz)
/*21*/   {
/*22*/   WNDCLASS wc;
/*23*/     wc.style =          CS_HREDRAW | CS_VREDRAW;
/*24*/     wc.lpfnWndProc =    FensterFunktion;
/*25*/     wc.cbClsExtra =     0;
/*26*/     wc.cbWndExtra =     0;
/*27*/     wc.hInstance =      dieseInstanz;
/*28*/     wc.hIcon =          0;
/*29*/     wc.hCursor =        LoadCursor(NULL,IDC_ARROW);
/*30*/     wc.hbrBackground =  GetStockObject(WHITE_BRUSH);
/*31*/     wc.lpszMenuName =   NULL;
/*32*/     wc.lpszClassName =  "Einfach";
/*33*/     if (!RegisterClass(&wc))
/*34*/     {
/*35*/       return 255;
/*36*/     }
/*37*/   }
/*38*/   Hauptfenster = CreateWindow( "Einfach",
/*39*/                                "Edit Fenster",
/*40*/                                WS_OVERLAPPEDWINDOW,
/*41*/                                CW_USEDEFAULT,
/*42*/                                CW_USEDEFAULT,
/*43*/                                CW_USEDEFAULT,
/*44*/                                CW_USEDEFAULT,
/*45*/                                NULL,
/*46*/                                NULL,
/*47*/                                dieseInstanz,
/*48*/                                NULL);
/*49*/   if (!Hauptfenster)
/*50*/   {
/*51*/      return 255;
/*52*/   }
/*53*/   ShowWindow(Hauptfenster, fenstertyp);
/*54*/   UpdateWindow(Hauptfenster);
/*55*/   while (GetMessage(&meldung,0,0,0))
/*56*/   {
/*57*/     TranslateMessage(&meldung);
/*58*/     DispatchMessage(&meldung);
/*59*/   }
/*60*/   return meldung.wParam;
/*61*/ }
/*62*/
```

```
/*======================< Fensterfunktion >====================== */
/*64*/ LONG FAR PASCAL FensterFunktion( HWND fenster,
/*65*/                                  WORD nachricht,
/*66*/                                  WORD parameter1,
/*67*/                                  LONG parameter2)
/*68*/ {
/*69*/ static HWND EditFenster;
/*70*/
/*71*/   switch (nachricht)
/*72*/   {
/*73*/     case WM_CREATE:
/*74*/       EditFenster = CreateWindow("EDIT",NULL,
/*75*/       WS_CHILD | WS_VISIBLE  |
/*76*/       ES_LEFT | ES_MULTILINE | ES_AUTOVSCROLL   ,
/*77*/       0,
/*78*/       0,
/*79*/       0,
/*80*/       0,
/*81*/       fenster,
/*82*/       1,
/*83*/       Instanz,
/*84*/       NULL);
/*85*/       return 0;
/*86*/     case WM_SETFOCUS:
/*87*/       SetFocus(EditFenster);
/*88*/       return 0;
/*89*/     case WM_SIZE:
/*90*/       MoveWindow(EditFenster,0,0,
/*91*/                  LOWORD(parameter2),
/*92*/                  HIWORD(parameter2),
/*93*/                  TRUE);
/*94*/       return 0;
/*95*/     case WM_DESTROY:
/*96*/       PostQuitMessage(0);
/*97*/       return 0;
/*98*/   }
/*99*/   return DefWindowProc(fenster,nachricht,parameter1,
                              parameter2);
/*100*/}
```

In der folgenden Abbildung sehen Sie das Programm in Aktion. Der Text wird während der Eingabe, abhängig von der Fensterbreite, umbrochen.

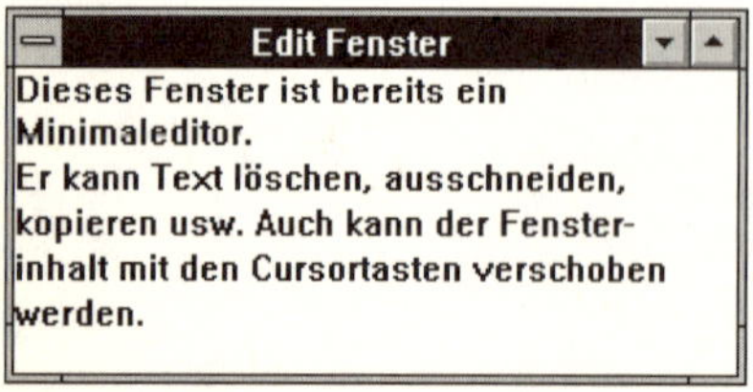

Verändert sich die Breite des Fensters wie im folgenden Bild, wird auch der Text neu umbrochen.

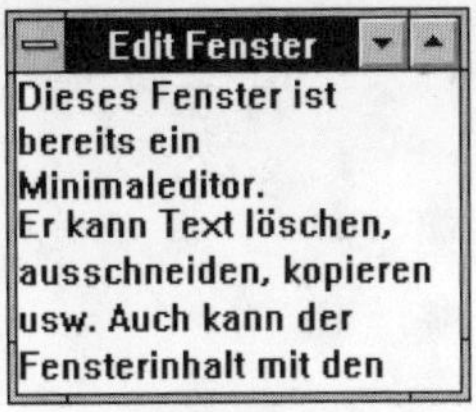

Wenn Sie sich das Programm Editor, das zum Zubehör von Windows gehört, näher ansehen, werden Sie feststellen, daß es das gleiche Verhalten an den Tag legt wie unser Fenster. Das ist auch nicht weiter verwunderlich, da es intern so arbeitet wie unser Beispielprogramm. Das Programm kommt mit ganz wenigen Anweisungen aus, um das Edit-Fenster zu erstellen.

Zeile 74-84: Der erste Schritt besteht darin, ein **Tochterfenster** (child window) anzulegen. Es hat den vordefinierten Klassennamen EDIT. Mit Hilfe der Zeilen 75 und 76 werden diesem Fenster eine ganze Reihe von Eigenschaften zugewiesen. Dazu zählt beispielsweise die Konstante ES_MULTILINE. Sie bewirkt, daß man mehrere Zeilen Text mit der ↵-Taste eingeben kann.

Zeile 86+87: Sobald das Hauptfenster den Eingabefokus bekommt, reicht es ihn auch schon mit **SetFocus** an sein Tochterfenster weiter. Den Bezug auf das Tochterfenster, den SetFocus erwartet, hatten wir uns in Zeile 74 gemerkt. Sie wissen, warum die Variable *EditFenster* vom Typ static ist?

Zeile 89+93: Die Nachricht WM_SIZE wird jedesmal dann erzeugt, wenn sich die Größe des Hauptfensters ändert. Als Reaktion darauf wird in Zeile 90 Größe und Position des Tochterfensters angepaßt. Dazu wird die Funktion **MoveWindow** benutzt. Der erste Parameter von MoveWindow ist ein Bezug auf das Tochterfenster. Die beiden folgenden Parameter geben die Koordinaten der linken oberen Ecke an, die nächsten beiden die Breite und Höhe. Der letzte Wert gibt an, ob das Fenster nach dem Bewegen neu gezeichnet werden soll.

Zeile 91+92: Da mit der Nachricht WM_SIZE auch die Breite und Höhe des Fensters in *parameter2* (lParam) geliefert wird, kann man mit den Makros LOWORD und HIWORD die Werte extrahieren und zum korrekten Einstellen des Tochterfensters verwenden.

Noch ein letzter Tip zum Thema Bildlaufleisten und Fenster: Wenn ein Fenster eine oder zwei Bildlaufleisten erhalten soll, wird das beim

Erzeugen des Fensters (CreateWindow) angegeben. Wird im obigen Programm die folgende Änderung gemacht:

```
/*40*/                    WS_OVERLAPPEDWINDOW | WS_VSCROLL,
```

so hat das dieses Ergebnis:

Damit beenden wir das Kapitel über die Eingaben in Windows. Kapitel 6 stellt vor, wie man Daten laden und speichern kann.

5.4 Das Rahmenprogramm

Wie Sie im Laufe der letzten Kapitel feststellen konnten, bestanden die Programme zu einem großen Teil aus den gleichen oder zumindest sehr ähnlichen Programmteilen. Diese Eigenschaft wollen wir im Rest des Buches nutzen, um nicht unnötig große Listings abdrucken zu müssen. Wir stellen Ihnen deshalb hier ein Rumpfprogramm vor, daß jeweils um die neuen Teile im Kapitel ergänzt wird.
Wie wir bereits in den ersten Kapiteln erwähnt haben, war die Namensgebung in den bisherigen Programmen so gewählt, daß das Lesen möglichst einfach war. Mit dem Rahmenprogramm wechseln wir zu einer Funktions- und Variablenbenennung, die gebräuchlicher ist, aber am Anfang auch schwerer zu lesen. Nehmen Sie sich etwas Zeit und sehen Sie es einmal durch.
Von der Funktion her entspricht es genau dem, was wir bisher mit unseren Beispielprogrammen auch gemacht haben. Die einzigen kleinen Unterschiede sind, daß erstens die Registrierung der Fensterklasse in eine eigene Funktion mit Namen **nCwRegisterClasses** verlegt wurde. Zweitens wird die Windows-Funktion **UnregisterClass**

beim Programmende benutzt. Ihr Aufruf erfolgt in der selbstgeschriebenen Funktion **CwUnRegisterClasses**. UnregisterClass räumt am Ende des Programms auf. Obwohl das normalerweise von Windows automatisch besorgt wird und die meisten Programme die Funktion nicht benötigen, haben wir sie zusätzlich eingebaut.
Dieses Rahmenprogramm wird durch zwei Include-Dateien ergänzt, die unsere Beispielprogramme enthalten. Dies ist in der zweiten Zeile die Datei prg6_2.h, die globale Variablen enthält, die für die jeweiligen Beispiele benötigt werden.
Außerdem befindet sich in der Fensterfunktion **WndProc** die Zeile:

```
#include "prg6_2.inc"
```

Hier wird die Datei mit dem Beispielprogrammteil eingebunden. Die Endung inc wird aus technischen Gründen benutzt, da einige Compiler hier keine c-Datei akzeptieren.
In den folgenden Kapiteln sind in diesem Rahmenprogramm immer nur diese zwei Dateibezeichnungen auf die Namen zu ändern, die Sie Ihren Beispielprogrammen geben.

Hinweis: Statt die include-Dateien zu benutzen, können Sie den Programmcode natürlich auch manuell an den entsprechenden Stellen einfügen.

```
#include "CFWBSPL.h"
#include "prg6_2.h"

int PASCAL WinMain(HANDLE hInstance, HANDLE hPrevInstance,
                   LPSTR lpszCmdLine, int nCmdShow)
{
  MSG        msg;
  int        nRc;
  strcpy(szAppName, "CFWBSPL");
  hInst = hInstance;
  if(!hPrevInstance)
    {
     if ((nRc = nCwRegisterClasses()) == -1)
       {
        LoadString(hInst, IDS_ERR_REGISTER_CLASS, szString,
                   sizeof(szString));
        MessageBox(NULL, szString, NULL, MB_ICONEXCLAMATION);
        return nRc;
       }
    }
  hWndMain = CreateWindow(
           szAppName,            /* Window class name            */
           "CfW - Beispiel",     /* Window's title               */
           WS_CAPTION      |     /* Title and Min/Max            */
           WS_SYSMENU      |     /* Add system menu box          */
           WS_MINIMIZEBOX  |     /* Add minimize box             */
           WS_MAXIMIZEBOX  |     /* Add maximize box             */
           WS_THICKFRAME   |     /* thick sizeable frame         */
           WS_CLIPCHILDREN |     /* don't draw in child windows areas */
           WS_OVERLAPPED,
           CW_USEDEFAULT, 0,     /* Use default X, Y             */
           CW_USEDEFAULT, 0,     /* Use default X, Y             */
           NULL,                 /* Parent window's handle       */
           NULL,                 /* Default to Class Menu        */
           hInst,                /* Instance of window           */
           NULL);                /* Create struct for WM_CREATE */
  if(hWndMain == NULL)
    {
     LoadString(hInst, IDS_ERR_CREATE_WINDOW, szString,
                sizeof(szString));
     MessageBox(NULL, szString, NULL, MB_ICONEXCLAMATION);
     return IDS_ERR_CREATE_WINDOW;
    }
  ShowWindow(hWndMain, nCmdShow);
  while(GetMessage(&msg, NULL, 0, 0))
    {
     TranslateMessage(&msg);
     DispatchMessage(&msg);
    }
  CwUnRegisterClasses();
  return msg.wParam;
}

LONG FAR PASCAL WndProc(HWND hWnd, WORD Message, WORD wParam,
                        LONG lParam)
{
 HMENU       hMenu = 0;
 HBITMAP     hBitmap = 0;
 HDC         hDC;
 PAINTSTRUCT ps;
 int         nRc = 0;
```

```
switch (Message)
  {
   case WM_COMMAND:
        switch (wParam)
          {
           case IDM_T_START:
                #include "prg6_2.inc"
                 break;
           default:
                return DefWindowProc(hWnd, Message, wParam, lParam);
          }
        break;
   case WM_PAINT:
        memset(&ps, 0x00, sizeof(PAINTSTRUCT));
        hDC = BeginPaint(hWnd, &ps);
        SetBkMode(hDC, TRANSPARENT);
        EndPaint(hWnd, &ps);
        break;

   case WM_CLOSE:
        DestroyWindow(hWnd);
        if (hWnd == hWndMain)
          PostQuitMessage(0);
        break;

   default:
        return DefWindowProc(hWnd, Message, wParam, lParam);
  }
 return 0L;
}


int nCwRegisterClasses(void)
{
 WNDCLASS   wndclass;
 memset(&wndclass, 0x00, sizeof(WNDCLASS));
 wndclass.style =          CS_HREDRAW | CS_VREDRAW | CS_BYTEALIGNWINDOW;
 wndclass.lpfnWndProc =    WndProc;
 wndclass.cbClsExtra =     0;
 wndclass.cbWndExtra =     0;
 wndclass.hInstance =      hInst;
 wndclass.hIcon =          LoadIcon(NULL, IDI_APPLICATION);
 wndclass.hCursor =        LoadCursor(NULL, IDC_ARROW);
 wndclass.hbrBackground =(HBRUSH)(COLOR_WINDOW+1);
 wndclass.lpszMenuName = szAppName;
 wndclass.lpszClassName =szAppName;
 if(!RegisterClass(&wndclass))
   return -1;

 return(0);
}


void CwUnRegisterClasses(void)
{
 WNDCLASS   wndclass;
 memset(&wndclass, 0x00, sizeof(WNDCLASS));
 UnregisterClass(szAppName, hInst);
}
```

```
NAME            CFWBSPL
EXETYPE         WINDOWS
STUB            'WINSTUB.EXE'
CODE            PRELOAD MOVEABLE
DATA            PRELOAD MOVEABLE MULTIPLE
HEAPSIZE        4096
STACKSIZE       5110
EXPORTS         WndProc         @1
```

```
#include <windows.h>
#include <string.h>
#define IDM_TEST                  1000
#define IDM_T_START               1050

#define IDS_ERR_REGISTER_CLASS   1
#define IDS_ERR_CREATE_WINDOW    2

char szString[128];
char szAppName[20];
HWND hInst;
HWND hWndMain;

LONG FAR PASCAL WndProc(HWND, WORD, WORD, LONG);
int nCwRegisterClasses(void);
void CwUnRegisterClasses(void);
```

```
#include "CFWBSPL.h"

CFWBSPL MENU
  BEGIN
    POPUP  "&Test"
      BEGIN
        MENUITEM "&Start", IDM_T_START
      END
  END


STRINGTABLE
BEGIN
  IDS_ERR_CREATE_WINDOW,    "Fenster-Erzeugung nicht möglich!"
  IDS_ERR_REGISTER_CLASS,   "Fehler: Windows-Klassen-Registrierung"
END
```

6 DATEIEN

Die in den ersten Kapiteln beschriebenen Programme konnten Eingaben verarbeiten und Ergebnisse auf verschiedene Arten auf dem Bildschirm ausgeben. In diesem Kapitel lernen Sie kennen, wie Windows-Anwendungen Daten aus Dateien lesen und wie sie Ergebnisse speichern können. Hierbei machen wir Gebrauch von den Dialogfeldern, die Windows 3.1 allen Anwendungen für die Dateiauswahl beim Öffnen und Speichern zur Verfügung stellt. Diese Dialogfelder sind in der Datei COMMDLG.DLL enthalten und werden von Windows in den Arbeitsspeicher geladen, wenn eine Anwendung sie anfordert.

6.1 Das Grundprinzip

Auch unter Windows werden die Dateioperationen letztendlich von Funktionen des MS-DOS-Betriebssystems übernommen. Damit diese Zusammenarbeit unproblematisch funktioniert, bietet Windows fertige Funktionen für die Dateiauswahl und das Öffnen von Dateien. Sie sorgen unter anderem dafür, daß die unter Windows eingegebenen Dateinamen keine ANSI-Zeichen enthalten, denn DOS benutzt ja bekanntlich den erweiterten ASCII- oder auch OEM-Zeichensatz. Zum Öffnen dient die Funktion **OpenFile**. Diese Funktion öffnet eine Datei im gewünschten Verarbeitungsmodus und speichert Angaben zur Datei in einer Datenstruktur. Dadurch ist es möglich, die Datei nach einer Operation sofort wieder zu schließen und im weiteren Programmablauf trotzdem schnell wieder zu öffnen, wenn sie benötigt wird. Diese Technik ist unter Windows aus zwei Gründen notwendig. Erstens verwendet Windows sehr viele Dateien; DOS kann jedoch nur eine begrenzte Anzahl gleichzeitig verwalten. Zweitens arbeiten unter Windows mehrere Programme gleichzeitig, hierbei können Zugriffskonflikte entstehen. Nach dem Öffnen mit OpenFile müssen die weiteren Dateioperationen mit den Low-Level-Funktionen von C ausgeführt werden, da OpenFile implizit eine Low-Level-Funktion zum Öffnen verwendet. Ein Mixen mit stream-Funktionen führt zu Fehlern.

Achtung: Der Einsatz der Stream-Funktionen fopen, fprintf usw. unter Windows ist nicht zu empfehlen.

6.2 Dateien öffnen und schließen

Mit einem ersten kleinen Programm wollen wir eine immer vorhandene Datei öffnen, nämlich die Datei AUTOEXEC.BAT, Statusangaben zu ihr ermitteln und sie wieder schließen. Für den Fall, daß beim Öffnen ein Fehler auftritt, soll dieser Fehler in einem Dialogfeld angezeigt werden.
Für das Programm benötigen wir zwei globale Strukturen, einmal eine, die in windows.h als Datentyp OFSTRUCT definiert ist, für die Funktion OpenFile, sowie eine vom Typ _stat für den DOS-Status.
Unsere Include-Datei mit den globalen Variablen in Zeile 2 des Rahmenprogramms (zum Rahmenprogramm siehe Kapitel 5.4) heißt prg6_2.h, und die INC-Datei heißt prg6_2.inc.
Das folgende Listing zeigt die Datei prg6_2.h:

```
/* prg6_2.h */
/* Includes für _fstat */
       #include <sys\types.h>
       #include <sys\stat.h>
/*  5*/
/* include für ctime */
       #include <time.h>
/*  8*/
/* include für sprintf */
       #include <stdio.h>
/* 11*/
/* 12*/ static char FileName[] = "C:\\AUTOEXEC.BAT";
/* 13*/ int hFile;
/* 14*/ OFSTRUCT OfStruct;
/* 15*/ struct _stat FileStatus;
```

Die Datei enthält die notwendigen Include-Dateien für die verwendeten Funktionen und einige Variablendeklarationen:

Zeile 12: Eine Stringvariable mit dem Dateinamen in ANSI-Zeichen. Sie wird normalerweise über einen Dialog mit dem Anwender initialisiert. Für unser erstes Beispiel weisen wir ihr den Namen als Konstante zu. Aber Vorsicht: Je nachdem, mit welchem Editor Sie das Programm schreiben, werden die Zeichen als ANSI- oder ASCII-Zeichen gespeichert. Verwenden Sie daher keine Umlaute oder Sonderzeichen, wenn Sie hier einen anderen Dateinamen eintragen möchten.

Zeile 13: Ein Filehandle, wie unter DOS ebenfalls üblich.

Zeile 14: Eine Struktur OfStruct. Diese Struktur dient zur Aufnahme der Dateiangaben, damit ein späteres erneutes Öffnen schneller möglich ist. Sie ist folgendermaßen definiert:

```
typedef struct tagOFSTRUCT {
    BYTE    cBytes;             /* Größe von OFSTRUCT */
    BYTE    fFixedDisk;         /* Festplattendatei? */
    UINT    nErrCode;           /* MS-DOS-Fehlercode */
    BYTE    reserved[4];        /* interne Var. */
    BYTE    szPathName[128];    /* in ASCII */
} OFSTRUCT;
```

Zeile 15: Eine Struktur FileStatus vom Typ _stat (in sys\stat.h definiert). Diese Struktur dient der Aufnahme der Betriebssystem-Statusangaben zur Datei, die von der Funktion _fstat geliefert werden. Sie enthält folgende Elemente:

```
struct _stat {
            _dev_t st_dev;              /* Laufwerk-Nr. */
            _ino_t st_ino;              /* res. f. UNIX */
            unsigned short st_mode;     /* Dateimodus */
            short st_nlink;             /* res. f. UNIX */
            short st_uid;               /* res. f. UNIX */
            short st_gid;               /* res. f. UNIX */
            _dev_t st_rdev;             /* wie st_dev */
            _off_t st_size;             /* Größe in Bytes */
            time_t st_atime;            /* letzter Zugriff */
            time_t st_mtime;            /* letzte Änderung */
            time_t st_ctime;            /* Erstellung */
};
```

Nun zum Programm prg6_2.inc, das im folgenden dargestellt ist:

```
/* prg6_2.inc - Datei öffnen und schließen */
/*  2*/
/*  3*/ {
/*  4*/   char lpFehlertext[128];
/*  5*/
/*  6*/   hFile = OpenFile(FileName,&OfStruct,OF_READ);
/*  7*/   if (hFile == HFILE_ERROR) {
/*  8*/         sprintf(lpFehlertext,"%s: DOS-Code %u",FileName,
/*  9*/                OfStruct.nErrCode);
/* 10*/         MessageBox(hWnd,lpFehlertext,"Datei-Fehler",
/* 11*/                    MB_OK | MB_ICONEXCLAMATION);
/* 12*/        return (NULL);
/* 13*/   }
/* 14*/   _fstat(hFile, &FileStatus);
/* 15*/   _lclose(hFile);
/* 16*/   MessageBox(hWnd,ctime(&FileStatus.st_atime),
/* 17*/             "Letzte Speicherung",
/* 18*/             MB_OK | MB_ICONINFORMATION);
/* 19*/ }
```

Zeile 4: Der gesamte Codeblock ist in geschweiften Klammern eingefaßt (Zeile 3 + 19); daher ist die Variable lpFehlertext lokal gültig. Sie dient zur Konstruktion von Fehlermeldungen aus Text und Variablen.
Zeile 6: Die Funktion **OpenFile** öffnet die Datei und liefert einen Filehandle als Ergebnis für hFile oder im Fehlerfall den Wert HFILE_ERROR. Sie benötigt drei Argumente: Den Namen der zu öffnenden Datei in ANSI-Zeichen, die Adresse einer Datenstruktur (&) vom Typ OFSTRUCT für Dateiangaben in OEM-Zeichen und einen oder mehrere durch ODER (|) verknüpfte Parameter, die den gewünschten Bearbeitungsmodus bestimmen. Folgende Parameter können benutzt werden:

OF_CANCEL	Cancel-Taste zuf. (liefert File-not-Found)
OF_CREATE	Datei erzeugen/Länge auf Null setzen
OF_DELETE	Datei löschen
OF_EXIST	Dateiexistenztest (Öffnen und Schließen)
OF_PARSE	Dateistruktur füllen
OF_PROMPT	Diskettenanforderung bei fehlender Datei
OF_READ	Nur-Lesen-öffnen
OF_READWRITE	Schreiben und lesen
OF_REOPEN	Datei wieder öffnen
OF_SEARCH	Verzeichnisse stets absuchen
OF_SHARE_COMPAT	Mehrfacher Dateizugriff eines Programmes
OF_SHARE_DENY_NONE	Gemeinsamer Dateizugriff: Alles erlauben
OF_SHARE_DENY_READ	Gemeins. Zugriff: Lesen verhindern
OF_SHARE_DENY_WRITE	Gemeins. Zugriff: Schreiben verhindern
OF_SHARE_EXCLUSIVE	Gemeins. Zugriff: Alles verhindern
OF_VERIFY	Aktualisierung prüfen
OF_WRITE	Nur Schreiben

Zeile 7: Hier wird geprüft, ob ein Fehler beim Öffnen aufgetreten ist. HFILE_ERROR ist in windows.h definiert.

Zeile 8-9: Die Funktion **sprintf** erzeugt in lpFehlertext eine formatierte Zeichenkette aus Dateinamen und dem Fehlercode, der von OpenFile in das Strukturelement nErrCode gestellt wurde.

Zeile 10-11: Die Funktion MessageBox kennen Sie bereits. Sie zeigt die Fehlermeldung an.

Zeile 12: Im Fehlerfall wird NULL zurückgegeben und die Routine beendet.

Zeile 14: Tritt kein Fehler auf, ermittelt _fstat den Dateistatus und füllt die Struktur FileStatus.

Zeile 15: Die Datei wird mit der Low-Level-Funktion _lclose geschlossen.

Zeile 16-18: Als Beispiel zeigt die Funktion MessageBox die Zeitangabe der letzten Speicherung an (Erstellungs-, Änderungs- und Zugriffsdatum sind unter DOS identisch). Diese wurde von _fstat im Strukturelement st_atime abgelegt und muß mit der Funktion ctime in eine Zeichenkette umgewandelt werden.

In unserem Beispiel haben wir für die OpenFile-Funktion den Parameter OF_READ angegeben. Dies veranlaßt die Funktion, die Datei nur zum Lesen zu öffnen. Durch Kombination dieser Funktionsparameter kann das Verhalten von OpenFile gesteuert werden. Zum besseren Verständnis, welche Kombinationen sinnvoll sind, unterteilen wir sie in Gruppen:

```
Dialogsteuerung:       OF_PROMPT (Modif. mit OF_CANCEL)
Pfadsteuerung:         OF_SEARCH
Bearbeitungsmodus:     OF_CREATE, OF_READ, OF_READWRITE, OF_WRITE
Netzwerkmodus:         alle OF_SHARE_xxx
Zusatz:                OF_REOPEN (Modif. mit OF_VERIFY)

Sondermodus:           OF_EXIST, OF_PARSE, OF_DELETE
```

Jeweils ein Parameter einer Gruppe kann mit je einem der anderen Gruppen kombiniert werden. OF_PROMPT und OF_REOPEN besitzen einen Modifikator, der ihr Verhalten ändert bzw. ergänzt. Sie ergeben nur miteinander eine sinnvolle Kombination.

Eine Besonderheit bilden die Sondermodi. Sinnvollerweise werden sie nicht mit anderen Parametern kombiniert, denn OF_EXIST schließt die Datei nach dem Öffnen sofort wieder, OF_PARSE öffnet nicht, und OF_DELETE entfernt die Datei. In allen Fällen ist der von OpenFile gelieferte Filehandle ungültig, aber nicht HFILE_ERROR.

Hinweis: Die Steuerung mit OF_PROMPT und OF_CANCEL funktioniert nicht wie dokumentiert!

6.3 Dialog zur Dateiauswahl

In unserem Beispiel ist der Name der zu öffnenden Datei als Zeichenkette fest vorgegeben. In der Regel soll es dem Anwender jedoch möglich sein, selber zu bestimmen, welche Datei verwendet werden soll. Hierzu muß die Zeichenkette über ein Dialogfeld festgelegt werden (siehe auch Kapitel 5.1). Mit Windows 3.1 werden aber in der Laufzeitbibliothek COMMDLG.DLL fertige Dialogfelder mit Aufruffunktionen zur Verfügung gestellt. Für die Dateiverarbeitung sind dies die Funktionen **GetOpenFileName** und **GetSaveFileName**. Die folgenden Abbildungen zeigen die zugehörigen Dialogfelder.

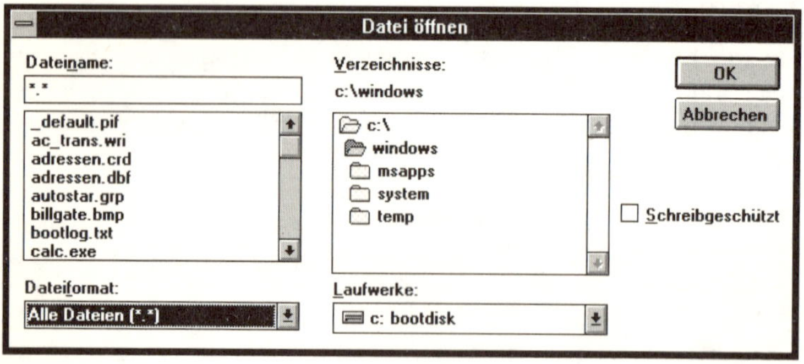

Diese Funktionen werden wir benutzen, denn sie ermöglichen einen hohen Komfort bei geringem Programmieraufwand. Außerdem vereinfacht ihre konsequente Verwendung dem Benutzer den Umgang mit Windows-Programmen, da sich in diesem Fall alle Programme gleich verhalten.

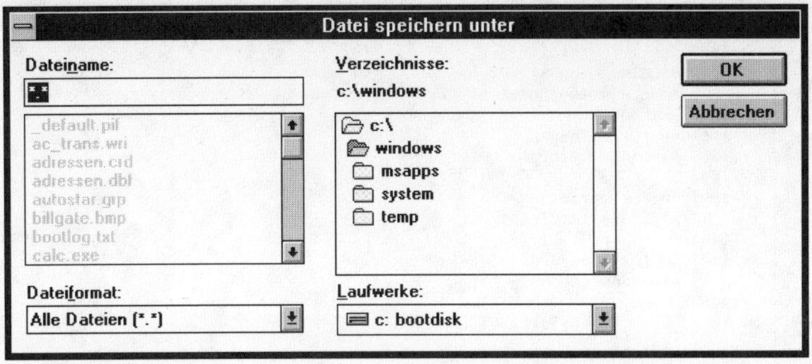

6.3.1 Grundlagen

Alle Programme, die die Dialoge aus COMMDLG.DLL benutzen wollen, müssen folgende Include-Anweisung enthalten:

```
#include <commdlg.h>
```

Diese Datei enthält alle Definitionen und Deklarationen, die für die Dialogfunktionen notwendig sind.
Der Linker muß die Bibliothek COMMDLG.LIB zur Verfügung haben, um die notwendigen Binärroutinen dem Programm hinzufügen zu können.
Die Funktionen selbst kommunizieren mit dem Programm über eine globale Struktur des Datentyps OPENFILENAME, die in commdlg.h definiert ist. Das heißt:

(1) Eine globale Definition muß erfolgen: OPENFILENAME ofn;
(2) Die Struktur wird initialisiert und vorbelegt.
(3) Die gewünschte Funktion wird aufgerufen und erzeugt das Dialogfeld, wobei die Struktur entsprechend den Eingaben des Anwenders aktualisiert wird.
(4) Nach dem Funktionsaufruf wird der Inhalt der Struktur überprüft und das Programm entsprechend fortgesetzt.

Wir wollen unser Beispiel nun so erweitern, daß die zu öffnende Datei durch ein Dialogfenster bestimmt werden kann. Im folgenden Listing sehen Sie die modifizierte Include-Datei mit den globalen Variablen:

```
/* prg6_3.h */
/* Includes für _fstat */
        #include <sys\types.h>
        #include <sys\stat.h>
/*  5*/
/* include für ctime */
        #include <time.h>
/*  8*/
/* include für sprintf */
        #include <stdio.h>
/* 11*/
/* include für Standarddialoge */
        #include <commdlg.h>
/* 14*/
/* 15*/  char PfadDatei[128];
/* 16*/  int hFile;
/* 17*/  OFSTRUCT OfStruct;
/* 18*/  struct _stat FileStatus;
/* 19*/  OPENFILENAME ofn;
/* 20*/  char FilterDef[128] = "Batch (*.BAT)\0*.BAT\0Backup\0*.BAK;
                                     *.SIK\0Alle (*.*)\0*.*\0";
```

In **Zeile 13** wird die Definitionsdatei commdlg.h eingefügt. Statt des konstanten Dateinamens wird in **Zeile 15** eine Variable definiert, die den eingegebenen Dateinamen aufnehmen soll. Die Struktur für das Dialogfeld wird in **Zeile 19** definiert. Die Variable *FilterDef* in **Zeile 20** enthält eine Zeichenkette, die durch binäre Nullen in sechs Abschnitte unterteilt wird. Jeweils zwei gehören zusammen, wobei der erste eine Dateiformatbeschreibung und der zweite die zugehörigen Namenserweiterungen festlegt.

Das nächste Listing zeigt den geänderten Programmteil. Eingefügt wurden die Initialisierung der gesamten Struktur mit 0 (Zeile 6), die Vorbelegung einiger Strukturelemente (Zeile 8-17) und der Aufruf der Dialogfunktion (Zeile 19). Die Zeilen 20-29 enthalten den bisherigen Programmcode.

```
/* prg6_3.inc */
/*  2*/
/*  3*/  {
/*  4*/  char Fehlertext[128];
/*  5*/
/*  6*/  memset(&ofn, 0, sizeof(OPENFILENAME));
/*  7*/
/*  8*/  ofn.lStructSize     = sizeof(OPENFILENAME);
/*  9*/  ofn.hwndOwner       = hWnd;
/* 10*/  ofn.lpstrFilter     = FilterDef;
/* 11*/  ofn.nFilterIndex    = 2;
/* 12*/  ofn.lpstrFile       = PfadDatei;
/* 13*/  ofn.nMaxFile        = sizeof(PfadDatei);
/* 14*/
/* 15*/  ofn.lpstrTitle      = "Datei öffnen";
/* 16*/  ofn.Flags           = OFN_READONLY | OFN_NOCHANGEDIR
                            | OFN_PATHMUSTEXIST | OFN_FILEMUSTEXIST;
/* 17*/  ofn.lpstrDefExt     = "TXT";
/* 18*/
/* 19*/  if (GetOpenFileName(&ofn)) {
/* 20*/      hFile = OpenFile(PfadDatei,&OfStruct,OF_READ);
/* 21*/      if (hFile == HFILE_ERROR) {
/* 22*/          sprintf(Fehlertext,"%s:
                         DOS-Code %u",PfadDatei,OfStruct.nErrCode);
/* 23*/          MessageBox(hWnd,Fehlertext,"Datei-Fehler",
/* 24*/                     MB_OK | MB_ICONEXCLAMATION);
/* 25*/          return (NULL);
/* 26*/      }
/* 27*/      _fstat(hFile, &FileStatus);
/* 28*/      _lclose(hFile);
/* 29*/      MessageBox(hWnd,ctime(&FileStatus.st_atime),
                        "Letzte Speicherung",
/* 30*/                 MB_OK | MB_ICONINFORMATION);
/* 31*/  }
/* 32*/  }
```

Was bewirken die zugefügten Zeilen nun?

Zeile 6: Die C-Funktion **memset** initialisiert einen Speicherbereich, nämlich beginnend mit der Adresse von *ofn*, mit binären Nullen. Die Größe des Speicherbereiches wird durch den dritten Parameter auf die Größe der Struktur beschränkt. Durch diese Anweisung werden alle Daten der Struktur gelöscht.

Zeile 8: Diese Anweisung sorgt für ausreichenden Speicherplatz.

Zeile 9: Das Dialogfeld bekommt das Handle der Anwendung als Eltern-Handle zugewiesen. Dadurch kann in der Anwendung erst weitergearbeitet werden, wenn das Dialogfeld geschlossen worden ist.

Zeile 10: Hier werden die in der globalen Variable *FilterDef* definierten Dateiformate der Struktur zugewiesen.

Zeile 11: Die Eintragung 2 bestimmt, daß das zweite Format aus der Definition von *ofn.lpstrFilter* ausgewählt ist, wenn das Dialogfeld angezeigt wird.

Zeile 12: Hier wird die Variable bestimmt, die Pfad und Datei aufnimmt, die vom Anwender ausgewählt wurden.
Zeile 13: *ofn.nMaxFile* bestimmt die Länge von *ofn.lpstrFile.*
Zeile 15: Die hier definierte Zeichenkette legt den Titel des Dialogfensters fest.
Zeile 16: Die hier eingetragenen Symbole bewirken, daß automatisch eine Fehlermeldung angezeigt wird, wenn der Anwender eine Dateibezeichnung eintippt, deren Pfad (OFN_PATHMUSTEXIST) oder deren Datei (OFN_FILEMUSTEXIST) nicht existiert. Zusätzlich wird die Kontrollschaltfläche *Nur lesen* aktiviert (OFN_READONLY). Dies wird jedoch vom Programm nicht ausgewertet. Es öffnet die Datei unabhängig davon, was der Anwender hier vorgibt, im Nur-Lesen-Modus. Zusätzlich wird sich das Dialogfeld keinen Verzeichniswechsel durch den Anwender merken (OFN_NOCHANGEDIR).
Zeile 17: Wenn der Anwender keine Dateierweiterung und keinen Punkt am Ende des Dateinamens eingibt, wird automatisch .TXT angehängt.
Zeile 19: Hier wird die Dialogfeldfunktion aufgerufen. Sie erhält als Parameter die Adresse der Struktur und liefert 0, wenn ein Fehler auftritt. Daher wird der Rückgabewert auf WAHR (ungleich 0) getestet, um dann wie im ersten Beispiel dieses Kapitels fortzufahren.
Den Programmteil der Zeilen 20-30 erkennen Sie wieder. Lediglich der erste Parameter der Funktion OpenFile ist geändert worden.

6.3.2 Die Struktur OPENFILENAME

Sehen wir uns einmal OPENFILENAME näher an. Der folgende Programmausschnitt zeigt die vollständige Definition. Diese Struktur wird sowohl vom Dialog für das Dateiöffnen als auch vom Dialog für das Speichern einer Datei unter einem anderen Namen verwendet.

```
typedef struct tagOPENFILENAME {
    DWORD     lStructSize;        /* Strukturlänge */
    HWND      hwndOwner;          /* Anw.-Fensterhandle o. NULL */
    HINSTANCE hInstance;          /* Instanz der Dialogbox */
    LPCSTR    lpstrFilter;        /* Filterdef. für Dateiauswahl */
    LPSTR     lpstrCustomFilter;  /* Anwenderfilterdefinition */
    DWORD     nMaxCustFilter;     /*Länge lpstrCustomFilter (>= 40)*/
    DWORD     nFilterIndex;       /* Index der Std.-Definition */
    LPSTR     lpstrFile;          /* Dateipfad und -name */
    DWORD     nMaxFile;           /* Länge von lpstrFile (<=128) */
    LPSTR     lpstrFileTitle;     /* Dateiname und -extension */
    DWORD     nMaxFileTitle;      /* Länge von lpstrFileTitle */
    LPCSTR    lpstrInitialDir;    /* Startverzeichnis */
    LPCSTR    lpstrTitle;         /* Dialogboxtitel */
    DWORD     Flags;              /* Dialogboxeigenschaften */
    UINT      nFileOffset;        /* Dateinamensbeginn in lpstrFile*/
    UINT      nFileExtension;     /* Extensionbeginn in lpstrFile */
    LPCSTR    lpstrDefExt;        /* Standardextension */
    LPARAM    lCustData;          /*Pointer auf Daten für Hookfunk.*/
    UINT      (CALLBACK* lpfnHook) (HWND, UINT, WPARAM, LPARAM);
              LPCSTR lpTemplateName;    /* Name der Ressourcedatei */
} OPENFILENAME;
```

Dieser Datentyp beinhaltet einige Elemente, die nur selten benötigt werden. Dies sind *hInstance* und die letzten drei Elemente. Sie werden beispielsweise benutzt, um mit Hilfe einer eigenen Funktion (Hookfunktion) in die Standardarbeitsweise des Dialogfensters einzugreifen. Wir werden sie in diesem Buch nicht verwenden.

Die wichtigsten Elemente, die auf jeden Fall vor dem Funktionsaufruf initialisiert werden müssen, wollen wir jedoch kurz erläutern, bevor wir sie verwenden:

Strukturgröße (lStructSize)

Sie definiert die Größe des benötigten Speicherplatzes und kann mit sizeof(OPENFILENAME) initialisiert werden.

Dialogfeldinhaber (hwndOwner)

Wenn Sie hier NULL eintragen, so kann der Anwender zwischen Dialogfeld und Anwendung wechseln. Tragen Sie hier jedoch beispielsweise das Handle des Anwendungsfensters ein, so muß das Dialogfeld geschlossen werden, bevor ein Wechsel zum Anwendungsfenster möglich ist. Dies kann aus Sicherheitsgründen erforderlich sein.

Dateiformate (lpstrFilter)

Hier werden die möglichen Dateiformate festgelegt, die im Dialogfeld ausgewählt werden können. Jedes Format besteht aus zwei Teilen, der Anzeige für "Dateiformat" und dem Namensmuster für "Dateiname". Beide Teile werden durch \0 voneinander getrennt.

Beispiel:
"Texte (*.TXT)\0*.TXT\0"
zeigt in Dateiformat: Texte (*.TXT)
und in Dateiname: *.TXT
Im Dateifenster werden alle Dateien mit der Namenserweiterung TXT angezeigt.
Soll zwischen verschiedenen Formaten auszuwählen sein, so wird dieses Element mit einer Zeichenkette initialisiert, die alle Formate der Reihe nach enthält. Die einzelnen Formate werden ebenfalls durch \0 voneinander getrennt.

Beispiel:
"Batch (*.BAT)\0*.BAT\0Backup\0*.BAK;*.SIK\0Alle (*.*)\0*.*\0"
definiert drei Formate. Das zweite besteht aus Dateien, die entweder die Namenserweiterung BAK oder SIK tragen.

Standardformat (nFilterIndex)

Dieses Element wird mit der Nummer des Standardformates initialisiert. Im obigen Beispiel wird mit nFilterIndex = 3 das Format Alle zum Standard.

Datei (lpstrFile)

Dieses Element enthält den vollen Dateinamen inkl. Pfadangaben.

Dateibezeichnerlänge (nMaxFile)

Hier wird die Größe von lpstrFile angegeben. Sie sollte wenigstens 256 Bytes betragen.

Dialogfeldtitel (lpstrTitle)

Hier wird der Titel des Dialogfensters eingetragen. Fehlt er, so wird ein Standardtitel eingesetzt.

Dialogfeldeigenschaften (Flags)

Das Verhalten des Dialogfeldes wird durch sogenannte Flags angegeben, die, durch ODER (|) verbunden, hier eingetragen werden können. Die Flags sind in commdlg.h vordefiniert und haben folgende Bedeutung:

OFN_ALLOWMULTISELECT	Mehrfachauswahl möglich
OFN_CREATEPROMPT	Erzeugungsanfrage
OFN_ENABLEHOOK	Hookaktivierung
OFN_ENABLETEMPLATE	Ressourceaktivierung
OFN_ENABLETEMPLATEHANDLE	Instanzaktivierung
OFN_EXTENSIONDIFFERENT	Extensionabweichung
OFN_FILEMUSTEXIST	Nur existierende Dateien
OFN_HIDEREADONLY	"Nur lesen"-Feld unsichtbar
OFN_NOCHANGEDIR	Immer Rücksetzen auf Startverzeichnis
OFN_NOREADONLYRETURN	Kein Dateischutz
OFN_NOTESTFILECREATE	Kein Test beim Datei anlegen/speichern
OFN_NOVALIDATE	Kein Prüfen des Dateinamens
OFN_OVERWRITEPROMPT	Ersetzungsanfrage
OFN_PATHMUSTEXIST	Nur existierende Pfade
OFN_READONLY	"Nur lesen"-Feld markiert
OFN_SHAREAWARE	Netzwerkfehler ignorieren
OFN_SHOWHELP	Hilfetaste

Einige dieser Flags werden nur benötigt, wenn man entweder eine Hookfunktion einsetzt oder die Dialogfeldressource-Definition selbst festlegen möchte oder eine Netzwerkanwendung erstellt.

Folgende Flags können sinnvollerweise zum **Lesen** einer Datei gesetzt werden:

OFN_ALLOWMULTISELECT

Gleichzeitige Bearbeitung mehrerer Dateien wie beim Dateimanager. Allerdings enthält *lpstrFile* dann eine Zeichenkette, die aus allen Dateibezeichnungen besteht. Das Programm muß diese Bezeichnungen separieren und jede Datei getrennt verarbeiten.

OFN_FILEMUSTEXIST

Die eingetippten Dateinamen werden kontrolliert, ob sie existieren.

OFN_PATHMUSTEXIST

Die eingetippten Pfadbezeichnungen werden kontrolliert, ob sie existieren.

OFN_NOCHANGEDIR

Bei jedem erneuten Aufruf des Dialogfensters startet es im gleichen Verzeichnis.

OFN_NOREADONLYRETURN

Es wird sichergestellt, daß die Datei und ihr Verzeichnis keinen Schreibschutz enthalten.

OFN_HIDEREADONLY

Macht das "Nur lesen"-Feld unsichtbar.

OFN_READONLY

Das "Nur lesen"-Feld wird markiert.

Beim **Speichern** einer Datei können folgende Flags sinnvoll eingesetzt werden:

OFN_CREATEPROMPT
Es wird automatisch ein Dialogfeld für das Erzeugen einer neuen Datei aufgerufen, wenn die eingegebene Datei nicht existiert.
OFN_FILEMUSTEXIST
Die eingetippten Dateinamen werden kontrolliert, ob sie existieren.
OFN_PATHMUSTEXIST
Die eingetippten Pfadbezeichnungen werden kontrolliert, ob sie existieren.
OFN_NOCHANGEDIR
Bei jedem erneuten Aufruf des Dialogfensters startet es im gleichen Verzeichnis.
OFN_NOREADONLYRETURN
Es wird sichergestellt, daß die Datei und ihr Verzeichnis keinen Schreibschutz enthalten.
OFN_OVERWRITEPROMPT
Erzeugt automatisch ein Dialogfeld für die Bestätigung, die Datei zu überschreiben, wenn sie bereits existiert.
OFN_HIDEREADONLY
Macht das "Nur lesen"-Feld unsichtbar.

Standard-Dateinamenserweiterung (lpstrDefExt)
Die hier definierte Erweiterung wird automatisch immer dann eingesetzt, wenn der Anwender keine Erweiterung eingibt (auch keinen Punkt).

Das Pendant zur Funktion GetOpenFilename ist die Funktion GetSaveFileName. Auch sie erhält als Parameter die Adresse der Struktur und liefert einen Rückgabewert 0, falls Fehler auftreten, das Fenster geschlossen oder die Abbrechen-Schaltfläche gedrückt wird. Der Unterschied zu GetOpenFileName liegt in der Darstellung des Dateilistenfensters. Alle Dateien sind hier kontrastarm dargestellt.

6.4 Dateien lesen und speichern

Wir wollen unser Beispielprogramm nun so erweitern, daß es eine Datei in den Arbeitsspeicher einlesen und als neue Datei speichern kann. Es soll dabei die gesamte Datei, jedoch maximal 65534 Bytes (64kB), in den Arbeitsspeicher lesen. Diese Technik wird unter Windows oft praktiziert, damit man die Datei sofort wieder schließen kann. Selbstverständlich kann man Dateien auch portionsweise, zum Beipiel Satz für Satz, lesen und verarbeiten. Man muß dann jedoch sicherstellen, daß kein anderes Programm in der Zwischenzeit die Datei verändert. Denken Sie immer daran, daß der Anwender zwischendurch zu einem anderen Programm wechseln kann!

Bevor wir uns das Programm im einzelnen ansehen, wollen wir uns mit der Behandlung des Pufferspeichers für die Datei beschäftigen. Das Programm benötigt einen ausreichend großen Speicherplatz für die Datei, deren Größe aber vorher nicht bekannt ist. Daher muß das Programm folgende Schritte duchführen:

(1) Soviel Speicherbereich von Windows anfordern, wie aus dem Dateistatus hervorgeht (+ 1 Byte für \0). Hierzu dient die Funktion LocalAlloc, die für verschiebbaren Speicher (LMEM_-MOVABLE) einen Handle und für festen Speicher (LMEM_-FIXED) einen Pointer liefert.

(2) Diesen Speicher sperren. Dies erledigt die Funktion LocalLock, welche einen Handle zum Speicher benötigt und einen Pointer liefert. Sie sorgt dafür, daß der Speicher im Arbeitsspeicher nicht mehr bewegt wird.

(3) Die Datei in den Speicher einlesen und kontrollieren, wieviel gelesen wurde. Hierzu dient die Funktion _lread, die max. 64kB einlesen kann. Ihr Rückgabewert entspricht der Anzahl gelesener Bytes.

(4) Die Daten aus dem Speicher in eine Datei schreiben und kontrollieren, ob genausoviel geschrieben wie ursprünglich eingelesen wurde. Mit der Funktion _lwrite können max. 64kB gespeichert werden. Sie gibt ebenfalls die Anzahl gespeicherter Bytes zurück. Dieser Wert kann dann mit der Zahl gelesener Bytes verglichen werden.

(5) Den gesperrten Speicher wieder freigeben. Dies erledigt LocalUnlock.

(6) Den freigegebenen Speicher an Windows zur weiteren Verwendung abgeben. Hierzu dient LocalFree.

Die entsprechenden Programmzeilen sehen folgendermaßen aus:

```
/*38*/     hPuffer = LocalAlloc( LMEM_MOVEABLE | LMEM_ZEROINIT,
                                  (WORD)FileStatus.st_size+1);
           ...
/*47*/     lpPuffer = LocalLock(hPuffer);
/*48*/     Anzahl = _lread(hFile, lpPuffer, (UINT)65534);
           ...
/*75*/     if(_lwrite(hFile, lpPuffer, Anzahl) != Anzahl){
           ...
       }
/*88*/     LocalUnlock(hPuffer);
/*89*/     LocalFree(hPuffer);
```

Die einzelnen Anweisungen erläutern wir zusammen mit den anderen Programmteilen. Hier das gesamte Programm:

```
/* prg6_4.inc */
/*  2*/
/*  3*/  {
/*  4*/  char Fehlertext[128];
/*  5*/  LPSTR lpPuffer;
/*  6*/  HANDLE hPuffer;
/*  7*/  UINT Anzahl;
/*  8*/  char Datei[13];
/*  9*/
/* 10*/   memset(&ofn, 0, sizeof(OPENFILENAME));
/* 11*/
/* 12*/  ofn.lStructSize       = sizeof(OPENFILENAME);
/* 13*/  ofn.hwndOwner         = hWnd;
/* 14*/  ofn.lpstrFilter       = FilterDef;
/* 15*/  ofn.nFilterIndex      = 2;
/* 16*/  ofn.lpstrFile         = PfadDatei;
/* 17*/  ofn.nMaxFile          = sizeof(PfadDatei);
/* 18*/  ofn.lpstrFileTitle    = Datei;
/* 19*/  ofn.nMaxFileTitle     = 13;
/* 20*/  ofn.lpstrTitle        = "Datei öffnen";
/* 21*/  ofn.Flags             = OFN_READONLY | OFN_PATHMUSTEXIST
                               | OFN_FILEMUSTEXIST;
/* 22*/  ofn.lpstrDefExt       = "SIK";
/* 23*/
/* 24*/  if (GetOpenFileName(&ofn)) {
/* 25*/     hFile = OpenFile(PfadDatei,&OfStruct,OF_READ);
/* 26*/     if (hFile == HFILE_ERROR) {
/* 27*/         sprintf(Fehlertext,"%s: DOS-Code %u", PfadDatei,
                      OfStruct.nErrCode);
/* 28*/         MessageBox(hWnd,Fehlertext,"Datei-Fehler",
/* 29*/                    MB_OK | MB_ICONEXCLAMATION);
/* 30*/         return (NULL);
/* 31*/     }
/* 32*/     _fstat(hFile, &FileStatus);
/* 33*/     if (FileStatus.st_size > 65534) {
/* 34*/         MessageBox(hWnd, "Datei ist zu groß!" ,NULL,
                           MB_OK | MB_ICONEXCLAMATION);
/* 35*/         _lclose(hFile);
/* 36*/         return(NULL);
/* 37*/     }
/* 38*/     hPuffer = LocalAlloc(LMEM_MOVEABLE | LMEM_ZEROINIT,
                              (WORD)FileStatus.st_size+1);
/* 39*/     if (!hPuffer) {
/* 40*/         MessageBox(hWnd, "Zuwenig Speicher!",NULL,
                           MB_OK | MB_ICONEXCLAMATION);
/* 41*/         _lclose(hFile);
/* 42*/         return(NULL);
/* 43*/     }
/* 44*/     sprintf(Fehlertext,"Speicher mit %u Bytes alloziert!",
                 LocalSize(hPuffer));
/* 45*/     MessageBox(hWnd,Fehlertext,"Pufferzuweisung",
                       MB_OK | MB_ICONEXCLAMATION);
/* 46*/
/* 47*/     lpPuffer = LocalLock(hPuffer);
/* 48*/     Anzahl = _lread(hFile, lpPuffer, (UINT)65534);
/* 49*/     _lclose(hFile);
/* 50*/     sprintf(Fehlertext,
                "%u Zeichen gelesen\nZeichen in Datei schreiben?",
                Anzahl);
/* 51*/     if(MessageBox(hWnd,Fehlertext ,ofn.lpstrFileTitle,
/* 52*/                   MB_OKCANCEL | MB_ICONQUESTION)==IDOK){
/* 53*/         strncpy(PfadDatei+ofn.nFileExtension,"CPY",4);
/* 54*/         ofn.hwndOwner         = hWnd;
/* 55*/         ofn.lpstrFilter       = FilterDef;
```

```
/* 56*/         ofn.nFilterIndex        = 2;
/* 57*/         ofn.lpstrFile           = PfadDatei;
/* 58*/         ofn.nMaxFile            = sizeof(PfadDatei);
/* 59*/         ofn.lpstrFileTitle      = Datei;
/* 60*/         ofn.nMaxFileTitle       = 13;
/* 61*/         ofn.Flags               = OFN_CREATEPROMPT;
/* 62*/         ofn.lpstrDefExt         = "CPY";
/* 63*/         ofn.lpstrTitle          = "Datei speichern";
/* 64*/
/* 65*/         if (GetSaveFileName(&ofn)) {
/* 66*/            hFile = OpenFile(PfadDatei,&OfStruct,
                                    OF_CREATE | OF_WRITE);
/* 67*/            if (hFile == HFILE_ERROR) {
/* 68*/               sprintf(Fehlertext,"%s: DOS-Code %u",
                              PfadDatei, OfStruct.nErrCode);
/* 69*/               MessageBox(hWnd,Fehlertext,"Datei-Fehler",
/* 70*/                          MB_OK | MB_ICONEXCLAMATION);
/* 71*/               LocalUnlock(hPuffer);
/* 72*/               LocalFree(hPuffer);
/* 73*/               return (NULL);
/* 74*/            }
/* 75*/            if(_lwrite(hFile, lpPuffer, Anzahl) != Anzahl){
/* 76*/               sprintf(Fehlertext,"Fehler beim Schreiben!");
/* 77*/               MessageBox(hWnd,Fehlertext,"Datei-Fehler",
/* 78*/                          MB_OK | MB_ICONEXCLAMATION);
/* 79*/               _lclose(hFile);
/* 80*/               LocalUnlock(hPuffer);
/* 81*/               LocalFree(hPuffer);
/* 82*/               return (NULL);
/* 83*/         }
/* 84*/         _lclose(hFile);
/* 85*/         MessageBox(hWnd,"Datei erfolgreich kopiert!",
                          PfadDatei, MB_OK | MB_ICONEXCLAMATION);
/* 86*/        }
/* 87*/     }
/* 88*/     LocalUnlock(hPuffer);
/* 89*/     LocalFree(hPuffer);
/* 90*/      }
/* 91*/  }
```

Was haben wir nun verändert bzw. ergänzt? Zunächst sind neue lokale Variablen hinzugefügt worden.

Zeile 5: Ein Pointer auf einen Pufferbereich für _lread und _lwrite.

Zeile 6: Eine Variable für den Puffer-Handle, der von LocalAlloc geliefert wird.

Zeile 7: Eine Variable für die Anzahl verarbeiteter Zeichen (UINT, da maximal 65534).

Zeile 8: Eine Stringvariable für den Dateinamen inklusive Erweiterung (13 mit \0-Abschluß).

Den Programmteil in den Zeilen 10 bis 32 kennen Sie bereits bis auf zwei Änderungen.

Zeile 18: ofn.lpstrFileTitle speichert den Dateinamen ohne Pfadangaben.

Zeile 19: ofn.nMaxFileTitle speichert die Länge des Dateinamensspeichers.
Zeile 33-37: Hier wird der von _fstat gelieferte Wert für die Dateigröße kontrolliert. Ist die Datei zu groß, so wird ein Fehlerdialogfenster angezeigt und die Datei geschlossen.
Zeile 38: Die Funktion LocalAlloc fordert von Windows Speicher an. Die Flags im ersten Parameter bestimmen, daß es sich um Speicher handelt, der von Windows auf andere Adressen verschoben werden darf, falls erforderlich (LMEM_MOVEABLE), und daß er mit \0 initialisiert wird (LMEM_ZEROINIT). Statt der Flagkombination dürfen Sie auch kurz LHND schreiben; das ist dasselbe. Der zweite Parameter benutzt das Strukturelement FileStatus.st_size, um Speicher anzufordern, der mindestens um 1 Byte größer als die Datei ist. Der Cast wandelt den Wert von long auf WORD. Wenn Windows den Speicher bereitstellen kann, liefert die Funktion einen Handle zurück.
Zeile 39-43: Wenn kein Speicher zur Verfügung steht, wird eine Fehlermeldung angezeigt und die Datei geschlossen.
Zeile 44+45: Die Größe des bereitgestellten Puffers wird mit LocalSize ermittelt und angezeigt. LocalSize benötigt den Pufferhandle als Parameter. Wundern Sie sich nicht, wenn mehr Speicher bereitgestellt wird als angefordert. LocalAlloc fordert immer eine Mindestmenge an.
Zeile 47: LocalLock benutzt den Handle für den Speicherbereich, um ihn zu sperren, und liefert einen Pointer auf die Speicheradresse des ersten Bytes dieses Speichers.
Zeile 48: Mit _lread werden die Daten eingelesen. Der erste Funktionsparameter ist der File-Handle, der durch das Öffnen der Datei erzeugt wurde. Der zweite Parameter ist die Speicheradresse des Puffers, und der dritte legt die Anzahl zu lesender Bytes fest. Ist die Datei kleiner, so wird sie bis zum Ende eingelesen, und _lread liefert die Gesamtzahl Bytes.
Zeile 49: Die Datei wird nach dem Lesen sofort geschlossen.
Zeile 50: Es wird eine formatierte Zeichenkette erzeugt, die die Anzahl der eingelesenen Bytes und eine Speicheranfrage enthält.
Zeile 51+52: Ein Dialogfeld mit dem Dateinamen im Titel wird erzeugt. Wird auf OK geklickt, wird von Messagebox ja ID_OK zurückgegeben. Diese Bedingung wird getestet, um daraufhin das Speichern einzuleiten.

Zeile 53: ofn.nFileExtension enthält die Position des ersten Zeichens aus der Dateinamenserweiterung und PfadDatei die Adresse der vollständigen Dateibezeichnung. Mit Hilfe von strncpy wird die Dateierweiterung mit CPY überschrieben.
Zeile 61: Der Flag OFN_CREATEPROMPT wird benutzt, damit ein Dialogfeld erscheint, wenn die Datei noch nicht existiert.
Zeile 63: Der Titel des Dialogfeldes zum Speichern wird gesetzt.
Zeile 65: Die Funktion GetSaveFilename wird mit der Strukturadresse aufgerufen.
Zeile 66: Die Datei wird zum Schreiben (OF_WRITE) so geöffnet, daß sie entweder erzeugt oder überschrieben wird (OF_CREATE).
Zeile 67-74: Tritt ein Fehler beim Öffnen auf, so wird er angezeigt und der Speicher entsperrt und freigegeben.
Zeile 75: _lwrite benutzt die gleichen Parameter wie _lread und speichert die angegebene Anzahl Bytes. Ihr Rückgabewert entspricht der tatsächlichen Anzahl gespeicherter Bytes. Er wird mit der ursprünglichen Angabe verglichen.
Zeile 76-83: Stimmen die beiden Angaben nicht überein, so wird eine Meldung ausgegeben, der Speicher entsperrt und freigegeben sowie die Datei geschlossen.
Zeile 84-91: Bei einwandfreiem Programmlauf erscheint eine Abschlußmeldung, und Speicher und Datei werden ordnungsgemäß freigegeben bzw. geschlossen.

Das Programm öffnet, liest und speichert eine Datei auf einen Befehl hin. Das reicht für unsere Zwecke voll aus. Normale Windows-Anwendungen benutzen aber mindestens zwei Befehle, Öffnen und Speichern, im Menü Datei, denn dazwischen wird der Anwender eine beliebige Anzahl von Befehlen zum Erfassen, Ändern oder Löschen verwenden.

Anmerkung: Unser Beispiel benutzt zum Lesen _lread. Diese Funktion ist deklariert als UINT _lread(HFILE, void _huge*, UINT) und liest maximal 65534 Bytes. Mit Windows 3.1 gibt es auch _hread, deklariert als long _hread(HFILE, void _huge*, long) für mehr als 65534 Bytes. Entsprechendes gilt für _lwrite und _hwrite. Der Speicher für diese Funktionen muß jedoch mit GlobalAlloc reserviert werden. Ebenso müssen LocalSize durch GlobalSize, LocalLock durch GlobalLock usw. ersetzt werden.

6.5 Dateien löschen

Eine Windows-Anwendung kann Dateien auf einfache Weise löschen. Diese Möglichkeit wird durch das Flag OF_DELETE geschaffen. Wird OpenFile so aufgerufen, so wird die Datei gelöscht und kein Dateihandle erzeugt:

```
/* prg6_5.inc*/
/* 2*/
/* 3*/ {
/* 4*/
/* 5*/
/* 6*/  memset(&ofn, 0, sizeof(OPENFILENAME));
/* 7*/
/* 8*/ ofn.lStructSize        = sizeof(OPENFILENAME);
/* 9*/ ofn.hwndOwner          = hWnd;
/*10*/ ofn.lpstrFilter        = FilterDef;
/*11*/ ofn.nFilterIndex       = 2;
/*12*/ ofn.lpstrFile          = PfadDatei;
/*13*/ ofn.nMaxFile           = sizeof(PfadDatei);
/*14*/
/*15*/ ofn.lpstrTitle         = "Datei öffnen";
/*16*/ ofn.Flags              = OFN_NOCHANGEDIR | OFN_PATHMUSTEXIST |
                                OFN_FILEMUSTEXIST;
/*17*/ ofn.lpstrDefExt        = "TXT";
/*18*/
/*19*/  if (GetOpenFileName(&ofn)) {
/*20*/     hFile = OpenFile(PfadDatei,&OfStruct,OF_DELETE);
/*21*/         MessageBox(hWnd,"Datei gelöscht!",PfadDatei,
/*22*/                     MB_OK | MB_ICONEXCLAMATION);
/*23*/  }
/*24*/}
```

6.6 Programm-Einstellungen laden und speichern

Windows ermöglicht es den Anwendungen, ihre Programmeinstellungen, wie beispielsweise Farben, Schriftarten, Fenstergrößen und die Namen der letzten vom Programm bearbeiteten Dateien in sogenannten INI-Dateien zu speichern. Für diese Zwecke kann jedes Programm eine eigene INI-Datei oder die Datei **WIN.INI** verwenden. Windows plaziert diese Dateien auf jeden Fall in das Windows-Verzeichnis und erzeugt sie nötigenfalls.

Das Speichern von Programmeinstellungen stellt nichts anderes dar als das Speichern von bestimmten Variablenwerten. Diese Variablen werden beim Programmstart wieder aus der INI-Datei eingelesen oder, falls diese noch nicht existiert, mit Standardwerten aus dem Programm initialisiert. Die notwendigen Anweisungen hierzu lauten recht einfach:

Einstellungen laden

Zwei Funktionen erlauben das Laden von Programmeinstellungen: **GetPrivateProfileInt** liest Ganzzahlen, **GetPrivateProfileString** lädt Zeichenketten. Sie setzen diese Funktionen beispielsweise als Reaktion auf die Meldung WM_CREATE in die Fensterfunktion der Anwendung. Ein *Beispiel*:

```
case WM_CREATE
        wMax   = GetPrivateProfileInt("Std","Zahl",100,"BSPL.INI");
        nCount = GetPrivateProfileString("Std","Font","Courier",
                                         lpFt,128,"BSPL.INI");
```

Die Funktion GetPrivateProfileInt sucht hier in der Datei BSPL.INI nach dem Abschnitt [Std] und in diesem Abschnitt nach der Zeile Zahl=. Wird sie gefunden, erhält wMax den dort eingetragenen Wert, ansonsten den Standardwert 100.

GetPrivateProfileString sucht im Abschnitt [Std] nach der Zeile Font= und speichert den Wert in den Puffer lpFt, welcher 128 Bytes groß ist. Ist kein Eintrag vorhanden, wird in lpFt Courier eingetragen. Die Variable nCount enthält die Anzahl gelesener bzw. übertragener Zeichen.

Einstellungen speichern

Zum Speichern wird die Funktion **WritePrivateProfileString** benutzt. Numerische Werte müssen vorher in eine formatierte Zeichenkette konvertiert werden.

```
case WM_DESTROY
        sprintf(puffer,"%u",25)
        WritePrivateProfileString("Std","Zahl",puffer,"BSPL.INI");
        WritePrivateProfileString("Std","Font","Arial","BSPL.INI");
```

In der Datei BSPL.INI findet man dann:

```
[Std]
Zahl=25
Font=Arial
```

Wenn Sie Programmeinstellungen in der Datei WIN.INI speichern wollen, so müssen die Funktionen **GetProfileInt**, **GetProfileString** und **WriteProfileString** benutzt werden. Sie benötigen natürlich keinen Parameter für den Dateinamen mehr. In WIN.INI werden aber nur dann Einstellungen gespeichert, wenn sie auch andere Anwendungen beeinflussen. Eine eigene INI-Datei ist für eine Anwendung immer vorzuziehen!

Achtung: INI-Dateien werden weder geöffnet noch geschlossen. Die aufgeführten Funktionen übernehmen die komplette Dateibehandlung. Diese wäre ohnehin anders durchzuführen, da Windows die INI-Dateien im Speicher hält.

6.7 Verarbeitungsregeln unter Windows

Die unterschiedlichen Eigenschaften und Arbeitsweisen von Windows im Vergleich zu MS-DOS erfordern nicht nur den Einsatz spezieller Funktionen, sondern verlangen insbesondere vom Programmierer die Beachtung einiger Regeln.

Multitaskingfähigkeit

Wie Sie wissen, können unter Windows nicht nur verschiedene Programme, sondern sogar ein und dasselbe Programm mehrfach gleichzeitig ablaufen, d. h. es können von einem Programm mehrere Instanzen existieren. Daher muß eine geöffnete Datei mit äußerster Sorgfalt kontrolliert werden. Sie sollte möglichst nur so lange geöffnet bleiben, wie das Programm die vollständige Kontrolle besitzt. Das heißt, daß eine Datei spätestens dann geschlossen werden sollte, bevor die Funktion GetMessage erneut aufgerufen wird. Sollte zwischendurch ein Dialogfeld bei geöffneter Datei notwendig sein, so sollten die Attribute MB_SYSTEMMODAL | MB_ICONHAND benutzt werden. Dadurch ist ein Wechsel zu einer anderen Anwendung, die dann möglicherweise zum Diskettenwechsel auffordert, nicht möglich. Ein weiterer Grund für das baldige Schließen von Dateien ist die begrenzte Anzahl geöffneter Dateien, die MS-DOS verwalten kann. Unter Windows ist diese Zahl schnell erreicht.
Die Namen von temporären Dateien sollten nur mittels **GetTempFilename** gebildet werden, damit sie immer eindeutig sind. Benutzen

Sie statt dessen einen festen Namen, so kann dies bei mehrfach gleichzeitigem Lauf des Programms zu Fehlern führen, denn alle Instanzen würden versuchen, die gleiche Datei zu verwenden.

Speicherverwaltung

Die Reservierung und der Schutz des von Programmen benötigten Datenspeichers ist in der Regel Aufgabe von Windows. Da die Stream-Funktionen in C mit internen Pufferspeichern arbeiten, sollten sie nicht in Windows-Anwendungen eingesetzt werden. Statt dessen wird die Funktion OpenFile zusammen mit den Low-level-Dateifunktionen benutzt.

Zeichensatz

Während Windows den ANSI-Zeichensatz benutzt, verwendet MS-DOS den erweiterten ASCII- oder auch OEM-Zeichensatz. Der Anwender gibt also Dateinamen in ANSI-Zeichen ein, während DOS einen Namen aus ASCII-Zeichen bildet. Wenn Sie die Standarddialogfelder einsetzen, brauchen Sie sich um eine korrekte Umwandlung nicht mehr zu kümmern. Dies müssen Sie jedoch unbedingt bei eigenen Dialogfeldern beachten. Sonst kann es nämlich passieren, daß MS-DOS die Datei, die Sie unter Windows öffnen wollen, nicht finden kann.

6.8 Zusammenfassung

In diesem Kapitel haben Sie die Funktionen und Datenstrukturen kennengelernt, die zur Dateiverarbeitung in Windows-Programmen verwendet werden. Hierbei handelt es sich um Standarddialoge aus DLL-Bibliotheken des Windows-Systems und Low-level-Funktionen der C-Bibliotheken:

- OPENFILENAME — Struktur für Standarddialoge
- GetOpenFileName — Standarddialog für Öffnen
- GetSaveFileName — Standarddialog für Speichern
- OFSTRUCT — Struktur für geöffnete Dateien
- OpenFile — öffnet, testet oder löscht Dateien
- _fstat — ermittelt Dateistatus
- _stat — Struktur für Dateistatus

■ _lread	liest aus Datei
■ _hread	liest aus großen Dateien
■ _llseek	positioniert Dateizeiger
■ _lwrite	schreibt in Datei
■ _hwrite	schreibt in große Dateien
■ _lclose	schließt Dateien
■ GetProfileInt	holt Zahl aus WIN.INI
■ GetProfileString	holt Zeichenkette aus WIN.INI
■ WriteProfileString	speichert Zeichenkette in WIN.INI
■ GetPrivateProfileInt	holt Zahl aus .INI-Datei
■ GetPrivateProfileString	holt Zeichenkette aus .INI-Datei
■ WritePrivateProfileString	speichert Zeichenkette in .INI-Datei

7 DRUCKEN

In diesem Kapitel werden Sie kennenlernen, wie Windows-Anwendungen vorhandene Drucker auswählen und den Druck durchführen. Wir werden wiederum die Standarddialogfunktionen von Windows benutzen. Die Funktion, sie heißt **PrintDlg**, ist jedoch wesentlich leistungsfähiger und komfortabler als die Datei-Dialogfelder. Sie kann statt eines zwei Dialogfelder erzeugen, eines für die Druckereinrichtung und eines für den Druck. Außerdem ermittelt sie von Windows automatisch alle notwendigen Ausgaben über die installierten Drucker.

7.1 Drucker einrichten

Das Grundprinzip, wie die Standarddialogfunktion PrintDlg eingesetzt wird, kennen Sie bereits. Eine Struktur, die auf globaler Ebene deklariert sein muß, wird initialisiert, bevor die Funktion aufgerufen wird. Nach dem Funktionsaufruf können dann die Strukturelemente getestet werden, insbesondere das Element **Flags**, daß die Anwendereinstellungen wiedergibt.

Wir werden dies zuerst am Beispiel der Druckereinrichtung demonstrieren. Die Datei prg7_1.h enthält folgendes:

```
/* prg7_1.h */
        #include <commdlg.h>
/*  3*/ PRINTDLG pd;
```

Wiederum muß die Datei COMMDLG.H eingebunden werden. Sie enthält die notwendigen Definitionen und Deklarationen. Die Struktur für den Datenaustausch mit der Dialogfunktion ist vom Typ

PRINTDLG und wird in Zeile 2 mit dem Namen pd deklariert. Hier der Inhalt von prg7_1.inc:

```
/* prg7_1.inc  */
/*  2*/ {
/*  3*/
/*  4*/  pd.lStructSize = sizeof(PRINTDLG);
/*  5*/  pd.hwndOwner   = hWnd;
/*  6*/  pd.hDevMode    = NULL;
/*  7*/  pd.hDevNames   = NULL;
/*  8*/  pd.Flags       = PD_RETURNDC|PD_PRINTSETUP;
/*  9*/
/* 10*/
/* 11*/  PrintDlg((LPPRINTDLG)&pd);
/* 12*/
/* 13*/  DeleteDC(pd.hDC);
/* 14*/  if (pd.hDevMode != NULL) GlobalFree(pd.hDevMode);
/* 15*/  if (pd.hDevNames != NULL) GlobalFree(pd.hDevNames);
/* 16*/ }
```

Das Programm enthält folgende Anweisungen:
Zeile 4: Die Größe der Struktur wird definiert.
Zeile 5: Das Anwendungsfenster wird als Elternfenster festgelegt.
Zeile 6+7: Die beiden Strukturelemente *hDevMode* und *hDevNames* werden mit NULL initialisiert. Dadurch wird die Dialogfunktion veranlaßt, selbst globalen Speicherplatz von Windows anzufordern und darin Strukturen anzulegen, die die Druckerfähigkeiten (DEVMODE) und die installierten Drucker (DEVNAMES) beinhalten.
Zeile 8: Die Flags legen fest, daß das Druckereinrichtungs-Dialogfeld aufgerufen wird (PD_PRINTSETUP) und ein Kontext-Handle für den Drucker erzeugt wird.
Zeile 11: Die Dialogfeldfunktion wird aufgerufen. Sie erhält als Parameter die Adresse der Struktur. Der Cast LPPRINTDLG sorgt für den richtigen Pointertyp.
Zeile 13: Der Kontexthandle wird wieder vernichtet.
Zeile 14: Der Speicher, der evtl. für die Struktur DEVMODE angefordert wurde (! = NULL), wird wieder freigegeben.
Zeile 15: Genauso wird mit Speicher für DEVNAMES verfahren.
Die Strukturdefinition PRINTDLG schauen wir uns genauer an. Die folgende Definition stammt aus COMMDLG.H.

```
typedef struct tagPD
{
    DWORD     lStructSize;          /* Größe der Struktur */
    HWND      hwndOwner;            /* Handle des Elternfensters */
    HGLOBAL   hDevMode;             /* Handle DEVMODE-Struktur*/
    HGLOBAL   hDevNames;            /* Handle DEVNAMES-Struktur*/
    HDC       hDC;                  /* Device-/Info-Kontext-Handle*/
    DWORD     Flags;                /* Flags für Dialogfelder */
    UINT      nFromPage;            /* Seite von */
    UINT      nToPage;              /* Seite bis */
    UINT      nMinPage;             /* Minimum für von/bis */
    UINT      nMaxPage;             /* Maximum für von/bis */
    UINT      nCopies;              /* Anzahl Kopien */
    HINSTANCE hInstance;            /* identif. Preload-Dialog */
    LPARAM    lCustData;            /* Daten für Hook-Funktion */
    UINT (CALLBACK* lpfnPrintHook)(HWND, UINT, WPARAM, LPARAM);
    UINT (CALLBACK* lpfnSetupHook)(HWND, UINT, WPARAM, LPARAM);
    LPCSTR    lpPrintTemplateName;  /* Eigenes Druck-Dialogfeld */
    LPCSTR    lpSetupTemplateName;  /* Eigenes Setup-Dialogfeld */
    HGLOBAL   hPrintTemplate;       /* Handle für Preload-Dialog */
    HGLOBAL   hSetupTemplate;       /* Handle für Preload-Dialog */
} PRINTDLG;
```

Die letzten acht Elemente der Struktur dienen dazu, Dialogfelder oder -funktionen selbst festzulegen. Diese sollen uns hier nicht weiter interessieren. Die ersten elf Elemente werden jedoch fast immer benötigt:

lStructSize
Dieses Element enthält die Größe der Struktur in Bytes. Da der Speicherbedarf von Variablen von Betriebssystem zu Betriebssystem unterschiedlich ist, bestimmt man ihn am besten mittels sizeof.

hwndOwner
Wenn in der Anwendung nur weitergearbeitet werden darf, nachdem das Dialogfeld geschlossen wurde, wird hier der Bezug auf das Anwendungsfenster eingetragen, ansonsten NULL.

hDevMode
Wenn Sie den Inhalt einer Struktur vom Typ DEVMODE mit den Fähigkeiten des Druckers vorgeben wollen, müssen Sie globalen Speicher von Windows anfordern, darin die Struktur definieren und den Handle für diesen Speicher hier eintragen. Normalerweise wird dieses Element mit NULL definiert, so daß die Dialogfunktion alles selbst übernimmt. Falls Sie den Inhalt von DEVMODE vorgeben wollen, muß print.h in einer include-Anweisung stehen.

hDevNames
Enthält wie hDevMode einen Bezug für einen Speicherbereich. Die-

ser enthält eine Struktur für den Zugriff auf die Druckertreiberangaben aus WIN.INI.

hDC

Durch die Flags PD_RETURNDC bzw. PD_RETURNIC kann die Dialogfunktion veranlaßt werden, einen Device-Kontext bzw. einen Informations-Kontext zu erzeugen und in diesem Element zu speichern. Ein Informations-Kontext kann nicht zum Drucken verwendet werden, sondern nur, um Druckerinformationen zu erhalten.

Flags

Mit den Flags wird das Verhalten der Dialogfunktion gesteuert. Sie können folgende Flags einsetzen:

PD_ALLPAGES	Alles-Schaltfläche gewählt
PD_SELECTION	Markierung-Schaltfläche gewählt
PD_PAGENUMS	Seiten-Schaltfläche gewählt
PD_NOSELECTION	Markierung-Schaltfläche grau
PD_NOPAGENUMS	Seiten-Schaltfläche grau
PD_COLLATE	Kopien-sortieren-Schaltfläche gewählt
PD_PRINTTOFILE	Ausdruck-in-Datei-Schaltfläche gewählt
PD_PRINTSETUP	Drucker-Einrichtung-Dialog
PD_NOWARNING	Keine Warnung, falls kein Standarddrucker
PD_RETURNDC	Device-Kontext in Element hDC liefern
PD_RETURNIC	Information-Kontext in hDC liefern
PD_RETURNDEFAULT	DEVMODE- und DEVNAMES-Strukturen liefern
PD_SHOWHELP	Hilfe-Schaltfläche anzeigen
PD_ENABLEPRINTHOOK	Hook-Funktion aus lpfnPrintHook aktivieren
PD_ENABLESETUPHOOK	Hook-Funktion aus lpfnSetupHook aktivieren
PD_ENABLEPRINTTEMPLATE	Dialog aus lpPrintTemplate benutzen
PD_ENABLESETUPTEMPLATE	Dialog aus lpSetupTemplate benutzen

PD_ENABLEPRINTTEMPLATE HANDLE	Preloaded-Dialog benutzen
PD_ENABLESETUPTEMPLATE HANDLE	Preloaded-Dialog benutzen
PD_USEDEVMODECOPIES	Druckerkopien aktivieren
PD_DISABLEPRINTTOFILE	Drucken-in-Datei-Schaltfläche grau
PD_HIDEPRINTTOFILE	Drucken-in-Datei-Schaltfläche unsichtbar

Anmerkung: PD_RETURNDC und PD_RETURNIC werden nur einmal verwendet, nämlich, wenn die Struktur noch keinen Kontexthandle enthält.

nFromPage

Dieses Element ist nur in Verbindung mit dem Flag PD_PAGENUMS gültig und gibt die erste zu druckende Seite an.

nToPage

Dieses Element ist nur in Verbindung mit dem Flag PD_PAGENUMS gültig und gibt die letzte zu druckende Seite an.

nMinPage

Dieser Wert gibt den kleinsten gültigen Wert für *nFromPage* und *nToPage* vor. Sie tragen hier in der Regel 1 ein.

nMaxPage

Dieser Wert gibt den höchsten gültigen Wert für *nFromPage* und *nToPage* vor. Sie tragen hier in der Regel die letzte Dokumentseite ein.

nCopies

Gibt die Anzahl der zu druckenden Kopien an. Wird jedoch der Flag PD_USEDEVMODECOPIES gesetzt und ist der Drucker in der Lage, selbst zu kopieren, wie beispielsweise ein Laserdrucker, so wird die Kopienzahl über den Druckersetup der Systemsteuerung festgelegt. Dieser Wert wird auch in der Struktur DEVMODE angegeben.

Unser kleines Beispiel ruft nur das Dialogfeld auf, um die Struktur zu modifizieren. Im nächsten Kapitel zeigen wir, wie Zeichenketten und Grafiken gedruckt werden.

7.2 Drucken

Damit wir auch ein Bild drucken können, müssen Sie die Ressourcendatei um folgende Zeile ergänzen:

```
Bild    BITMAP      C:\\Windows\\winlogo.bmp
```

Unter dem Symbolnamen *Bild* wird die Datei WINLOGO.BMP geladen. Statt dieser Datei können Sie auch jede andere Bitmap-Datei eintragen, beispielsweise ein mit Paintbrush selbstgemaltes Bild. Achten Sie jedoch darauf, daß die Datei sich entweder im aktuellen Arbeitsverzeichnis befindet oder mit Pfad angegeben ist.
Das folgende Programm wird einen Text mit Rahmen und das in der Ressourcendatei definierte Bild drucken.

```
    /* Text drucken */
/* 2*/{
/* 3*/DOCINFO di;
/* 4*/HDC hdcMemory;
/* 5*/HBITMAP hBitmap,hOldBitmap;
/* 6*/BITMAP Bitmap;
/* 7*/
/* 8*/      pd.lStructSize      = sizeof(PRINTDLG);
/* 9*/      pd.hwndOwner        = hWnd;
/*10*/      pd.hDevMode         = NULL;
/*11*/      pd.hDevNames        = NULL;
/*12*/      pd.Flags            = PD_RETURNDC;
/*13*/      pd.nCopies          = 1;
/*14*/
/*15*/      di.cbSize=sizeof(DOCINFO);
/*16*/      di.lpszDocName="Test";
/*17*/      di.lpszOutput=NULL;
/*18*/
/*19*/      hdcMemory = CreateCompatibleDC(pd.hDC);
/*20*/      hBitmap   = LoadBitmap(hInst,"Bild");
/*21*/      GetObject(hBitmap, sizeof(BITMAP), &Bitmap);
/*22*/      hOldBitmap= SelectObject(hdcMemory,hBitmap);
/*23*/
/*24*/      PrintDlg((LPPRINTDLG)&pd);
/*25*/      StartDoc(pd.hDC,&di);
/*26*/      StartPage(pd.hDC);
/*27*/      TextOut(pd.hDC,50,50,"TESTDRUCK",9);
/*28*/      Rectangle(pd.hDC,50,90,625,105);
/*29*/      EndPage(pd.hDC);
/*30*/      StartPage(pd.hDC);
/*31*/      BitBlt(pd.hDC,50,50,Bitmap.bmWidth,Bitmap.bmHeight,
/*32*/               hdcMemory,0,0,SRCCOPY);
/*33*/      EndPage(pd.hDC);
/*34*/      EndDoc(pd.hDC);
/*35*/
/*36*/      DeleteDC(pd.hDC);
/*37*/      SelectObject(hdcMemory, hOldBitmap);
/*38*/      DeleteDC(hdcMemory);
/*39*/      DeleteObject(hBitmap);
/*40*/
/*41*/      if (pd.hDevMode != NULL) GlobalFree(pd.hDevMode);
/*42*/      if (pd.hDevNames != NULL) GlobalFree(pd.hDevNames);
/*43*/ }
```

Was ist neu an diesem Beispielprogramm?

Zeile 3-6: Hier werden die notwendigen Handles und Strukturen deklariert. Die Struktur *di* vom Typ DOCINFO enthält die Bezeichnung des Druckauftrages an den Druckmanager sowie den Namen der Druckdatei, falls in eine Datei gedruckt werden soll. Die Struktur Bitmap vom Typ BITMAP enthält Größe, Farben usw. einer Bitmap-Grafik.

Zeile 15-17: Hier wird die Struktur **di** initialisiert. Sie hat nur drei Elemente. **cbSize** enthält die Größe der Struktur. **lpszDocName** enthält den Namen des Druckauftrages für den Druckmanager und **lps-**

zOutput den Dateinamen der Ausgabedatei. Hier wird *lpszOutput* mit NULL initialisiert. So hat die Dialogfunktion PrintDlg selbst die Möglichkeit, die Steuerung zu übernehmen. Wird das Kontrollfeld *Drucken in Datei* ausgewählt, so wird automatisch ein Dateiname erfragt. Falls jedoch bereits *lpszOutput* einen Dateinamen enthält, wird auf jeden Fall in eine Datei gedruckt.

Zeile 19: Die Funktion **CreateCompatibleDC** erzeugt einen Handle für einen Speicher-Device-Kontext. In diesen Kontext kann die Bildbeschreibung dann durch **SelectObject** geladen werden.

Zeile 20: Das Bild wird aus der EXE-Datei der laufenden Instanz geladen.

Zeile 21: Die Funktion **GetObject** füllt die BITMAP-Struktur mit den Angaben zum Bild. Die Struktur enthält u. a. die Elemente **bmWidth** und **bmHeight**, die die Breite und Höhe der Grafik angeben.

Zeile 22: SelectObject lädt die Bildbeschreibung in den Device-Kontext und sichert seinen alten Zustand in der Variablen *hOldBitmap*. Dieses Verfahren ist immer anzuwenden, damit Sie im Programm später den alten Zustand wiederherstellen können, bevor Sie den Speicher des Gerätekontexts wieder freigeben.

Zeile 25: Hier beginnt der eigentliche Druck. Die Funktion **StartDoc** öffnet einen Druckauftrag für den Druckmanager. Sie benutzt dazu als ersten Parameter den Bezug für den Drucker-Kontext und als zweiten die Adresse der Struktur, die Name und Ziel des Auftrages enthält.

Zeile 26,29,30+33: Der Druck einer jeden Seite startet mit der Funktion **StartPage** und endet mit der Funktion **EndPage**.

Zeile 27+28: Die Funktion **TextOut** benutzt einen Kontext, um an den Koordinaten x = 50, y = 50 einen Text mit 9 Zeichen auszugeben. Die Funktion **Rectangle** zeichnet ein Rechteck mit der linken oberen Ecke an 50,50 und der rechten unteren Ecke an 320,90. Sowohl Textout als auch Rectangle sind geräteunabhängig. Handelt es sich beim Kontexthandle um den Fensterbereich, so erscheint die Ausgabe auf dem Bildschirm, in unserem Programm eben auf dem Drucker.

Zeile 31-32: Die Funktion **BitBlt** kopiert (SRCCOPY) das Bild vom Speicher-Kontext in den Drucker-Kontext. Startposition sind die Koordinaten 50,50. Die Angaben über Breite und Höhe des Druckbereiches werden aus der BITMAP-Struktur übernommen. Der Kopiervorgang beginnt in der linken oberen Ecke des Originals (0,0).

Zeile 34: Die Funktion **EndDoc** schließt den Druckauftrag.

Zeile 37: Mit SelectObject wird der alte Zustand für den Device-Kontext wiederhergestellt.
Zeile 38: Der Device-Kontext wird freigegeben.
Zeile 39: Der Speicher für das Bild wird freigegeben.

7.3 Druck abbrechen

Die Druckausgabe unseres Beispielprogramms ist recht kurz. Daher stört es nicht, wenn der Druck versehentlich gestartet wird. Normale Programme sollten jedoch über eine Möglichkeit verfügen, den einmal gestarteten Druckvorgang wieder abzubrechen.
Windows verfügt zu diesem Zweck über eine Schnittstelle. Mit Hilfe der Funktion **SetAbortProc** können Sie Windows mitteilen, welche Funktion des Programmes den Druck überwacht und gegebenenfalls abbricht. Diese Funktion, nennen wir sie beispielsweise AbortProc, wird dann von Windows direkt aufgerufen und bekommt den Device-Kontext des Druckers und einen Druckstatuswert übergeben. Dieser Wert ist normalerweise 0. Verfügt der Druckmanager jedoch über zuwenig Festplattenspeicher, so lautet er SP_OUTOFDISK. Gibt die Funktion TRUE zurück, wird weitergedruckt, ansonsten wird der Druck abgebrochen, und Windows gibt mit dem nächsten Aufruf von EndPage und EndDoc den Fehlerwert SP_APPABORT zurück. Das Programm muß den Rückgabewert dieser Funktionen ständig prüfen und dann ggf. die Druckausgabe beenden. Eine solche Callback-Funktion wie AbortProc muß zusätzlich in der DEF-Datei nach dem EXPORT-Statement aufgeführt werden.
Im Listing wird eine einfache Abbruchfunktion gezeigt. Sie bricht den Druckauftrag ab, wenn Windows zuwenig Speicherplatz auf der Festplatte meldet.

```
int CALLBACK AbortProc(HDC hdcP, int Code)
{
        if (Code == SP_OUTOFSPACE){
                        return FALSE;
        }
        else{
                        return TRUE;
        }
}
```

Dieses Verfahren ist jedoch unüblich. In der Regel wird ein Programm ein Dialogfeld erzeugen, das dem Anwender mittels einer Schaltfläche ermöglicht, den Druckauftrag jederzeit abzubrechen. Genaugenommen stimmt diese Aussage natürlich nicht, denn das Programm beendet die Druckausgabe ja erst dann, wenn es korrekt auf den Rückgabewert von EndPage bzw. EndDoc reagiert. Erst dann nimmt es andere Befehle entgegen, und dies kann bei einer umfangreichen Grafik eine Weile dauern!

Das Dialogfeld für den Anwender muß nichtmodal sein, damit das Programm weiterarbeiten, sprich drucken kann. Die Definition für die Ressourcedatei könnte wie unten gezeigt aussehen. Der Text "Dateiname" ist nur ein Platzhalter. Er trägt eine Symbolbezeichnung, damit er vom Programm durch den tatsächlichen Dateinamen ersetzt werden kann.

```
#define IDC_FILENAME    11001

ABORTDLG DIALOG DISCARDABLE  20, 20, 137, 64
STYLE DS_MODALFRAME | WS_CAPTION | WS_SYSMENU
CAPTION "Drucken"
BEGIN
    DEFPUSHBUTTON "Abbrechen",IDCANCEL,48,44,40,14,WS_GROUP
    CTEXT         "Datei",-1,23,8,90,8
    CTEXT         "Dateiname",IDC_FILENAME,23,18,90,8
    CTEXT         "wird zum Druckmanager übertragen.",-1,5,28,126,8
END
```

Ein nichtmodales Dialogfeld benötigt eine eigene Funktion, die auf die Meldungen reagiert, die für dieses Fenster bestimmt sind. Die folgende Funktion reagiert auf zwei Meldungen, WM_INITDIALOG, die kurz vor der Anzeige des Dialogfeldes gesandt wird, und WM_COMMAND.

```
/* 1*/int CALLBACK AbbruchDlgProc(HWND hAbbruch,WORD msg, WORD wParam,
          LONG lParam)
/* 2*/{
/* 3*/    switch  (msg){
/* 4*/        case WM_INITDIALOG:
/* 5*/             SetFocus(GetDlgItem(hAbbruch, IDCANCEL));
/* 6*/             SetDlgItemText(hAbbruch,IDC_FILENAME,Datei);
/* 7*/             return TRUE;
/* 8*/        case WM_COMMAND:
/* 9*/             Drucken = FALSE;
/*10*/             return TRUE;
/*11*/    }
/*12*/    return FALSE;
/*13*/}
```

Zeile 5: Der Eingabefocus wird auf die Schaltfläche gesetzt. **GetDlgItem** ermittelt dabei den Handle der Schaltfläche IDCANCEL aus dem Dialogfeld, das durch *hAbbruch* identifiziert wird. *hAbbruch* wird durch die Funktion CreateDialog im Programm erzeugt und ist eine globale Variable.
Zeile 6: Hier wird der durch IDC_FILENAME definierte Text im Dialogfeld durch den Inhalt der Variablen *Datei* ersetzt.
Zeile 9: *Drucken* ist eine globale Variable und dient als Schalter, der anzeigt, ob weitergedruckt werden soll oder nicht. Sie wird mit TRUE initialisiert und nur bei Betätigen der Abbrechen-Taste auf FALSE gesetzt. Die Funktion, die den Druck kontrolliert, in unserem Beispiel AbortProc, muß diese Variable prüfen und FALSE zurückgeben, wenn sie FALSE enthält, denn FALSE löst den Druckabbruch aus.
Zeile 7,10+12: Die Funktion gibt TRUE zurück, wenn eine Meldung verarbeitet wurde, ansonsten FALSE.
Die Meldungen für das nichtmodale Dialogfeld für die Fensterfunktion AbbruchDlgProc laufen über die Meldungs-Warteschlange der Anwendung und müssen von der Funktion **IsDialogMessage** verarbeitet werden, damit Tastaturbedienung in gewohnter Weise möglich ist. Diese Funktion kann natürlich in die Meldungsschleife von WinMain eingebaut werden; es gibt jedoch eine bessere Lösung.
Die Druckkontrollfunktion erhält, wie bereits erwähnt, unter Umständen den Status SP_OUTOFDISK. Der Druckmanager kann aber wieder Platz schaffen, wenn er weiterarbeitet, während die Anwendung kurzzeitig keine weiteren Druckausgaben übermittelt. Wenn wir nun die Meldungswarteschlange innerhalb der Druckkon-

trollfunktion durch die Funktion **PeekMessage** abhören und Meldungen für das Dialogfeld mit IsDialogMessage verarbeiten, erreichen wir gleichzeitig zwei Dinge:

(1) Durch das Abhören der Meldungen entsteht für die Anwendung eine kurze Pause. Diese ist zwar nicht meßbar, jedoch für den Druckmanager in der Regel ausreichend.

(2) Die Meldungen werden wie gewünscht zum Dialogfeld geleitet.

Die folgende Abbildung zeigt den Meldungsablauf zwischen den Funktionen.

Meldungsfluß zwischen Funktionen

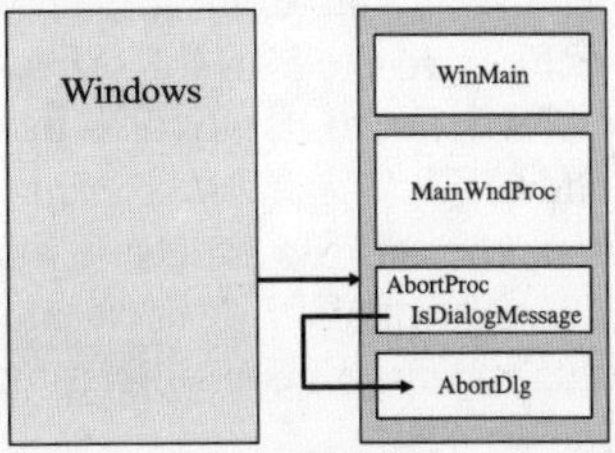

Wie muß nun unsere Druckkontrollfunktion aussehen, damit sie die Meldungen weitergibt und den globalen Schalter für den Abbruch überprüft?

```
/* 1*/int CALLBACK AbortProc(HDC hdcP, int Code)
/* 2*/{
/* 3*/ MSG msg;
/* 4*/ while(Drucken && PeekMessage(&msg,NULL,NULL,
/* 5*/                                             NULL,PM_REMOVE)){
/* 6*/      if (!IsDialogMessage(hAbbruch, &msg)){
/* 7*/         TranslateMessage(&msg);
/* 8*/         DispatchMessage(&msg);
/* 9*/      }
/*10*/ }
/*11*/ return(Drucken);
/*12*/}
```

Zeile 3: Eine Meldungsstruktur wird definiert. Sie wird als Zwischenspeicher benötigt.

Zeile 4+5: Solange weitergedruckt werden soll (Drucken ist TRUE) und Meldungen für die Anwendung verfügbar sind, wird die Schleife durchlaufen. Die Parameter von PeekMessage bewirken, daß die Meldungen in die lokale Struktur *msg* gespeichert und alle Meldungen für die Anwendung verarbeitet werden. PM_REMOVE löscht jede dieser Meldungen aus der Warteschlange, damit sie nicht zweimal verarbeitet wird.

Zeile 6: IsDialogMessage prüft den Inhalt der Struktur *msg*, ob die Meldung für das Dialogfeld bestimmt ist, und verarbeitet sie dann. *hAbbruch* ist der Bezug auf das Dialogfeld.

Zeile 7+8: Ist die Meldung für ein anderes Fenster der Anwendung bestimmt, liefert IsDialogMessage 0, und die Meldung wird übersetzt und weitergeleitet.

Zeile 11: Da der Wert der globalen Variablen genau dem notwendigen Rückgabewert der Funktion entspricht, wird die Variable *Drukken* selbst zurückgegeben. Ist *Drucken* TRUE, wird dadurch weitergedruckt, ist sie FALSE, wird abgebrochen.

Die Definitionen der beiden Funktionen können Sie an das Ende unseres Rahmenprogrammes CFWBSPL.C anhängen oder zusammen in eine eigene Datei schreiben, die dann separat compiliert und mit dem Rahmenprogramm gelinkt wird.

Unsere Datei prg7_1.h muß um zwei Variablen ergänzt werden.

```
BOOL Drucken;                  /* Schalter für Abbruch */
HWND hAbbruch;                 /* Handle für Dialogfenster */
```

Unsere Druckroutine muß noch geändert werden, damit das Programm die Abbruchfunktion auch korrekt benutzen kann.

```
/* prg7_3.inc */
/*  2*/ {
/*  3*/ DOCINFO di;
/*  4*/ HDC hdcMemory;
/*  5*/ HBITMAP hBitmap,hOldBitmap;
/*  6*/ BITMAP Bitmap;
/*  7*/ int Status;
/*  8*/ FARPROC lpAbbruchDlg,lpAbbruchProc;
/*  9*/
/* 10*/      pd.lStructSize    = sizeof(PRINTDLG);
/* 11*/      pd.hwndOwner      = hWnd;
/* 12*/      pd.hDevMode       = NULL;
/* 13*/      pd.hDevNames      = NULL;
/* 14*/      pd.Flags          = PD_RETURNDC;
/* 15*/      pd.nCopies        = 1;
/* 16*/
/* 17*/      di.cbSize=sizeof(DOCINFO);
/* 18*/      di.lpszDocName="Test";
/* 19*/      di.lpszOutput=NULL;
/* 20*/
/* 21*/      hdcMemory = CreateCompatibleDC(pd.hDC);
/* 22*/      hBitmap   = LoadBitmap(hInst,"Bild");
/* 23*/      GetObject(hBitmap, sizeof(BITMAP), &Bitmap);
/* 24*/      hOldBitmap= SelectObject(hdcMemory,hBitmap);
/* 25*/
/* 26*/      PrintDlg((LPPRINTDLG)&pd);
/* 27*/
/* 28*/      lpAbbruchDlg=MakeProcInstance(AbbruchDlgProc,hInst);
/* 29*/      lpAbbruchProc=MakeProcInstance(AbortProc,hInst);
/* 30*/      SetAbortProc(pd.hDC,lpAbbruchProc);
/* 31*/
/* 32*/      StartDoc(pd.hDC,&di);
/* 33*/
/* 34*/      Drucken=TRUE;
/* 35*/      strcpy(Datei,(PSTR)di.lpszDocName);
/* 36*/      hAbbruch=CreateDialog(hInst,"ABORTDLG",
/* 37*/                            hWnd,lpAbbruchDlg);
/* 38*/      ShowWindow(hAbbruch,SW_SHOWNORMAL);
/* 39*/      EnableWindow(hWnd,FALSE);
/* 40*/
/* 41*/      StartPage(pd.hDC);
/* 42*/      TextOut(pd.hDC,50,50,"TESTDRUCK",9);
/* 43*/      Rectangle(pd.hDC,50,90,625,105);
/* 44*/      Status = EndPage(pd.hDC);
/* 45*/      if (Status >= 0 && Drucken){
/* 46*/          StartPage(pd.hDC);
/* 47*/          BitBlt(pd.hDC,50,50,Bitmap.bmWidth,Bitmap.bmHeight,
/* 48*/                 hdcMemory,0,0,SRCCOPY);
/* 49*/          EndPage(pd.hDC);
/* 50*/          EndDoc(pd.hDC);
/* 51*/      }
/* 52*/
/* 53*/     EnableWindow(hWnd,TRUE);
/* 54*/     DestroyWindow(hAbbruch);
/* 55*/     FreeProcInstance(lpAbbruchDlg);
/* 56*/     FreeProcInstance(lpAbbruchProc);
/* 58*/     DeleteDC(pd.hDC);
/* 59*/     SelectObject(hdcMemory, hOldBitmap);
/* 60*/     DeleteDC(hdcMemory);
/* 61*/     DeleteObject(hBitmap);
/* 63*/     if (pd.hDevMode != NULL) GlobalFree(pd.hDevMode);
/* 64*/     if (pd.hDevNames != NULL) GlobalFree(pd.hDevNames);
/* 65*/  }
```

Die Änderungen stecken in folgenden Zeilen:

Zeile 7: Die Variable *Status* speichert das Ergebnis von EndPage. Sie ist vom Typ int, da das Ergebnis negativ, null und positiv sein kann.

Zeile 8: Die beiden Pointer auf die Druckkontrollfunktion und die Dialogfunktion werden definiert.

Zeile 28: Mit MakeProcInstance wird die Startadresse der Dialogfunktion ermittelt.

Zeile 29: Die Adresse der Druckkontrollfunktion wird bestimmt.

Zeile 30: Die Funktion SetAbortProc legt für Windows die Funktion fest, die den Druck abbrechen kann. Sie erhält als ersten Parameter den Gerätekontext des Druckers und als zweiten die Startadresse der entsprechenden Funktion.

Zeile 34: Die globale Schaltervariable wird mit TRUE initialisiert, damit gedruckt werden kann.

Zeile 35: Der Dateiname wird in die Struktur für den Druckauftrag eingetragen.

Zeile 36+37: In *hAbbruch* wird der Fensterbezug des Dialogfensters gespeichert, das durch CreateDialog erzeugt wird. Die Parameter bestimmen der Reihe nach die Instanz, die Ressourcedefinition des Dialogfeldes, das Elternfenster und die Startadresse der Fensterfunktion.

Zeile 38: Das erzeugte Dialogfeld wird in Fenstergröße angezeigt.

Zeile 39: Das Elternfenster wird deaktiviert.

Zeile 44: Das Ergebnis der Funktion EndPage wird ausgewertet.

Zeile 45: Nur wenn kein Fehler aufgetreten ist und die Schaltervariable noch nicht geändert wurde, darf weitergedruckt werden. Nur dann dürfen auch die Funktionen EndPage und EndDoc benutzt werden.

Zeile 53: Das Elternfenster wird wieder aktiviert.

Zeile 54: Das Dialogfenster wird entfernt.

Zeile 55+56: Der Zugriff auf die Funktionen wird wieder deaktiviert.

Die beiden Funktionen für die Druckerkontrolle und das Dialogfeld müssen, wie bereits erläutert, exportiert werden. Die DEF-Datei unseres Beispielprogramms muß also geändert werden.

```
AbbruchDlgProc      @2
AbortProc           @3
```

7.4 Drucker-Eigenschaften ermitteln

In vielen Fällen benötigt Ihr Programm Angaben über die Fähigkeiten des installierten Druckers. Zu diesen Fähigkeiten gehören unter anderem die Druckzeilen je Seite, die Druckertreiberversion, der Druckertyp und anderes. Die Funktion **GetDeviceCaps** ermittelt diese Angaben. Sie ist deklariert als

```
int GetDeviceCaps(HDC hdc, int iCapability)
```

Folgendes Beispiel ermittelt die Anzahl Druckzeilen pro Seite eines Druckers:

```
ZeilenProSeite = GetDeviceCaps(pd.hDC,VERTRES);
```

VERTRES ist als Symbol in windows.h definiert. Die Funktion kann jedoch die Fähigkeiten nicht nur von Druckern, sondern von allen Geräten ermitteln. Für einen Bildschirm würde das Beispiel die Anzahl Rasterlinien des Bildschirms ermitteln.
Ein weiteres Beispiel liefert die Versionsnummer des Druckertreibers:

```
DrVersion = GetDeviceCaps(pd.hDC,DRIVERVERSION);
```

In beiden Beispielen liefert die Funktion direkt das gewünschte Ergebnis. In anderen Fällen kann die Funktion aber auch einzelne unterschiedliche Werte liefern, wie beispielsweise den Druckertyp:

```
DrTyp = GetDeviceCaps(pd.hDC,TECHNOLOGY);
switch (DrTyp) {
case DT_PLOTTER
        ...
case DT_RASPRINTER
...
}
```

In anderen Fällen kann die Funktion gleichzeitig verschiedene Eigenschaften ermitteln, wie beispielsweise bei den Rastereigenschaften:

```
DrRaster = GetDeviceCaps(pd.hDC,TEXTCAPS);
if (DrRaster & RC_PALETTE){
.....
}
```

In solchen Fällen sind die Eigenschaften bit-codiert und werden durch logisches bitweises UND ermittelt. Das Beispiel ermittelt, ob der Drucker Farben unterstützt.

7.5 Seiten- und Zeilenparameter ermitteln

Beim Drucken von Texten müssen Sie Zeile für Zeile beispielsweise mit TextOut ausgeben (siehe auch Kapitel 4.5). Textout benötigt dann folgende Parameter:

```
TextOut(Handle, x, y, zeile, zeilenlänge);
```

Dabei müssen Sie kontrollieren, ob das Seitenende erreicht wird. Daher müssen vorher verschiedene Parameter ermittelt werden. Hierzu gehören:

- die Seitengröße in Zeilen,
- die Fontmerkmale,
- der Zeilenabstand,
- die Gesamtzahl zu druckender Zeilen,
- die Zeilenlänge, und

zusätzlich muß natürlich jeweils die nächste Zeile aus dem Textpuffer extrahiert werden.
Wie die Seitenlänge in Zeilen ermittelt wird, haben Sie im Abschnitt 7.4 kennengelernt.
Die Fontmerkmale und der Zeilenabstand hängen eng zusammen, denn letzterer wird unter anderem durch die Größe der Buchstaben bestimmt. Um Fontmerkmale zu ermitteln, benutzen Sie die Funktion **GetTextMetrics**. Sie füllt eine spezielle Struktur vom Typ TEXTMETRIC mit allen Angaben. Die Elemente der Struktur können danach abgefragt werden.

Beispiel:

```
TEXTMETRIC tm;
....
GetTextMetrics(pd.hDC,&tm);
```

Die Struktur enthält unter anderem folgende Elemente:

```
int  tmHeight;              /* Zeichenhöhe */
int  tmExternalLeading;     /* vert. Abstand */
BYTE tmBreakChar;           /* Leerzeichen */
BYTE tmPitchAndFamily;      /* Fonttyp */
BYTE tmCharSet;             /* Zeichensatz */
```

Anmerkung: Diese Struktur unterstützt keine TrueType Fonts!

Aus diesen Daten kann der Zeilenabstand ermittelt werden:

ZAbstand = tm.tmHeight + tm.tmExternalLeading;

Wie erhalten Sie nun die Gesamtzahl zu druckender Zeilen sowie die Zeilenlänge? In der Regel ist der Datenpuffer, der den zu druckenden Text enthält, mit einem Edit-Control verbunden. Dieses Edit-Control wird vorher mit

hEd = CreateWindow("EDIT", ...)

erzeugt (siehe Kapitel 5.3) und durch

SendMessage(hEd,EM_SETHANDLE,hPuffer,0L);

mit einem Speicherbereich verknüpft. *hPuffer* kann beispielsweise der Speicherbereich sein, in den eine Datei eingelesen wurde. Diesem Edit-Control können zwei Meldungen durch SendMessage übermittelt werden, woraufhin einmal die Anzahl Zeilen geliefert und ein anderes Mal eine Zeile extrahiert und ihre Länge ermittelt wird.
Auf die Meldung EM_GETLINECOUNT hin wird die Anzahl Zeilen geliefert:

ZAnzahl = SendMessage(hEd,EM_GETLINECOUNT,0,0L);

Die Meldung EM_GETLINE extrahiert eine Zeile und bestimmt ihre Länge:

ZL = SendMessage(hEd,EM_GETLINE,(WORD)ZNum,(LONG)((LPSTR)Zeile));

Der vierte Parameter der Meldung (lParam) ist hier ein Pointer auf eine Zeichenkette, in die die extrahierte Zeile gespeichert wird. Diese Zeichenkette muß groß genug sein, um die längste Zeile aufzunehmen.
Die so bestimmten Parameter können nun für TextOut verwendet werden:

TextOut(pd.hDC,0,AZ*ZAbstand,(LPSTR)Zeile,ZL);

druckt den Inhalt von Zeile genau auf die richtige Zeilenposition, die sich aus der Zeilennummer der Seite (AZ), multipliziert mit der Zeilenhöhe, ergibt.
Ein Seitenwechsel kann nun folgendermaßen durchgeführt werden:

```
AZ = 1;
for (ZNum = 0,ZNum < ZAnzahl, ZNum++){
    Zeile[0]=128;
    Zeile[1]=0;
    ZL = SendMessage(hEd,EM_GETLINE,(WORD)ZNum,(LONG)((LPSTR)Zeile));
    TextOut(pd.hDC,0,AZ*ZAbstand,(LPSTR)Zeile,ZL);
    if (++AZ > ZAnzahl) {
        Status = EndPage(pd.hDC);
        AZ = 1;
        if (Status < 0 || !Drucken) break;
        StartPage(pd.hDC);
    }
}
```

Die beiden Zeilen 3 und 4 im obigen Beispiel setzen die ersten zwei Byte des Buffers auf 128 (niederwertiges Byte zuerst). Dies wird vom Edit-Control ausgewertet, damit sichergestellt ist, daß der Buffer nicht überläuft.

7.6 Zusammenfassung

Fassen wir noch einmal das Wichtigste zusammen.

(1) Die Struktur PRINTDLG wird in Verbindung mit der Funktion PrintDlg benutzt, um das Dialogfeld für den Druck oder die Druckereinrichtung anzuzeigen. Sie wird nach OK aktualisiert.

(2) Spezielle Funktionen verwalten die Druckausgaben. Sie müssen in folgender Folge eingesetzt werden:
StartDoc
StartPage
....
Endpage
....
StartPage
....

Endpage
EndDoc

(3) Die Funktionen, die die Ausgaben auf dem Bildschirm erzeugen können, erzeugen Druckausgaben, wenn sie einen Device-Kontext-Handle auf einen Drucker als Parameter erhalten.

(4) Die Funktion SetAbortProc definiert gegenüber Windows, welche Prozedur den Druck abbrechen kann. Diese Prozedur muß FALSE für den Abbruch liefern.

8 HILFEDATEIEN

8.1 Das Windows-Hilfesystem

Zur Philosophie von Windows gehört es, daß alle Programme in möglichst einheitlicher Form bedient werden können. Das bedeutet auch, daß die Hilfefunktionen aller Programme möglichst ähnlich arbeiten sollten.
Zu diesem Zweck bietet Windows eine sogenannte "Help Engine", die den Zugriff auf spezielle Hilfedateien erlaubt. Der Programmname dieser Help Engine ist **winhelp.exe**.

Zur Erstellung der Hilfedateien werden die Helpcompiler **hc31**.exe bzw. **hcp**.exe benutzt. Der Compiler hcp muß statt des hc31 eingesetzt werden, wenn die Größe der Hilfedatei einige hundert KByte überschreitet. Mit dem hcp sind Dateigrößen von einigen MByte möglich. Für Windows 3.0 wird der Compiler **hc30**.exe bzw. die ältere Version **hc**.exe eingesetzt.
Da mit dem hc31 (hcp) einige neue Funktionen für Hilfetexte hinzugekommen sind, sollte man nach Möglichkeit nur den neuen Compiler verwenden. Beachten Sie jedoch, daß in diesem Fall auch die neueste Version von winhelp.exe (wird mit Windows 3.1 ausgeliefert) benutzt werden muß, um die neuen Hilfetexte nutzen zu können. Die folgenden Abbildungen zeigen das Aussehen der Hilfefenster von Windows 3.0 und 3.1.

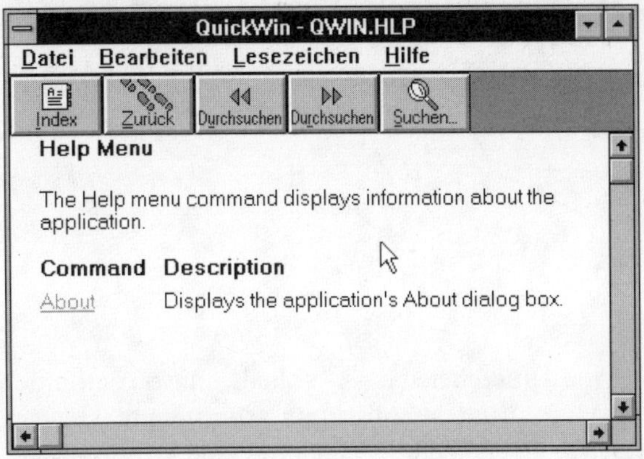

Die alten Hilfetexte können in der neuen Version der Help Engine natürlich weiterhin verwendet werden.

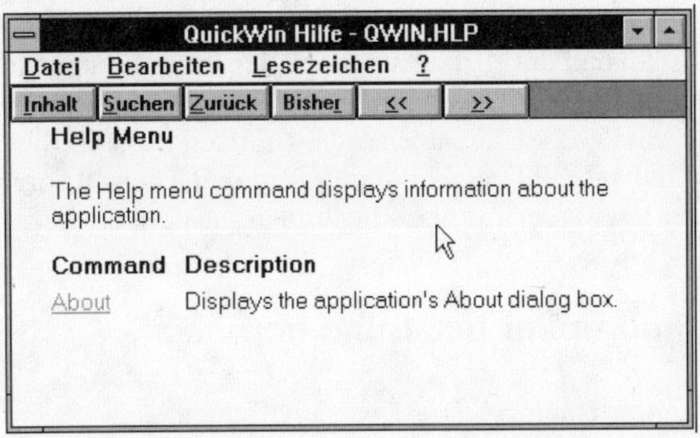

Der Grundgedanke des Hilfesystems von Windows ist, daß die Informationen zu kurzen Themen zusammengefaßt und auf vielfältige Art untereinander verknüpft werden. Zwischen den einzelnen Seiten kann der Benutzer nach Belieben hin- und herspringen, wodurch er zu jedem Punkt bei Bedarf weiterführende Informationen abrufen kann. Dokumente, die auf solche Art verknüpft sind, werden Hypertexte genannt.

Verknüpfungen einer Hilfedatei

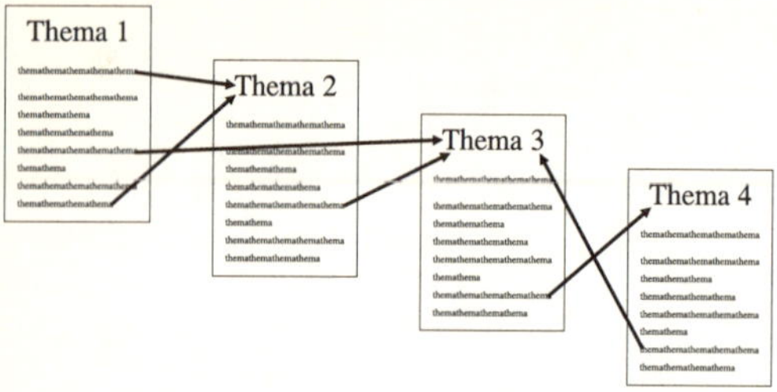

Bei der Erstellung von Hilfedateien hat es sich als sinnvoll herausgestellt, die gesamte Hilfe in kleine Abschnitte, sogenannte Themen aufzuteilen. Die Größe eines Themas sollte etwa eine DIN-A4-Seite nicht überschreiten. Abgesehen von **bmc**-, **bml**- und **bmr**-Kommandos (siehe Kapitel 8.4.1) darf das Thema 64 KB nicht überschreiten. Jedes Thema sollte eine Überschrift bzw. einen Titel haben. Des weiteren erleichtert ein Gesamtinhaltsverzeichnis die Arbeit des Benutzers erheblich.
Ihre Aufgabe besteht nun darin, die Aufteilung der Informationen in einzelne Themen und die Verknüpfung der einzelnen Abschnitte zu gestalten. Zu diesem Zweck ist es ab einer bestimmten Projektgröße empfehlenswert, die Vielzahl der Verknüpfungen und Themen sorgfältig zu dokumentieren, um Test und Pflege zu erleichtern.

8.2 Die Hilfecompiler hc31 und hcp

Um Informationen in einem Hilfetext wiederzufinden, stehen dem Benutzer eine Reihe von Möglichkeiten zur Verfügung. Zu diesen Optionen zählen unter anderem:
(1) Sprünge zwischen Themen
(2) Pop-Up-Fenster mit Begriffsdefinitionen
(3) Begriffe und Themen suchen
(4) Suchsequenzen verwenden
(5) Lesezeichen setzen
(6) Bemerkungen zu Themen speichern
Die Optionen 5 und 6 (Lesezeichen und Bemerkungen) stehen automatisch in jedem Hilfetext zur Verfügung. Bei den Punkten 1 bis 4 müssen Sie selbst dafür sorgen, daß diese funktionieren.

Der Helpcompiler erwartet als Eingabedatei einen Text im sogenannten *Rich Text Format* (RTF). Daher sind grundsätzlich alle Textverarbeitungen zur Erstellung von Hilfedateien geeignet, die dieses Format unterstützen. Des weiteren sollte eine Fußnotenverwaltung vorhanden sein, und das einfache und doppelte Unterstreichen von Textstellen muß möglich sein. In den Beispielen dieses Kapitels haben wir als Textverarbeitung Winword 2.0 benutzt; es ist jedoch jede Textverarbeitung einsetzbar, die die oben genannten Kriterien erfüllt. Sollten Sie keine entsprechende Textverarbeitung zur Verfügung haben, können Sie die Hilfetexte auch direkt im RTF-Format eingeben. Die folgende Abbildung stellt in den beiden obersten Zeilen einen normalen Text und im unteren Teil der Abbildung einen Teil des gleichen Textes im RTF-Format dar.

```
Dieser·Text·ist·fett,·unterstrichen·und·mit·einer·1Fußnote·
versehen.¶
***************************************************************************¶
...·{\info{\creatim\yr1992\mo12\dy27\hr19\min17}{\version1}¶
{\edmins0}{\nofpages0}{\nofwords0}{\nofchars0}{\vern16423}}\pape
rw11907\paperh16840\margl1701\margr1985\margt2041\margb17
01\gutter0·\deftab708\widowctrl\ftnbj\hyphhotz425·\sectd·
\linex0\headery709\footery709\colsx709\endnhere·\pard\plain·
\f3\lang1031·{¶
\f2\fs28·Dieser·Text·ist·}{\b\f2\fs28·fett}{\f2\fs28·,·}{\f2\fs28\ul·
unterstrichen}{\f2\fs28··und·mit·einer·}{\f2\fs28\up6·\chftn·{\footnote·
\pard\plain·\s245·\f3\fs20\lang1031·{\fs16\up6·\chftn·}Der·
Fu\'dfnotentext}}{\f2\fs28·Fu\'dfnote·versehen.}{¶
\f2\fs28·¶
\par·}¶
\par·}¶
```

Da es jedoch sehr umständlich ist, direkt im RTF-Format zu arbeiten, wird sich diese Vorgehensweise auf Ausnahmen beschränken.

8.3 Eine Hilfedatei erstellen

Nachdem Sie die Hilfedatei gedanklich in Themen gegliedert und die Verknüpfungen bestimmt haben, können Sie beginnen, den Hilfetext zu erstellen. Um die einzelnen Themen gegeneinander abzugrenzen, werden harte Seitenumbrüche verwendet (in Winword können diese Umbrüche mit [Strg]+[↵] erzeugt werden).

Damit die Informationen wiedergefunden werden können, muß der Anfang eines Themas markiert werden. Eine solche Markierung wird

mit Hilfe von Fußnoten realisiert. Es können 6 verschiedene Fußnoten verwendet werden; jede dient einer speziellen Aufgabe. Beachten Sie, daß die Fußnoten in der Regel direkt unter dem vorigen Seitenumbruch erscheinen müssen! Es darf nicht einmal eine Zeilenschaltung dazwischen sein! Als Fußnotenzeichen werden nicht wie sonst üblich Zahlen verwendet, sondern spezielle Zeichen.
Mit anderen Worten: Ein Thema beginnt mit einer oder mehreren Fußnoten und endet mit einem harten Seitenumbruch.

8.3.1 Sprünge zwischen Themen (#)

Die wichtigste Eigenschaft der Hilfetexte ist es, Sprünge zwischen einzelnen Themen zu ermöglichen. Diese Sprungstellen werden von der Help Engine (winhelp.exe) grün und unterstrichen dargestellt. Sobald sich der Mauszeiger über dieser Stelle befindet, ändert sich seine Form in eine Hand. Damit wird angedeutet, daß man an dieser Stelle durch Klicken weiterspringen kann (siehe folgende Abbildung).
Da in der Regel ein Thema eine oder mehrere Sprungstellen hat, ist es auf diese Weise möglich, nach den eigenen Bedürfnissen in den Themen hin- und herzuwandern, um alle gewünschten Informationen zu bekommen.

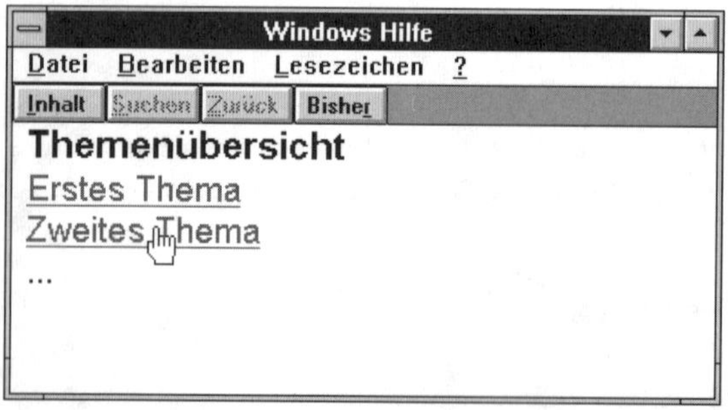

Zur Markierung einer solchen Sprungstelle im Originaltext geht man folgendermaßen vor: Die Absprungstelle, die im fertigen Hilfetext grün und unterstrichen markiert ist, wird im Ursprungstext doppelt unterstrichen. Damit der Compiler feststellen kann, wohin der Sprung gehen soll, wird direkt hinter dem doppelt unterstrichenen

Begriff ein sogenannter **Kontextstring** eingegeben, der mit der Nummernzeichen-Fußnote (#) des gewünschten Themas verbunden ist. Dieser Kontextstring wird anschließend verborgen formatiert.

Beispiel:
"Angenommen, dieses Buch läge als Windows-Hilfetext vor, dann wäre das Wort **Kontextstring** grün und unterstrichen markiert. Durch Anklicken würde zu einem Kapitel mit ausführlichen Erklärungen zu diesem Begriff gesprungen."
Im Originaltext könnten die beiden obigen Sätze so aussehen:
"Angenommen, dieses Buch läge als Windows-Hilfetext vor, dann wäre das Wort Kontextstring*W_KONTEXT_05* grün und doppelt unterstrichen markiert. Durch Anklicken würde zu einem Kapitel mit ausführlichen Erklärungen zu diesem Begriff gesprungen."
Der kursiv dargestellte, willkürliche Kontextstring W_KONTEXT_05 wäre im Originaltext natürlich verborgen formatiert.

Hinweis: Achten Sie darauf, daß nur genau der Kontextstring verborgen formatiert ist und nicht beispielsweise auch ein folgendes Leerzeichen!

Fügen Sie dann die Nummernzeichen-Fußnote (#) zu Beginn des Themas ein, auf das dieser Kontextstring verweisen soll. Als Text der Fußnote geben Sie den Kontextstring ein. Er kann nun benutzt werden, um von beliebigen Stellen der Hilfedatei zu diesem Thema zu springen. Erlaubte Zeichen für einen Kontextstring sind Buchstaben (außer den Umlauten), Ziffern und der Unterstrich (_). Dabei darf jeder Kontextstring in einer Hilfedatei nur einmal vorkommen. In der folgenden Abbildung werden beispielsweise die Kontextstrings "THEMA_001" und "STICHW005" verwendet.

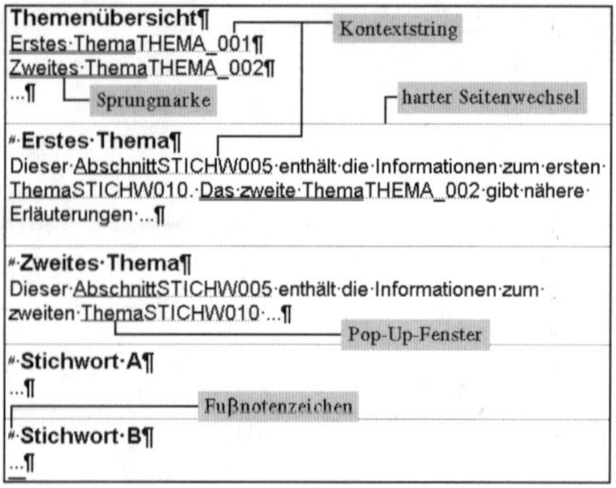

In der obigen Abbildung sind insgesamt 4 verschiedene Kontextstrings eingegeben worden. In der Fußnotenansicht von Winword 2.0 sehen sie wie im folgenden Bild aus:

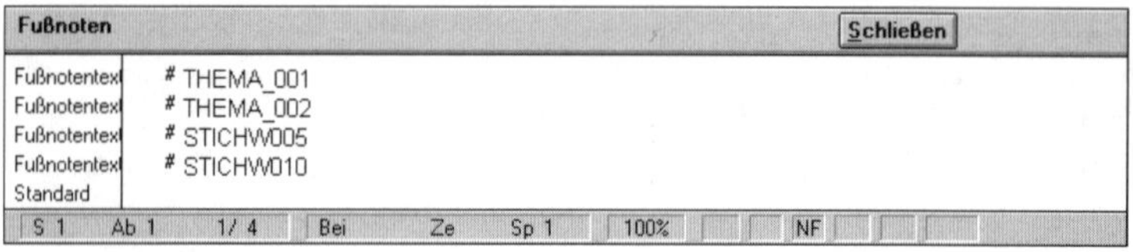

8.3.2 Pop-Up-Fenster

Neben den Sprüngen können Kontextstrings noch für sogenannte Pop-Up-Fenster verwendet werden. Pop-Up-Fenster dienen in der Regel dazu, Begriffe innerhalb eines Themas kurz zu erläutern. Sie enthalten meist nur wenige Sätze. In der fertigen Hilfedatei sind sie daran zu erkennen, daß sie grün dargestellt und gepunktet unterstrichen sind. Im folgenden Beispiel ist die Sprungmarke ”Thema” angeklickt worden, worauf das zugehörige Pop-Up geöffnet wurde.

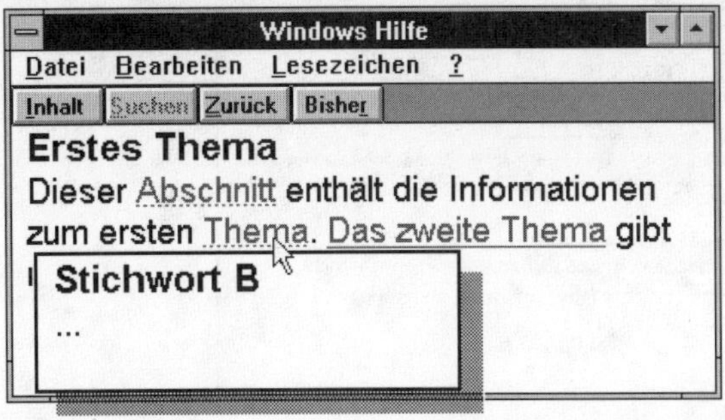

Zu diesen Pop-Ups werden ebenfalls Sprünge ausgeführt, nur daß man nicht weiterspringen kann, sondern durch Drücken einer Taste oder der Maus an den Ausgangspunkt zurückkehrt. Die Unterscheidung, ob es sich um einen Sprung oder ein Pop-Up-Fenster handelt, wird einzig und allein dadurch festgelegt, wie die Sprungmarke unterstrichen ist. Soll das Sprungziel ein eigenständiges Thema sein, wird die Absprungstelle im Ursprungstext doppelt unterstrichen. Soll es als Pop-Up-Fenster behandelt werden, wird die Sprungmarke einfach unterstrichen. Es ist somit durchaus möglich, ein Sprungziel in einem Hilfetext einmal als eigenständiges Thema zu behandeln und an anderer Stelle als Pop-Up. Beispiele für Pop-Up-Fenster sind die Begriffe *Abschnitt* und *Thema* im ersten und zweiten Kapitel der vorigen Abbildung.

8.3.3 Titel ($)

Mit der Fußnote **Dollarzeichen** ($) können Sie einem Thema einen Titel zuweisen. Obwohl ein Titel nur dann unbedingt nötig ist, wenn Sie auch die Suche über Schlüsselwörter (siehe Kapitel 8.3.4) erlauben wollen, empfiehlt es sich auf jeden Fall, dem Thema einen Titel zu geben. Das Fußnotenzeichen ($) muß wieder direkt hinter dem vorhergehenden harten Seitenumbruch (auf der ersten Seite direkt zu Seitenbeginn) stehen. Ob Sie es vor oder unter die anderen Fußnotenzeichen setzen, ist gleichgültig. Als Text dieser Fußnote geben Sie den Titel dieses Themas ein. Es ist sinnvoll, als Titel den gleichen Text zu wählen, den Sie auch als Überschrift des Themas gewählt haben.

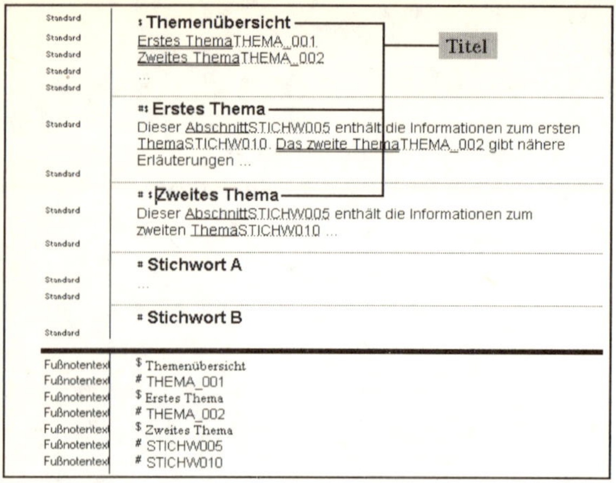

Die Titel werden nicht nur bei der Suche über Schlüsselwörter, sondern auch bei der Auflistung der bisherigen Themen benutzt. Unter diesem Menüpunkt werden die letzten 40 ausgewählten Themen angezeigt.

Wird ein Thema nicht mit einem Titel versehen, so erscheint hier der Text >> Thema ohne Titel <<.

8.3.4 Schlüsselwörter (K)

Mit dem **Buchstaben K** legen Sie Schlüsselwörter fest, mit deren Hilfe man bestimmte Themen schnell finden kann. Die Schlüsselwörter haben die gleiche Funktion wie ein Stichwortverzeichnis eines Buches. Geben Sie auch hier wieder das Fußnotenzeichen, in diesem Fall ein K, zu Beginn der Seite ein. Als Fußnotentext werden jetzt alle Schlüsselwörter eingegeben, die sich auf dieses Thema beziehen. Die einzelnen Schlüsselwörter werden durch Semikolons getrennt.

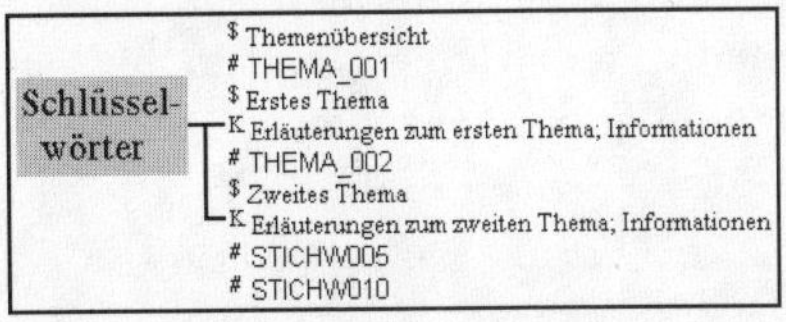

Das folgende Bild zeigt das Ergebnis der im vorigen Bild dargestellten Schlüsselwörter.

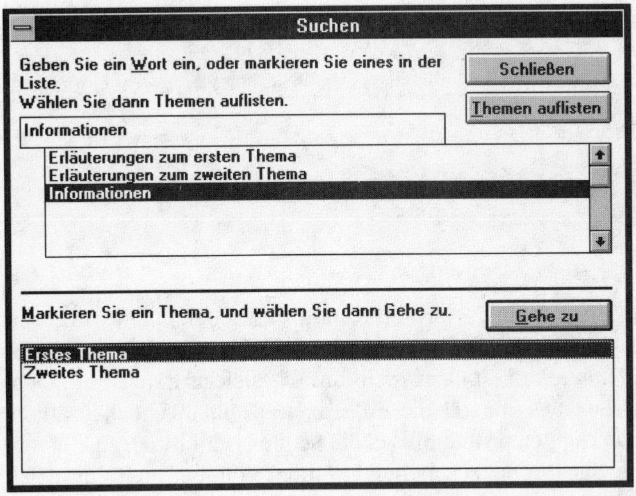

Wie Sie sehen, sind zum Schlüsselwort *Informationen* zwei Themen vorhanden, die im unteren Teil des Fensters angezeigt werden.

8.3.5 Suchsequenzen festlegen (+)

Suchsequenzen können festgelegt werden, um zusammengehörende Themen durchzublättern. Als Fußnotenzeichen wird das **Pluszeichen** (+) verwendet. Der Fußnotentext sollte sich aus einem Text- und einem Ziffernteil zusammensetzen. Mit dem Textteil wird festgelegt, zu welcher Sequenz das Thema gehört, und der Ziffernteil legt die Reihenfolge fest. Text- und Ziffernteil werden durch Doppelpunkt getrennt. Folgende Beispiele zeigen gültige Sequenznamen:

KapitelA:005
win_men:025
Demos:010

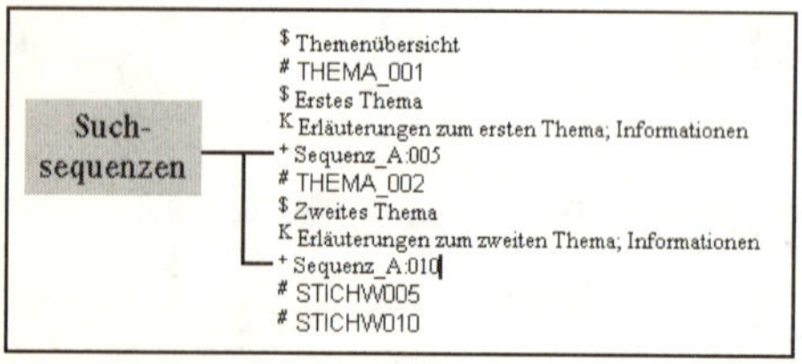

Beachten Sie, daß der Ziffernteil nicht als Zahl behandelt wird, sondern nach seinem Codewert sortiert wird. Daher müssen die Ziffernteile mit Nullen aufgefüllt werden, um die gleiche Länge zu haben. Des weiteren ist es sinnvoll, die Ziffern jeweils um 005 hochzuzählen, um weitere Themen problemlos in die Sequenz einordnen zu können. Damit die Suchsequenzen benutzt werden können, muß zusätzlich noch das Makro *BrowseButton* in die HPJ-Datei (siehe Kapitel 8.6) eingefügt werden.

Daraufhin werden in der Symbolleiste die beiden Schaltflächen zum Blättern angezeigt.

8.3.6 Überschriften fixieren

Bei längeren Hilfetexten ist es hilfreich, wenn man den Titel des Themas immer vor Augen hat. Dies läßt sich einfach durch eine spezielle Formatierung der Überschrift erreichen. Bei Winword 2.0 markiert man dazu die Überschrift und wählt aus dem Menü Format den Befehl Absatz. Hier schaltet man die Optionsschaltfläche *Absätze nicht trennen* ein. Das Ergebnis nach dem Compilieren ist eine fixierte Überschrift (non-scrolling region), wie in dem folgenden Bild zu sehen.

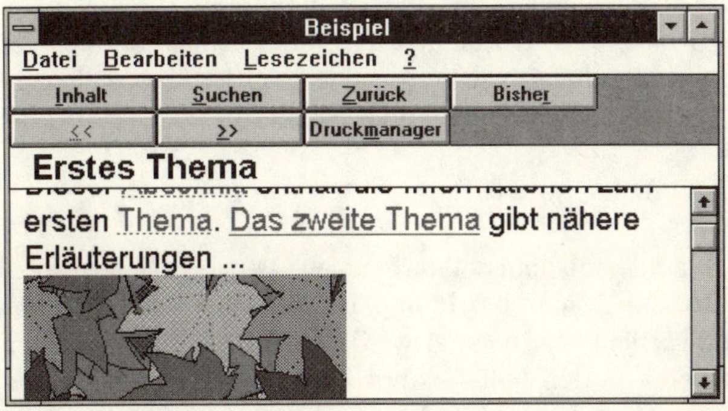

Im Beispiel ist die Überschrift *Erstes Thema* fixiert worden. Das heißt, daß der Rest des Fensterinhalts normal gerollt werden kann, während die Überschrift immer stehen bleibt.

8.3.7 Zeilenumbruch verhindern

Die Breite des Hilfetextes variiert mit der Breite des Hilfefensters. WINHELP.EXE bricht den Text bei Änderung der Fensterbreite automatisch um. Ist dieses Verhalten unerwünscht, kann man z. B. geschützte Leerzeichen innerhalb dieses Abschnitts benutzen oder Tabellen einfügen.

8.3.8 Makros starten (!)

Das Ausrufezeichen (!) als Fußnote dient dazu, ein Makro einem Thema zuzuordnen. Makros sind vorgefertigte Funktionen, die zum Beispiel das Hinzufügen von zusätzlichen Schaltflächen oder Menübefehlen ermöglichen. Als Fußnotentext wird der Name des Makros angegeben, das gestartet werden soll. Eine ausführliche Beschreibung der Makros finden Sie in Kapitel 8.7.

8.3.9 Symbolische Namen vergeben (*)

Das Sternchen (*) als letztes Fußnotenzeichen hat ebenfalls nichts mit dem Wiederfinden der Informationen zu tun, sondern dient der Verwaltung des Hilfetextes. Das Sternchen muß als erste Fußnote am Anfang eines Themas stehen, alle anderen Fußnotenzeichen können in beliebiger Reihenfolge erscheinen. Als Fußnotentext können ein oder mehrere symbolische Namen vergeben werden. Bei mehreren Namen werden diese durch Semikolon getrennt.

```
* DEMO; TEST; MASTER
```

Mit dieser Fußnote kann man unterschiedliche Versionen einer Hilfedatei erzeugen, indem man bestimmte Themen mit einem symbolischen Namen versieht, der benutzt werden kann, um dieses Thema beim Compilieren in den Hilfetext aufzunehmen oder auszuschließen. Wie das im einzelnen zu bewerkstelligen ist, finden Sie in Kapitel 8.6.

Hinweis: Bedenken Sie, daß der Helpcompiler nicht nur für Hilfetexte zu Programmen verwendet werden kann. Ein sinnvoller Einsatz ist auch für alle anderen Arten von Informationen denkbar, die auf einem Rechner zur Verfügung stehen sollen, wie beispielsweise Telefonlisten, Fahrpläne und Umsatzzahlen.

8.4 Grafiken einbinden

Grafiken können in Form von Bitmap-Dateien in Hilfedateien eingebunden werden. Die Grafiken können schwarzweiß oder farbig sein. Dabei sollten Sie allerdings berücksichtigen, daß Farbe die Größe der Hilfedatei stark ansteigen läßt.
Neben einfachen Bildern, die der Illustration dienen, können Bitmaps auch als Sprungstellen zu einem Thema verwendet werden, wie in der folgenden Abbildung zu sehen ist.

Auf diese Weise ist es z. B. möglich, eigene Schaltflächen in der Hilfedatei zu erzeugen. Das Programm, mit dem man Bereiche einer Bitmap als Sprungstellen definiert, heißt bei Microsoft SHED.EXE, der Hotspot-Editor (siehe Kapitel 8.4.2).

8.4.1 Bitmap-Grafiken

Um Bitmaps in Hilfedateien einzubinden, haben Sie prinzipiell zwei Möglichkeiten. Entweder Sie übertragen die Bitmap mit Hilfe der Zwischenablage in den Text. Diese Methode funktioniert zum Beispiel bei Winword am einfachsten.

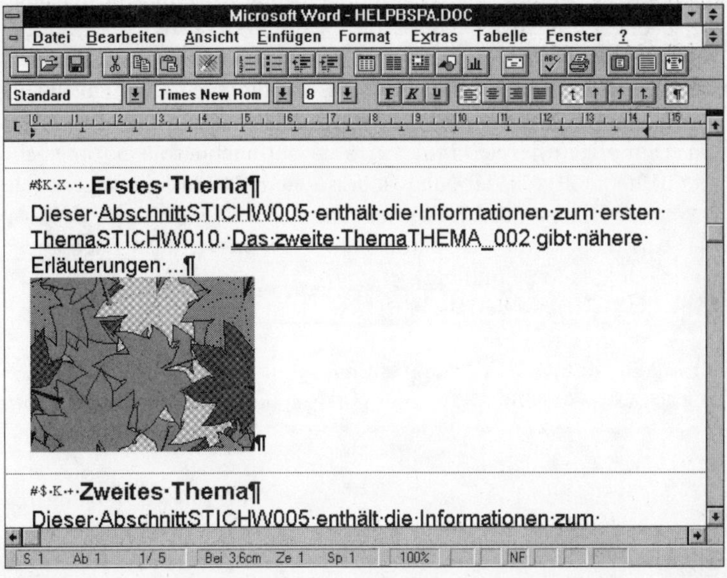

Die zweite Möglichkeit muß dann verwendet werden, wenn die Textverarbeitung das Einbinden von Grafik nicht erlaubt. In diesem Fall werden die Kommandos **bml**, **bmc** und **bmr** benutzt.

Beispiel:
{bml blaetter.bmp}
{bmc arkaden.bmp}

Vor den Namen der Bitmap (Endung bmp) setzt man **bml**, wenn die Grafik links des Textes erscheinen soll. Mit **bmc** wird die Grafik wie ein Zeichen behandelt und kann so in Fließtext eingebaut werden. Schließlich wird ein Bild mit **bmr** rechts von eventuell vorhandenem Text positioniert. Die gesamte Angabe ist von geschweiften Klammern umgeben. Beachten Sie bitte, daß die Dateinamen ohne Pfad angegeben werden. Die Dateien werden durch die Angaben in den Abschnitten BITMAP bzw. BMROOT gefunden (siehe Kapitel 8.6).

8.4.2 Hotspot-Grafiken

Um eine Bitmap-Grafik als Sprungstelle benutzen zu können, muß man in folgenden Schritten vorgehen:

(1) Eine Zeichnung erstellen und als Bitmap (Endung BMP) speichern. Zum Erstellen der Grafik kann PAINTBRUSH.EXE benutzt werden.

(2) Den Hotspot-Editor SHED.EXE starten und die Bitmap-Datei laden.

(3) Den ersten Bereich in der Grafik, der nachher als Sprungstelle dienen soll, mit der Maus markieren. Das Markieren geschieht durch Ziehen der Maus.

(4) Aus dem Menü Edit den Befehl *Attributes...* auswählen (siehe die folgende Abbildung).

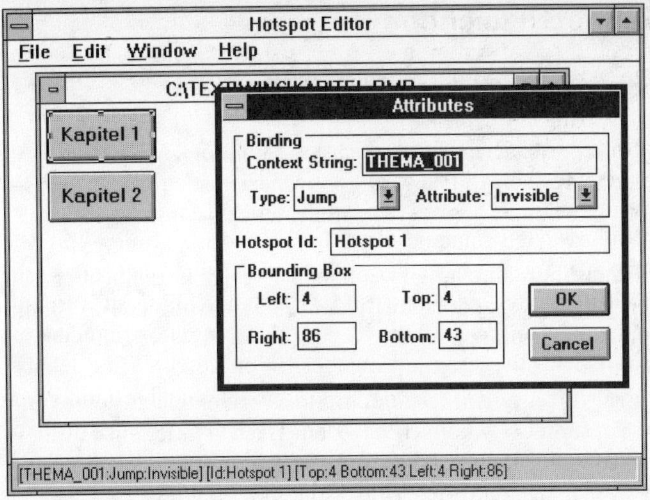

(5) Als **Context String** geben Sie das Sprungziel innerhalb Ihres Hilfetextes an. Die Angabe **Type** legt fest, ob zum Sprungziel verzweigt (Jump) werden soll, ein Pop-Up (Pop-up) aufgehen soll oder ein Makro (Macro) gestartet werden soll.

(6) Mit dem Wert **Attribute** wird bestimmt, ob der Markierungsrahmen für den Hotspot unsichtbar (engl.: invisible) oder sichtbar (engl.: visible) ist.

(7) Für alle weiteren Bereiche der Grafik, die als Sprungstellen dienen sollen, bei Punkt 3 weitermachen.

(8) Zum Schluß wird die bearbeitete Bitmap mit der Endung **SHG** gespeichert.

(9) In der Hilfedatei wird die Hotspot-Grafik mit bml, bmc oder bmr eingebunden (z. B.: {bmc test.shg}). Auch hier wird der genaue Speicherort der Grafiken nicht innerhalb der geschweiften Klammern angegeben, sondern in den Abschnitten BITMAP bzw. BMROOT.

Beachten Sie, daß die Datei mit der Endung SHG keine Bitmap-Datei mehr ist. Änderungen an der Grafik können nur an der Original-Bitmap-Datei vorgenommen werden. Anschließend müssen die oben aufgeführten Schritte wiederholt werden.

8.5 Fußnotenzeichen

Hier nochmal alle Fußnotenzeichen im Überblick:

Kontextstring
Das Nummernzeichen ist die wichtigste Fußnote. Mit ihr wird ein Sprungziel festgelegt. Ein solches Sprungziel ist entweder der Beginn eines Themas oder der Beginn eines Pop-Ups.

$ Titel
Ein Titel ist nur dann nötig, wenn man Themen über Suchbegriffe finden will. Es ist jedoch auf jeden Fall sinnvoll, jedem Thema auch einen Titel mitzugeben.

K Schlüsselwort
Schlüsselwörter entsprechen dem Stichwortverzeichnis eines Buches. Sie sollten – wie auch in jedem Buch – in jedem Hilfetext definiert werden. Werden Schlüsselwörter verwendet, bedeutet das automatisch, daß auch Titel nötig sind.

+ Suchsequenz
Suchsequenzen sind die Bestandteile eines Hilfetextes, auf die man am ehesten verzichten kann. Sind sie definiert worden, kann man mit Hilfe gesonderter Schaltflächen bestimmte Themen der Reihe nach durchblättern. Die Reihenfolge legen Sie in diesem Fall fest. Eine Reihenfolge kann Themen alphabetisch, nach logischem Zusammenhang oder nach jedem beliebigen anderen Kriterium gruppieren.

! Makrostart
Hinter diesem Fußnotenzeichen wird der Name eines Makros angegeben. Dieses Makro wird jedesmal dann ausgeführt, wenn das zugehörige Thema aufgerufen wird. Diese Form des Makroaufrufs wird häufig dann verwendet, wenn Schaltflächen aktiviert oder deaktiviert werden sollen.

* Symbolischer Name
Symbolische Namen werden benutzt, um Teile eines Hilfetextes beim Compilieren auszuschließen oder aufzunehmen, um so verschiedene Hilfeversionen aus einem Ursprungstext erzeugen zu können, zum Beispiel eine Produktions- und eine Demovariante.

8.6 Compilieren der Hilfedatei

Beim Compilieren der Hilfetexte erwartet der Compiler als Eingabe den Namen einer Help-Projektdatei mit der Endung HPJ. In dieser Datei werden alle Angaben gemacht, die zur Erstellung eines Hilfetextes nötig sind. Dazu zählen beispielsweise der oder die Dateinamen der RTF-Texte, Compileroptionen oder einzubindende Makros. Die Datei wird mit einem DOS-Editor angelegt. Sie ist in verschiedene Abschnitte aufgeteilt, die mit einem Schlüsselwort in eckigen Klammern eingeleitet werden ([]). Der erste Abschnitt muß der [OPTIONS]-Abschnitt sein, alle anderen können in beliebiger Reihenfolge erscheinen. Kommentare werden durch ein Semikolon (;) eingeleitet. Alles, was in einer Zeile einem Semikolon folgt, wird vom Compiler ignoriert.

Beispiel: *test.hpj*

```
; Dies ist eine Beispiel-Projektdatei

[OPTIONS]
TITLE = Beispiel   ; Beschriftung der Titelleiste
COPYRIGHT = Volker Reher / Helmut Erlenkötter 1993

[FILES]
helpbspa.rtf     ; Datei liegt im RTF-Format vor
helpbspb.rtf     ; Datei liegt im RTF-Format vor

[CONFIG]
BrowseButtons() ; Makro zum Erzeugen der "Durchsuchen"-Schaltflächen
```

Der Compiler wird in diesem Beispiel mit

hc31 test

aufgerufen.

Hinweis: Wenn die Datei zu groß geworden ist, meldet der Compiler, daß er den Helptext nicht mehr compilieren kann. Teilen Sie in diesem Fall die Hilfedatei in mehrere kleinere Teile auf, oder benutzen Sie den Compiler **hcp**!

Die folgende Übersicht zeigt alle Abschnitte, die Sie in einer Projektdatei verwenden können:

[OPTIONS]	Legt die Optionen zur Erstellung der Hilfedatei fest. Wenn dieser Abschnitt benutzt wird, muß er als erstes in der Projektdatei erscheinen.
[FILES]	Dieser Abschnitt enthält den oder die Dateinamen, aus denen die Hilfedatei zusammengesetzt werden soll. Er ist der einzige, der in der Projektdatei vorhanden sein muß; alle anderen Abschnitte sind grundsätzlich optional.
[BUILDTAGS]	Sind in einer Hilfedatei symbolische Namen mit der Sternchenfußnote (*) definiert worden, werden sie in diesem Abschnitt aufgeführt.
[CONFIG]	In diesem Abschnitt werden Makros angegeben, mit denen man zusätzliche Schaltflächen oder Menüs einfügen kann. Dieser Abschnitt ist neu in Windows 3.1.
[BITMAPS]	In diesem Abschnitt werden alle Bitmapdateien mit vollständigem Pfad angegeben, die in den Hilfetexten verwendet werden. Diese Angabe ist nicht nötig, wenn die [OPTIONS] BMROOT oder ROOT benutzt werden.
[MAP]	Hier können Kontextstrings Kontextnummern zugeordnet werden. Dieser Abschnitt ist optional. Er wird genutzt, wenn ein Programm das Hilfesystem aufruft und ihm direkt die Nummer eines bestimmten Themas übergibt.
[ALIAS]	Ein oder mehrere Kontextstrings werden einem Thema zugeordnet.
[WINDOWS]	In diesem Abschnitt können Farben und Koordinaten des Hilfefensters festgelegt werden. Dieser optionale Abschnitt ist neu in Windows 3.1.
[BAGGAGE]	Hier werden Dateien angegeben, die in die Hilfedatei integriert werden sollen. Dieser optionale Abschnitt erlaubt den schnelleren Zugriff auf diese Dateien, da das Dateisystem der Hilfedateien schneller arbeitet als das MS-DOS System.

Die folgende Beschreibung zeigt, welche Optionen in den einzelnen Abschnitten benutzt werden können.

[OPTIONS]

■ BMROOT

BMROOT = *pfad[,pfad]*

Legt die Verzeichnisse fest, die die Bitmaps enthalten, die mit den Anweisungen bmc, bml und bmr spezifiziert wurden.

Beispiel:

BMROOT = c:\data\bitmap

■ BUILD

BUILD = *ausdruck*

Diese Option legt fest, welche Themen in den Hilfetext übernommen werden sollen. ausdruck enthält die symbolischen Namen, die mit der Sternchenfußnote (*) definiert worden sind. Ist ein Thema nicht mit einer Sternchenfußnote versehen, wird es auf jeden Fall in den Hilfetext aufgenommen. Mehrere symbolische Namen können durch Operatoren miteinander verknüpft werden, um unterschiedliche Gruppen zusammenfassen zu können.

~ Not-Operator
& Und-Operator
| Oder-Operator

Beispiel:

BUILD = DEMO | TEST

In diesem Beispiel werden alle Themen compiliert, die entweder den symbolischen Namen DEMO oder den Namen TEST haben.

BUILD = DEMO & TEST

Hier werden nur Themen aufgenommen, in denen beide symbolischen Namen vorkommen (siehe auch [BUILDTAGS]).

■ COMPRESS

COMPRESS = *level*

Hiermit legen Sie fest, wie stark die Hilfedatei komprimiert werden soll. Standard ist keine Kompression. Als Werte für level sind HIGH, MEDIUM oder NO erlaubt. Bei der Komprimierung wird eine Schlüsselworttabelle (als Hilfsdatei bei der Komprimierung) mit der Endung PH angelegt, die bei einem erneuten Compiliervorgang wieder benutzt wird. Das ist bei geringen Änderungen am Ursprungstext kein Problem. Soll dennoch eine neue Tabelle angelegt werden, löscht man die Datei oder benutzt die Option OLDKEYPHRASE.

■ CONTENTS

CONTENTS = *kontextstring*

Mit dieser Option wird festgelegt, zu welchem Thema (*kontextstring*) gesprungen wird, wenn die Schaltfläche "Inhalt" angeklickt wird. Üblicherweise ist dieses Thema ein Inhaltsverzeichnis des Hilfetextes.

COPYRIGHT

COPYRIGHT = *copyright-meldung*

Die COPYRIGHT-Option plaziert eine *copyright-meldung* im Meldungsfeld *Info über Hilfe*. Die Länge der Meldung sollte nicht mehr als 50 Zeichen betragen.

Beispiel:

COPYRIGHT = Volker Reher / Helmut Erlenkötter 1993

ERRORLOG

ERRORLOG = *dateiname*

Diese Option weist den Compiler an, alle Fehlermeldungen in *dateiname* zu schreiben.

FORCEFONT

FORCEFONT = *fontname*

Diese Option legt fest, daß der Hilfetext in der angegebenen Schriftart erstellt werden soll, gleichgültig welche Schriftart im Ursprungstext verwendet wird.

Beispiel:

FORCEFONT = Courier

ICON

ICON = *icondatei*

Diese Option legt fest, welches Icon dargestellt wird, wenn der Benutzer das Hilfefenster auf Icongröße verkleinert.

LANGUAGE

LANGUAGE = *sprache*

Diese Option legt die Sortierreihenfolge im Dialogfeld *Suchen* fest. Die einzige Sprachoption ist **scandinavian.** Wird diese Option ausgelassen, wirkt die englische Sortierfolge.

Beispiel:

LANGUAGE = scandinavian

MAPFONTSIZE

Ändert Schriften von einer Größe in eine andere. Es können bis zu fünf MAPFONTSIZE-Anweisungen benutzt werden; sie sollten sich jedoch nicht überlagern.

Beispiel:

MAPFONTSIZE = 14:20	;ändere 14pt in 20pt
MAPFONTSIZE = 16-18:10	;ändere Schriften zwischen 16pt und 18pt in 10pt

MULTIKEY

MULTIKEY = *fussnotenzeichen*

Die MULTIKEY-Option definiert ein Fußnotenzeichen, das für eine zusätzliche Schlüsselworttabelle verwendet werden kann. Als *fussnotenzeichen* sollte ein beliebiger Großbuchstabe mit Ausnahme des Buchstabens K verwendet werden. Es können bis zu vier zusätzliche Schlüsselworttabellen definiert werden.

■ OLDKEYPHRASE

OLDKEYPHRASE = *anaus*

Diese Option legt fest, ob eine alte Schlüsselworttabelle benutzt werden soll oder nicht. ON bedeutet, daß eine existierende Tabelle benutzt werden soll. Mit OFF bestimmen Sie, daß bei jeder Compilierung eine neue Tabelle angelegt wird (siehe auch COMPRESS).

■ OPTCDROM

OPTCDROM = ON

Die OPTCDROM-Option optimiert eine Hilfedatei für den Einsatz mit einem CD-ROM.

■ REPORT

REPORT = ON

Diese Option zeigt während des Compilierens den Fortschritt der Bearbeitung an.

■ ROOT

ROOT = *pfad*[,*pfad*]

Legt fest, in welchem Verzeichnis die Dateien des Projektes liegen. Ist keine BMROOT-Option verwendet worden, wird hier auch nach den Bitmaps gesucht.

■ TITLE

TITLE = *titel*

titel legt die Beschriftung der Titelleiste fest.

■ WARNING

WARNING = level

Diese Option bestimmt die Warnstufe. Möglich sind die Stufen 1 bis 3.

Beispiel:

WARNING = 2

■ [FILES]

Unter diesem Abschnitt werden alle Dateien aufgelistet, aus denen das Projekt besteht.

Beispiel:

[FILES]
c:\text\help\kap01.rtf
c:\text\help\kap02.rtf

- [BUILDTAGS]

Unter diesem Abschnitt werden alle symbolischen Namen aufgelistet, die Sie mit der Sternchenfußnote (*) definiert haben.

- [CONFIG]

Dieser Abschnitt enthält einen oder mehrere Makros, die zum Beispiel Schaltflächen erzeugen.

Beispiel:

BrowseButtons() ; Makro zum Erzeugen der "Durchsuchen"-Schaltflächen
CreateButton("druckman","Druck&manager","JumpContents (`PRINTMAN.HLP')")

- [BITMAPS]

Gibt den vollen Pfadnamen aller Bitmapdateien an, die in den Ursprungsdateien verwendet werden. Dieser Abschnitt ist nicht nötig, wenn die Optionen ROOT oder BMROOT verwendet werden.

- [MAP]

Dieser Abschnitt weist Kontextstrings Kontextnummern zu, die für die Bereitstellung kontextsensitiver Hilfe aus einem Programm heraus benötigt werden. Die Nummern können in dezimaler oder hexadezimaler Schreibweise angegeben werden.

Beispiel:

[MAP]

THEMA_005	0x001
THEMA_007	0x002
WINHILF	0x003

- [ALIAS]

In diesem Abschnitt kann ein Name für mehrere Kontextstrings vergeben werden.

Beispiel:

[ALIAS]
sm_key = key_shrtcuts
cc_key = key_shrtcuts

- [WINDOWS]

In diesem Abschnitt können Größe, Position und Farbe der Hilfefenster festgelegt werden. Die Syntax für diesen Abschnitt lautet wie folgt:

typ = caption,(x,y,breite,hoehe),groesse,(hintergrund),(fixiert)

Die Parameter haben im einzelnen folgende Bedeutung:

typ Gibt die Art des Fensters an. Beim Hauptfenster lautet dieser Parameter **main,** bei Nebenfenstern wird ein bis 8 Stellen langer eindeutiger Name angegeben.

caption Legt den Titel für ein Nebenfenster fest.

x Bestimmt die X-Koordinate in Help-Einheiten, ausgehend von der linken oberen Ecke. Das Windows-Hilfesystem geht immer davon aus, daß der Bildschirm 1024 Help-Einheiten breit ist, unabhängig von der Auflösung. Ein Wert von 512 plaziert somit den linken Rand des Hilfefensters genau in der Mitte des Bildschirms.

y Bestimmt die Y-Koordinate in Help-Einheiten, ausgehend von der linken oberen Ecke. Das Windows-Hilfesystem geht immer davon aus, daß der Bildschirm 1024 Help-Einheiten hoch ist, unabhängig von der Auflösung. Ein Wert von 512 plaziert somit den oberen Rand des Hilfefensters genau in der Mitte des Bildschirms.

breite Legt die Breite des Fensters in Help-Einheiten fest.

hoehe Legt die Höhe des Fensters in Help-Einheiten fest.

groesse Der Wert **0** für *groesse* setzt das Fenster auf die mit *x*, *y*, *breite* und *hoehe* festgelegten Werte. Der Wert **1** ignoriert diese Angaben und stellt das Hilfefenster im Vollbildmodus dar.

hintergrund Dieser Parameter bestimmt die Hintergrundfarbe des Fensters. Der Farbwert wird mit drei Zahlen eingestellt, die Werte zwischen 0 und 255 annehmen können. Die Zahlen werden durch Kommas getrennt und mit Klammern eingeschlossen. Die Farben werden in der Reihenfolge rot, grün und blau definiert.

fixiert Hier wird die Farbe für fixierte Bereiche des Hilfefensters angegeben.

Beispiel:

main = ,(0,0,512,512),0,(0,255,0),(0,0,255)

Hinweis:

Die Option, Parameter auszulassen (wie im Handbuch beschrieben – main = ,(, , ,),0,(0,255,0),(0,0,255) –, war in der von uns getesteten Compilerversion nicht möglich!

- [BAGGAGE]
  In diesem Abschnitt können Dateinamen angegeben werden, die der Helpcompiler im internen Dateisystem der Hilfetexte speichert. Da der Zugriff hier schneller erfolgen kann, ist diese Option besonders für Dateien auf CD-ROM nützlich. Es können bis zu 1000 Bitmap-Dateien als BAGGAGE-Dateien gespeichert werden. Eine genaue Beschreibung, wie dieser Abschnitt zu benutzen ist, existiert leider nicht. Er scheint jedoch für Multimediaanwendungen (Sound, Animationen usw.) gedacht zu sein und wird hoffentlich in Zukunft ausreichend dokumentiert.

8.7 Help-Makros

Makros erweitern die Fähigkeiten der Helptexte beträchtlich. So kann man mit ihnen Schaltflächen erzeugen, Menüpunkte und Befehle erstellen, Windowsprogramme starten oder Sprünge innerhalb der Hilfedatei ausführen.

8.7.1 Help-Makros ausführen

Help-Makros können an vier verschiedenen Stellen ausgeführt werden.

(1) Sie können im [CONFIG]-Abschnitt der Projektdatei eingetragen werden. Das bewirkt, daß sie bei jedem Start der Hilfedatei automatisch ausgeführt werden. Damit beispielsweise die Schaltflächen für die Suchsequenz erscheinen, muß im [CONFIG]-Abschnitt das Makro BrowseButtons() erscheinen.

(2) Sie können einer **Schaltfläche** oder einem **Menübefehl** zugeordnet werden und werden dann beim Anklicken der Schaltfläche bzw. bei Auswahl des Befehls aktiviert.

(3) Ein Makro kann mit dem **Hotspot** einer Bitmap verbunden werden. Zur Erzeugung eines oder mehrerer Hotspots in einer Bitmap wird der Hotspot-Editor SHED.EXE verwendet.

(4) Beim Sprung zu einem Thema wird ein Makro gestartet. Das wird dadurch erreicht, daß man dieses Thema mit einer **Ausrufezeichen-Fußnote (!)** markiert und als Fußnotentext den Makronamen eingibt.

8.7.2 Hinweise zur Benutzung von Hilfemakros

- Sonderzeichen können in eine Zeichenkette eingefügt werden, indem man ihnen einen Backslash (\) vorangehen läßt.
- Muß in einer Zeichenkette eine weitere Zeichenkette angegeben werden, so wird diese mit diesem Zeichen (`) eingeleitet und mit diesem (') beendet.
  Beispiel:

  ```
  CreateButton("Flaeche01", "&Rechner",
  "ExecProgram(`calc', 0)")
  ```

- Eine einzelne Makrozeichenkette kann mehrere Makros enthalten, wenn diese durch Semikolon getrennt werden.
- Makros können geschachtelt werden.

8.7.3 Liste der Help-Makros

Bei der Beschreibung der Help-Makros werden die folgenden Bezeichnungen verwendet:

button-id	Interner Name, den Winhelp zur Identifizierung des Buttons benutzt.
context-string	Kontextstring.
filename	Dateiname einer Winhelp-Datei.
item-id	Interner Name, den Winhelp zur Identifizierung des Menüs benutzt.
item-name	Bezeichnung, die im Menü angezeigt wird. Ein kaufmännisches Und (&) vor einem Zeichen des Namens bewirkt, daß dieser als access key benutzt wird.
key	Windows virtual key value.
macro	Makroname (Mehrere Makros können mit Semikolon aufgezählt werden).
macro-line	Dateiname des auszuführenden Windowsprogramms.
marker-text	Text, der als Lesezeichen verwendet werden soll.
menu-id	Name, der im InsertMenu-Makro benutzt wird, um einen Menüpunkt zu erzeugen.
name	Bezeichnung, die auf dem Button erscheinen soll. Ein kaufmännisches Und (&) vor einem Zeichen

des Namens bewirkt, daß dieser Name als access key benutzt wird.

- About()

Dieses Makro zeigt das Meldungsfeld *Info*… an.

- AddAccelerator(key, shift-state, "macro")

Dieses Makro weist ein Makro einer Abkürzungstaste zu.
shift-state: Eine Zahl, die den Zustand der [Alt], [⇧] und [Strg]-Tasten angibt.

1 [⇧]
2 [Strg]
3 [⇧]+[Strg]
4 [Alt]
5 [Alt]+[⇧]
6 [Alt]+[Strg]
7 [⇧]+[Alt]+[Strg]

- Annotate()

Dieses Makro zeigt die Dialogbox *Anmerken*… aus dem Menü *Bearbeiten* an.

- AppendItem("menu-id", "item-id","item-name","macro")

Dieses Makro fügt einen Menüpunkt in ein Menü ein, das Sie mit dem InsertMenu-Makro erzeugt haben.

- Back()

Dieses Makro zeigt das letzte Thema aus der *Bisher*…-Liste an. Die *Bisher*…-Liste enthält die letzten 40 Themen, die der Benutzer seit dem letzten Start der Windows-Hilfe gewählt hat.

- BookmarkDefine()

Dieses Makro zeigt die Dialogbox *Definieren*… aus dem Menü *Lesezeichen* an.

- BookmarkMore()

Dieses Makro zeigt die Dialogbox *Weitere*… aus dem Menü *Lesezeichen* an. Die Dialogbox erscheint, wenn mehr als neun Lesezeichen gesetzt sind.

- BrowseButtons()

Dieses Makro fügt die beiden Durchsuchen-Schaltflächen (<< und >>) in die Leiste ein. Wird dieses Makro zusammen mit einem oder mehreren CreateButton-Makros verwendet, erscheinen die Schaltflächen in derselben Reihenfolge, in der sie in der Projektdatei stehen.

- ChangeButtonBinding("button-id", "macro")

Dieses Makro weist einer Schaltfläche ein Makro zu.

button-id: Freigewählter Name der Schaltfläche oder, für Standardschaltflächen, einer der folgenden Namen:

"btn_contents" (Inhalt),
"btn_search" (Suchen)
"btn_back" (Zurück)
"btn_history" (Bisher)
"btn_previous" (<<)
"btn_next" (>>)

Beispiel:

ChangeButtonBinding("btn_contents","History()")

Das obige Makro belegt die Schaltfläche für *Inhalt* mit dem Makro für *Bisher*.

■ ChangeItemBinding("item-id", "macro")

Dieses Makro weist einem Menüpunkt, den Sie mit dem AppendItem-Makro erzeugt haben, ein Makro zu.

■ Contents()

Dieses Makro hat die gleiche Wirkung wie das Betätigen der Schaltfläche *Inhalt* (siehe auch: [OPTION] CONTENTS).

■ CopyDialog()

Dieses Makro zeigt die Dialogbox *Kopieren…* aus dem Menü *Bearbeiten* an.

■ CopyTopic()

Dieses Makro kopiert den Text des aktuellen Themas in die Zwischenablage.

■ CreateButton("button-id", "name", "macro")

Dieses Makro fügt der Leiste eine neue Schaltfläche hinzu. Die Schaltflächen erscheinen in der Reihenfolge, in der sie in der Projektdatei (HPJ) stehen. Es können bis zu 16 Schaltflächen hinzugefügt werden.

Beispiel:

Mit dem folgenden Makro wird eine Schaltfläche mit Namen "Flaeche01" erzeugt. Die Beschriftung lautet "Befehle". Sie kann durch Anklicken mit der Maus oder mit [Alt]+[B] aktiviert werden, was durch das & vor dem Buchstaben B ermöglicht wird. Das Makro **JI,** das jetzt gestartet wird, lädt die Hilfedatei "xyz.hlp" und springt dort direkt zum Thema mit dem Kontextstring "BEFEHLE_01".

```
CreateButton("Flaeche01","&Befehle","JI(`xyz.hlp',`BEFEHLE_01')")
```

■ DeleteItem("item-id")

Dieses Makro entfernt einen Menüpunkt, der mit AppendItem hinzugefügt wurde.

- DeleteMark("marker-text")

Dieses Makro entfernt ein Lesezeichen, das mit SaveMark hinzugefügt wurde.

- DestroyButton("button-id")

Dieses Makro entfernt eine Schaltfläche, die mit CreateButton angelegt wurde.

- DisableButton("button-id")

Dieses Makro blendet eine Schaltfläche ab, die mit CreateButton hinzugefügt wurde.

- DisableItem("item-id")

Dieses Makro blendet einen Menüpunkt ab, der mit AppendItem hinzugefügt wurde. Der Menüpunkt kann erst dann wieder gewählt werden, wenn das EnableItem-Makro ausgeführt wurde.

- EnableButton("button-id")

Dieses Makro gibt eine Schaltfläche wieder frei, die mit DisableButton abgeblendet wurde.

- EnableItem("item-id")

Dieses Makro gibt einen Menüpunkt wieder frei, der mit DisableItem abgeblendet wurde.

- ExecProgram("macro-line", display-state)

Dieses Makro startet ein Windows-Programm.
display-state: Dieser Wert legt fest, wie das Fenster dargestellt werden soll. Dabei bedeutet 0 eine normale Darstellung, 1 eine Darstellung als Sinnbild und 2 eine Darstellung als Vollbild.

- Exit()

Dieses Makro beendet die Windows-Hilfe. Es hat dieselbe Wirkung wie der Befehl *Beenden* aus dem Menü *Datei.*

- FileOpen()

Dieses Makro zeigt das Dialogfeld *Öffnen…* aus dem Menü *Datei.*

- GotoMark("marker-text")

Dieses Makro springt zu einem Lesezeichen, das mit SetMark gesetzt wurde.

- HelpOn()

Dieses Makro startet *Windows Hilfe Benutzen* aus dem Hilfemenü (?).

- History()

Dieses Makro zeigt die Liste aller bisher angewählten Themen. In dieser Liste werden bis zu 40 Themen gespeichert, die sich der Benutzer angesehen hat, seit er die Hilfedatei öffnete.

- IfThen(IsMark("marker-text"), "macro")

Dieses Makro startet ein Makro, wenn das angegebene Lesezeichen existiert.

- IfThenElse(IsMark("marker-text"), "macro-1", "macro-2")

Dieses Makro führt eines von zwei Makros aus, abhängig davon, ob ein Lesezeichen existiert.
macro-1, macro-2: WinHelp führt *macro-1* aus, wenn das Lesezeichen existiert, oder *macro-2,* wenn nicht. Mehrfache Makros in jeder Makrozeichenkette müssen durch Semikolons getrennt werden.

- InsertMenu("menu-id", "menu-name", menu-position)

Dieses Makro fügt ein neues Menü in die Menüzeile ein.
menu-name ist der Name, der in der Menüleiste angezeigt wird. Um das Menü über ein Tastenkürzel erreichen zu können, muß man vor den gewünschten Buchstaben ein kaufmännisches Und (&) setzen.
menu-position ist die Nummer, die WinHelp mitteilt, welche Position in der Menüleiste der neue Menüname haben soll. Die Positionen werden von links nach rechts, beginnend bei 0, durchgezählt.

- IsMark("marker-text")

Dieses Makro testet, ob ein Lesezeichen durch SaveMark gesetzt wurde oder nicht. Es wird als Parameter für die Bedingungsmakros IfThen und IfThenElse verwendet. Das Not-Makro kann benutzt werden, um das Ergebnis des IsMark-Makros umzudrehen.

- JumpContents("filename")

Dieses Makro springt auf das Inhaltsthema.

- JumpId("filename", "context-string") (Kurzform: JI)

Dieses Makro springt zum angegebenen Thema (Kontextstring) in der angegebenen Hilfedatei. Wenn der aktuelle Hilfetext nach dem *context-string* durchsucht werden soll, kann die Zeichenkette *filename* leer bleiben.

- JumpKeyword("filename", "keyword")

Dieses Makro lädt die angegebene HLP-Datei, durchsucht die Schlüsselworttabelle und zeigt das erste Thema an, das das angegebene *keyword* enthält. *keyword* ist das Schlüsselwort, nach dem das Makro sucht. Wird das Schlüsselwort nicht gefunden, wird das Inhaltsthema angezeigt und eine Meldung ausgegeben.

- Next()

Dieses Makro zeigt das nächste Thema in einer Suchsequenz an.

Wenn das angezeigte Thema das letzte der Suchsequenz ist, macht das Makro nichts.

- Not(IsMark("marker-text"))

Dieses Makro kehrt den Wahrheitswert um, den das IsMark-Makro liefert.

- PopupId("filename", "context-string")

Dieses Makro zeigt ein Thema aus der angegebenen Datei in einem Pop-Up-Fenster an.

- Prev()

Dieses Makro zeigt das vorherige Thema in einer Suchsequenz an. Wenn das angezeigte Thema das erste der Suchsequenz ist, macht das Makro nichts.

- Print()

Dieses Makro druckt das aktuelle Thema. Es sollte nur für Themen benutzt werden, die nicht im Hauptfenster sind, zum Beispiel Themen in einem Nebenfenster.

- PrinterSetup()

Dieses Makro zeigt den Befehl *Druckereinrichtung…* aus dem Menü *Datei*.

- RegisterRoutine("DLL-name", "function-name", "format")

Hinweis: Dieses Makro muß im [CONFIG]-Abschnitt der Projektdatei erscheinen.

Dieses Makro registriert eine Funktion in einer DLL mit WinHelp. Diese Funktionen können genauso benutzt werden wie die Standardmakros.

DLL-name: Der Dateiname der DLL, die aufgerufen wird. Der Dateiname muß in Anführungszeichen erscheinen.

function-name: Die Funktion, die in der angewählten DLL ausgeführt werden soll.

format: Eine Zeichenkette, die die Formate der Parameter festlegt, die der Funktion übergeben werden. "U" steht hier für unsigned long, "I" für int und "S" für string (far char *).

Beispiel:

Die folgende Zeile befindet sich im [CONFIG]-Abschnitt:

```
RegisterRoutine("USER.EXE","MessageBeep","I")
```

Die folgende Fußnote sorgt dafür, daß die Schaltfläche mit dem Namen *Piep* aktiviert wird und die Funktion *MessageBeep* ausführen kann.

!EnableButton("Piep");ChangeButtonBinding("Piep","Message Beep(0)")

- SaveMark("marker-text")

Dieses Makro speichert die Position des aktuellen Themas und verknüpft sie mit einem Lesezeichen. Das GotoMark-Makro kann anschließend benutzt werden, um zu dieser Position zu springen.

- Search()

Dieses Makro zeigt das Dialogfeld für die *Suchen*-Schaltfläche. Es erlaubt dem Benutzer, nach Schlüsselwörtern zu suchen, die mit der Fußnote K definiert wurden.

8.8 Hilfe aus einem Programm aufrufen

Um einen fertigen Hilfetext anzuzeigen, kann man WINHELP.EXE starten und die gewünschte HLP-Datei direkt laden. In den meisten Programmen wird diese Aktion jedoch durch einen eigenen Menübefehl in der Anwendung gestartet. Normalerweise befindet sich dieser Menüpunkt als letzter in der Menüzeile und ist mit "Hilfe" oder "?" markiert.

Im Programm erfolgt der Aufruf der Hilfe durch die Funktion **WinHelp**. Ein Programmausschnitt, der die Hilfe startet, kann zum Beispiel so aussehen:

```
case WM_COMMAND:
 switch(parameter1)
  {
  case 32:
   WinHelp(fenster,"progman.hlp",HELP_INDEX,0L);
   return 0;
  }
  break;
case WM_DESTROY:
```

In diesem Beispiel wird die zum Programm-Manager gehörende Hilfedatei gestartet. Als erstes Thema wird das Inhaltsverzeichnis (HELP_INDEX) angezeigt.

Bevor das Fenster geschlossen wird, das die Hilfe aufgerufen hat, muß das Programm WinHelp nochmals aufrufen, und zwar mit dem Schlüsselwort HELP_QUIT. Am günstigsten erfolgt das beim Abarbeiten der Nachricht WM_DESTROY. Erst dann kann Windows die Hilfe beenden.

Eine ausführliche Beschreibung der Parameter von WinHelp finden Sie im Anhang unter dem Abschnitt "Funktionen".

9 PROGRAMMIEREN MIT OBJEKTKLASSEN

Bisher haben Sie kennengelernt, wie Windows-Anwendungen in C erstellt werden. Dabei bestimmte die Funktion WinMain, wie das Programm startet und endet. Für die einzelnen Fenster und Dialogfelder waren jeweils spezielle Funktionen eines Programms zuständig, die alle auf Windows-Nachrichten zu reagieren hatten.
Dieser baukastenähnliche Aufbau der Anwendungen und ihre ereignisorientierte Kommunikation sind besonders geeignet für die erweiterte Sprache C++, die sich von vornherein an solchen Bausteinen, Objekte genannt, orientiert. C++ ist aber genau wie C eine allgemeine Programmiersprache und nicht auf die Windows-Programmierung beschränkt. Dies ermöglicht es den Programmierern, sich die gewünschten Bausteine, in C++ auch Klassen genannt, selbst zu definieren. Diese Arbeit wird Ihnen abgenommen, wenn Sie mit den vordefinierten Klassen arbeiten, die mit den objektorientierten Entwicklungssystemen von Microsoft und Borland mitgeliefert werden.
Wir wollen in diesem und dem folgenden Kapitel nun zeigen, wie einfach und elegant mit Hilfe dieser Klassen-Bibliotheken (Microsoft Foundation Classes, kurz **MFC**, bzw. Object Windows Library von Borland, abgekürzt **OWL**) Windows-Anwendungen erstellt werden können. Dies kann jedoch keine Einführung in die objektorientierte Programmierung darstellen; wir verwenden einen eher pragmatischen Ansatz. Sie werden sehen, daß Sie in C++ die Windows-Klassen benutzen können, wie Sie in C die Bibliotheksfunktionen eingesetzt haben. Sie brauchen dazu nicht zu wissen, was diese im einzelnen genau machen.

9.1 Von C nach C++

Für den Einsatz von C++ in der Programmierung sprechen gute Gründe. Zum einen erlauben Klassen die Definition von Programmbausteinen, die nicht immer wieder neu geschrieben werden müssen. Zum anderen erlcichtern sie Programmänderungen. An einem kleinen DOS-C-Programmbeispiel wollen wir dies demonstrieren.

9.1.1 Ein kleines C-Programm

Das folgende C-Programm benutzt eine Struktur, um Währungsangaben zu speichern. Mit Hilfe der Funktion scanf werden die Daten eingetragen und durch printf wieder angezeigt.

```
/* prg9_1_1.c */
        #include <stdio.h>
        #include <string.h>
/*  4*/
/*  5*/ struct preis
/*  6*/ {
/*  7*/    int betrag;
/*  8*/    char waehrung[4];
/*  9*/ };
/* 10*/
/* 11*/ main()
/* 12*/ {
/* 13*/ struct preis kosten;
/* 14*/ printf("Betrag: ");
/* 15*/ scanf("%d",&kosten.betrag);
/* 16*/ printf("Waehrung: ");
/* 17*/ scanf("%s",kosten.waehrung);
/* 18*/ printf("%d %s",kosten.betrag,kosten.waehrung);
/* 19*/ return 0;
/* 20*/ };
```

Was ist nun zu tun, wenn die Struktur geändert werden muß, beispielsweise *betrag* von int auf float oder double? Nun ja, drei Zeilen des Programms müssen ebenfalls geändert werden, nämlich Zeile 15, 17 und 18. In unserem Beispiel macht das nicht viel Arbeit, wohl aber in einem größeren Programm, wie einer Fakturierung. Obendrein müssen auch noch alle zu ändernden Stellen gefunden werden, sonst treten mit Sicherheit Fehler auf.

9.1.2 Zugriffsfunktionen

Damit dieses Problem leichter zu handhaben ist, werden daher oft Hilfsfunktionen zur Datenmanipulation in ein Programm aufgenommen. Das nächste Beispiel zeigt unser Programm mit zwei solcher Hilfsfunktionen: preis trägt die Daten in die Struktur ein, und display zeigt sie an.

```
/* prg9_1_2.c */
        #include <stdio.h>
        #include <string.h>
/*  4*/
/*  5*/ struct preis
/*  6*/ {
/*  7*/     int betrag;
/*  8*/     char waehrung[4];
/*  9*/ };
/* 10*/
/* 11*/ void display(struct preis *p)
/* 12*/ {
/* 13*/     printf("%d %s",p->betrag,p->waehrung);
/* 14*/ };
/* 15*/
/* 16*/ void preis(struct preis *p)
/* 17*/ {
/* 18*/ printf("Betrag: ");
/* 19*/ scanf("%d",p->betrag);
/* 20*/ printf("Waehrung: ");
/* 21*/ scanf("%s",p->waehrung);
/* 22*/ }
/* 23*/
/* 24*/ main()
/* 25*/ {
/* 26*/ struct preis kosten;
/* 27*/ preis(&kosten);
/* 28*/ display(&kosten);
/* 29*/ return 0;
/* 30*/ };
```

Wird jetzt die Struktur geändert, so werden ebenfalls die Hilfsfunktionen geändert. Das ist aber auch schon alles. Insbesondere große Programme sind so sehr leicht zu pflegen und zu verbessern. Hiermit haben Sie bereits einen Grundgedanken kennengelernt, der der objektorientierten Programmierung zugrunde liegt:
Daten und ihre Zugriffs- bzw. Modifikationsfunktionen, auch Methoden genannt, werden vom eigentlichen Programm getrennt. Das Programm wird dadurch unabhängig von Datenänderungen. In C++ bilden Daten und Methoden eine Einheit, Klasse genannt. Der nächste Abschnitt beschreibt, wie unser Beispiel in C++ formuliert wird.

9.1.3 Klassen und Objekte

Klassen stellen in C++ einen definierbaren Datentyp dar, nämlich den Typ class. Sie können ihn in gewisser Hinsicht mit Strukturen vergleichen. Genau wie diese beinhalten Klassen verschiedene andere Daten, beispielsweise vom Typ int, char, Handles und andere. Genau wie Strukturen auch wiederum Strukturen beinhalten können, dürfen Klassen natürlich auch aus anderen Klassen bestehen. Zusätzlich beinhalten sie jedoch Funktionen; dies ist neu. Man bezeichnet die Daten und Funktionen einer Klasse als Mitglieder (engl.: member) dieser Klasse.

Eine Klasse stellt, wie beispielsweise Integer-Daten, Pointer und Strukturen, jedoch nur einen Typ dar. Erst durch eine Definition von Variablen "materialisieren" Datentypen. Es werden dann erst Speicherplätze erzeugt. Genauso verhalten sich Klassen. Eine "materialisierte" Klasse, die also Speicher belegt für Daten und Funktionen, nennt man Objekt. Diese Analogie zwischen Erzeugung einer Struktur (hier Windows-Struktur OPENFILENAME) und eines Objektes einer bereits definierten Klasse zeigen die folgenden zwei Anweisungen:

```
OPENFILENAME of;
Preis Kosten;
```

Im nächsten Programm wird in den Zeilen 4 - 24 eine Klasse definiert.

```
/* prg9_1_3.cpp */
        #include <iostream.h>
/*  3*/
/*  4*/ class Preis
/*  5*/ {
/*  6*/ public:
/*  7*/     Preis()
/*  8*/     {
/*  9*/         cout << "Betrag: ";
/* 10*/         cin >> a;
/* 11*/         cout << "Waehrung: ";
/* 12*/         cin >> text;
/* 13*/     }
/* 14*/     ~Preis()
/* 15*/     {
/* 16*/     }
/* 17*/     void display()
/* 18*/     {
/* 19*/         cout << a << " " << text;
/* 20*/     }
/* 21*/ private:
/* 22*/     int a;
/* 23*/     char text[4];
/* 24*/ };
/* 25*/
/* 26*/
/* 27*/
/* 28*/ main()
/* 29*/ {
/* 30*/     Preis Kosten;
/* 31*/     Kosten.display();
/* 32*/     return 0;
/* 33*/ };
```

In **Zeile 4** wird Preis vom Typ class festgelegt, die Definition wird von den Klammern in den Zeilen 5 und 24 umschlossen. In diesem Block tauchen die zwei Schlüsselwörter *private* und *public* auf. Alle Definitionen, das heißt Daten und Funktionen, die hinter *public* folgen, können im gesamten Programm aufgerufen werden. Definitionen, die hinter *private* folgen, können nur von Mitgliedern der Klasse aufgerufen werden. In unserem Beispiel können die Variablen *a* und *text* also nur von *Preis()*, *~Preis()* und *display()* aufgerufen werden. Ein Versuch, sie in *main()* anzusprechen, wie beispielsweise *cout << Preis.text*, führt zu einem Fehler.

Anmerkung: Werden Klassenmitglieder definiert, ohne daß ihnen eines der Schlüsselwörter vorausgeht, so gilt für diese *private*. Es gibt noch ein drittes Schlüsselwort, nämlich *protected*. An dieser Stelle sei jedoch nur soviel gesagt, daß die zugehörigen Definitionen sich praktisch wie *private* verhalten.

Im einzelnen enthält das Programm folgende Definitionen und Anweisungen:

Zeile 7: Für jede Klasse existiert eine Funktion gleichen Namens, die automatisch aufgerufen wird, wenn ein Objekt dieser Klasse erzeugt wird. Diese Funktion heißt **Konstruktor** dieser Klasse. Diese Funktion wird in den folgenden Zeilen definiert.

Zeile 9: cout repräsentiert in C++ stdout, und mit dem Operator << wird dieser die Betragsaufforderung zur Ausgabe übergeben.

Zeile 10: cin repräsentiert stdin und weist die Betragseingabe mit dem Operator >> der Speichervariablen zu.

Zeile 11: Die Währungsaufforderung wird angezeigt.

Zeile 12: Die Währungseingabe wird der Variablen zugewiesen.

Zeile 14: Neben einem Konstruktor gehört zu jeder Klasse ein sogenannter **Destruktor**. Diese Funktion heißt genauso wie die Klasse selbst, jedoch wird das Zeichen ~ (Tilde) vorangestellt. Diese Funktion wird automatisch aufgerufen, wenn ein Objekt freigegeben wird, beispielsweise am Programmende. Hier muß diese Funktion keine besonderen Aufgaben durchführen, daher wird sie als leerer Block definiert.

Zeile 17: Hier beginnt die Definition der Anzeigefunktion. Da sie im Programm aufgerufen wird, steht sie im Public-Block.

Zeile 19: Mit cout wird die eigentliche Ausgabe durchgeführt. Der Operator << verkettet und schickt alle Ausgaben zu stdout.

Zeile 22: Hier wird die Betragsvariable als Ganzzahl definiert. Als Variable im Private-Block ist sie im Programm nicht direkt anzusprechen. Sie ist gewissermaßen "abgekapselt" (engl. encapsulated).

Zeile 23: Hier wird die Währungsvariable als Zeichenkette definiert. Sie wird ebenfalls als private dem Programm verborgen.

Zeile 28: Hier beginnt das DOS-Programm wie üblich mit main.

Zeile 30: Hier wird ein Objekt der Klasse Preis mit Namen Kosten erzeugt. Dadurch wird automatisch der Konstruktor aufgerufen, also die Eingabe durchgeführt.

Zeile 31: Die Anzeigefunktion der Klasse wird aufgerufen. Ebenso wie die Komponenten einer Struktur werden Mitglieder eines Objektes mit Hilfe des Punktoperators aufgerufen (<Objekt>.<Public-Komponente>). Betrag und Währung werden angezeigt.

Ein C++-Programm, das die Klasse Preis verwendet, kann mit Währungen arbeiten und ist nicht mehr anfällig gegenüber Veränderungen der Datentypen. Wird die Klasse noch um Funktionen für beispielsweise Währungsumrechnungen erweitert, so wird sie noch komfortabler. Zusätzlich können für die Variablen einer Klasse Standardwerte vorgegeben und Prüffunktionen auf ungültige Werte definiert werden. Wir wollen aber in diesem Buch nicht auf die Details der Klassendefinitionen eingehen. Für die Programmierung von Windows-Anwendungen ist dies auch nicht unbedingt erforderlich, denn die objektorientierten Entwicklungssysteme von Microsoft und Borland enthalten Bibliotheken vordefinierter Klassen, die genau auf die Erfordernisse einer Windows-Anwendung abgestimmt sind.

9.2 Die Windows-Klassen

Die Klassenbibliotheken MFC bzw. OWL enthalten etwa 100 vordefinierte Klassen für die Windows-Programmierung. Hierzu zählen nicht nur Klassen für die Verwaltung von Daten, wie in unserem Beispiel, sondern Klassen für Fenster, Dialogfelder, Fehlerroutinen usw. Die wichtigsten Klassen, ohne die kein normales Windows-Programm auskommt, sind :

CWinApp	Klasse für Anwendung (u. a. WinMain)
CFrameWnd	Programmfenster-Klasse (Instanz, Meldungen usw.)
CSingleDocTemplate	Klasse für Fenstertypenliste (Vorlagen)
CDocument	Klasse für Anwendungsdaten (Textpuffer u. a.)
CView	Klasse für Fensterinhalt (Darstellung der Daten)
CEditView	Spezialklasse für Fensterinhalt (Texteditor)
CFormView	Spezialklasse für Fensterinhalt (ähnl. PIF-Editor)
CDialog	Klasse für Dialogfenster

Die Klassen sind jedoch nicht alle voneinander total verschieden, sondern es bestehen zwischen ihnen Ähnlichkeiten wie zwischen Verwandten. Das heißt, daß eine Klasse alle Daten und Funktionen einer anderen Klasse beinhalten kann. Einige der Funktionen sind dabei etwas modifiziert, und andere sind hinzugekommen. Sie erben also

gewissermaßen Methoden. Diese Erbschaft (engl. inheritance) erfolgt beim Ableiten einer Klasse aus einer anderen. Ableiten bedeutet, daß eine neue Klasse definiert wird, die automatisch alle Public-Mitglieder einer anderen Klasse besitzt. Im Abschnitt 9.1.3 haben wir das Schlüsselwort protected erwähnt, das in Klassendefinitionen verwendet werden kann. Die Mitglieder dieser Gruppe werden ebenfalls vererbt, sind jedoch verkapselt, das heißt von anderen Funktionen außer denen der eigenen Klasse nicht anzusprechen.
Hier eine Klassenableitung:

```
/* prg9_2.cpp */
/*  2*/ class Wechselkurs : public Preis
/*  3*/ {
/*  4*/ public:
/*  5*/     Wechselkurs() :  Preis()
/*  6*/     {
/*  7*/         cout << "Kurs: ";
/*  8*/         cin >> kurs;
/*  9*/     }
/* 10*/     ~Wechselkurs()
/* 11*/     {
/* 12*/     }
/* 13*/     void display()
/* 14*/     {
/* 15*/         Preis::display();
/* 16*/         cout << "\nKurs " << kurs;
/* 17*/     }
/* 18*/ private:
/* 19*/     double kurs;
/* 20*/ };
```

Hier wird eine neue Klasse Wechselkurs definiert. Sie erbt automatisch alle Funktionen und Daten der Klasse Preis. Das Schlüsselwort *public* in der Zeile 2 bestimmt, daß alle public- bzw. protected-Mitglieder von Preis auch public- bzw. protected-Mitglieder in Wechselkurs sind. Private-Mitglieder der Klasse Preis gehören zwar zur Klasse Wechselkurs, können von ihr aber nie direkt angesprochen werden. Dies ist nur möglich, wenn in Preis public-Funktionen für den Zugriff auf diese Daten definiert sind, wie beispielsweise die Funktion display. Wird in Zeile 2 das Schlüsselwort *private* verwendet, so werden die public- bzw. protected-Mitglieder von Preis automatisch private-Mitglieder in Wechselkurs. Sie können dann von den von Wechselkurs abgeleiteten Klassen nicht mehr direkt angesprochen werden.
Zusätzliche Besonderheiten sind:
Zeile 5: Da die private-Variablen von Preis zur Klasse Wechselkurs

gehören, müssen sie auch initialisiert werden. Initialisierungen übernimmt der jeweilige Konstruktor einer Klasse. Der Konstruktor von Wechselkurs kann jedoch die Variablen *betrag* und *waehrung* nicht direkt initialisieren. Daher ruft er den Konstruktor von Preis auf. Die Syntax gleicht der Klassendefinition in Zeile 2: Der Konstruktor erbt quasi die Funktion des Konstruktors von Preis. Zusätzlich werden weitere Aufgaben definiert.

Zeile 15: Die ererbte Funktion *display* wird hier überschrieben und neu definiert. Durch den Aufruf von *Preis::display()* und zusätzlichen Definitionen zeigt sie nicht nur Betrag und Währung, sondern auch den Wechselkurs an.

Achtung: Zu Wechselkurs gehören nun zwei Funktionen display! Rufen Sie im Programm Wechselkurs.display() auf, so werden Betrag, Währung und Kurs angezeigt. Wechselkurs.Preis::display() ruft die ererbte Originalfunktion auf, und es werden nur Betrag und Währung angezeigt.

Dieser kurze Exkurs soll uns zunächst genügen. Sie haben gesehen, daß man Klassen aus anderen Klassen ableiten kann, wobei die neuen Klassen modifiziert und erweitert werden. Dieses Prinzip liegt auch den Windows-Klassen zugrunde. Es gibt eine Klasse CObj in der MFC. Diese ist quasi der Urahn fast aller anderen Klassen. Aus ihr werden neue abgeleitet mit spezielleren Aufgaben, aus diesen wieder neue mit noch spezielleren Aufgaben usw.

Hinweis: In den Dokumentationen werden nur die neuen oder modifizierten Mitglieder einer Klasse aufgeführt. Man muß daher die "Erbfolge" nachschlagen, um zu sehen, welche ererbten Funktionen wie eingesetzt werden können.

9.3 Das einfachste Programm

Doch nun wollen wir unser erstes objektorientiertes Windows-Programm erstellen. Dieses Programm ist zwar eine vollständige Anwendung, zeigt jedoch nur ein Fenster mit Titelleiste. Es hat den gleichen Funktionsumfang wie das erste Programm aus Kapitel 2.

```
/* prg9_3.cpp */
         #include <afxwin.h>
/*  3*/
/*  4*/  class CFenster : public CFrameWnd
/*  5*/  {
/*  6*/
/*  7*/  public:
/*  8*/      CFenster()
/*  9*/      {
/* 10*/          Create(NULL,"Tut gar nichts!", WS_OVERLAPPEDWINDOW,
                         rectDefault);
/* 11*/      }
/* 12*/  };
/* 13*/
/* 14*/
/* 15*/  class CAnwendung : public CWinApp
/* 16*/  {
/* 17*/      BOOL InitInstance();
/* 18*/  };
/* 19*/
/* 20*/  BOOL CAnwendung::InitInstance()
/* 21*/  {
/* 22*/      m_pMainWnd = new CFenster();
/* 23*/      m_pMainWnd->ShowWindow(m_nCmdShow);
/* 24*/      m_pMainWnd->UpdateWindow();
/* 25*/      return TRUE;
/* 26*/  }
/* 27*/
/* 28*/  CAnwendung Mini;
```

Einiges in diesem Programm dürfte Ihnen nach den bisherigen Ausführungen dieses Kapitels bereits bekannt vorkommen. Während die letzten Beispiele jedoch DOS-Programme darstellten, handelt es sich hier um ein Windows-Programm. Es kommt also keine Funktion main vor. Doch wo steckt die Funktion WinMain? Nun, sie wird vom Konstruktor der Klasse **CWinApp** aufgerufen. Das heißt, sobald ein Objekt erzeugt wird, das zur Klasse CWinApp oder zu einer von ihr abgeleiteten Klasse gehört, wird die Funktion WinMain automatisch gestartet und damit das gesamte Programm. In Zeile 15 wird die Klasse CAnwendung von CWinApp abgeleitet. Der Konstruktor von CAnwendung ruft also WinMain auf. In Zeile 28 wird das Objekt Mini der Klasse CAnwendung erzeugt. Dies startet den Konstruktor und damit das gesamte Programm!

Zeile 2: Objektorientierte Programme benötigen natürlich alle Definitionen und Deklarationen der Klassenbibliotheken. Daher muß statt windows.h die Datei afxwin.h eingebunden werden. (afx ist ein Kürzel für das Entwicklerteam der Firma Microsoft in Armond, USA, das die Microsoft Foundation Classes entwickelt.)

Zeile 3-12: Hier wird die Klasse CFenster von **CFrameWnd** abgeleitet. CFrameWnd ist eine Klasse, die komfortabel all das beinhaltet, was MainWndProc in C-Programmen erledigen muß. In den ersten Beispielen in diesem Buch hieß sie **FensterFunktion**.
Zeile 8-11: Für die Klasse CFenster wird nur der Konstruktor definiert.
Zeile 10: Der Konstruktor benutzt die Funktion create der Klasse, um ein Anwendungsfenster zu erzeugen. Die vier Parameter haben folgende Bedeutung:

NULL	Standard-Fenster-Attribute
"Tut gar nichts!"	Fenster-Titel
WS_OVERLAPPEDWINDOW	Fenstertyp
rectDefault	Fenstergröße und -position

Zeile 15-18: Hier wird die Klasse CAnwendung von CWinApp abgeleitet.
Zeile 17: Für abgeleitete Klassen von CWinApp muß immer die Mitgliedsfunktion **InitInstance** überschrieben werden! In dieser Zeile wird sie nur deklariert. Die eigentliche Definition folgt in den Zeilen 20-26.
Zeile 20-26: Hier wird die Funktion InitInstance der Klasse CAnwendung definiert.
Zeile 22: In *m_pMainWnd* (Klassenvariablen beginnen mit m_, p steht für Pointer) wird ein Pointer gespeichert, der vom Operator **new** geliefert wird, wenn er den Konstruktor der Klasse CFenster aufruft, um ein neues Anwendungsfenster zu erzeugen. Dieser Pointer ermöglicht der Klasse CAnwendung den Zugriff auf Objekte der Klasse CFenster.
Zeile 23: Wie bei Strukturen können auch Mitglieder von Objekten über Pointer aufgerufen werden. *m_pMainWnd* enthält den Pointer auf das Objekt CFenster. m_pMainWnd->ShowWindow ruft die Mitgliedsfunktion ShowWindow von CFenster auf. Sie stellt die Fensterdarstellung ein. Der Parameter *nCmdShow* entspricht dem Parameter, der von Windows übergeben wird, und legt fest, wie das Fenster dargestellt wird: Icon, Vollbild, Fenster, unsichtbar usw.
Zeile 24: Ebenfalls über den Pointer auf CFenster wird die Mitgliedsfunktion UpdateWindow aufgerufen. Sie aktualisiert die Fensterfläche.

Anmerkung: ShowWindow und UpdateWindow der Klasse CFrameWnd bzw. CFenster sind von CWnd geerbt worden. In der Dokumentation finden Sie die Beschreibungen also unter CWnd!

9.4 Zusammenfassung

In diesem Kapitel haben Sie aus der Sicht eines C-Programmierers kennengelernt, was hinter Klassen und Objekten steckt und welche Vorteile die objektorientierte Programmierung bietet. Sie haben die vordefinierten Windows-Klassen benutzt, um neue Klassen abzuleiten, und daraus ein Minimalprogramm erstellt.
Das Wichtigste sei nochmals zusammengefaßt:

- Klassen sind in C++ definierbare Datentypen. Sie enthalten Daten und Funktionen. Mit den Schlüsselwörtern private, protected und public wird festgelegt, ob die Daten und Funktionen nur von Mitgliedern der Klasse, zusätzlich von Mitgliedern abgeleiteter Klassen oder generell von allen aufgerufen werden können. Dadurch werden Daten gekapselt und das Programm unabhängig von der Datenimplementierung.
- Windows-Klassen sind vordefinierte Klassen-Familien mit allen Daten und Funktionen, die für die verschiedenen Komponenten von Windows-Anwendungen benötigt werden. Die wichtigsten sind CWinApp und CFrameWnd.
- Hauptbestandteile eines objektorientierten Windows-Programms sind:
  (1) Eine abgeleitete Klasse von CWinApp. Sie sorgt für die Initialisierung der Anwendung und ruft u. a. InitInstance auf, um die Instanz zu initialisieren.
  (2) Eine abgeleitete Klasse von CFrameWnd. Sie enthält alle Funktionen, um das Fenster zu erzeugen, die Fensterfläche zu aktualisieren usw. Sie überwacht auch die Meldungsschleife.
  (3) Eine Neudefinition von InitInstance. Diese Funktion muß bei den meisten Windows-Anwendungen das Fensterobjekt erzeugen, das Fenster anzeigen und die Fläche aktualisieren.
  (4) Die Erzeugung eines Objektes, das von CWinApp abstammt.
- Gestartet wird das Programm dadurch, daß Sie ein Objekt erzeugen, daß von CWinApp abstammt.

10 EIN TEXTEDITOR MIT MFC

Im Kapitel 9 haben Sie die Grundlagen für den Einsatz der Windows-Klassen am Beispiel der MFC von Microsoft kennengelernt. In diesem Kapitel werden wir einen kleinen Texteditor mit Hilfe dieser Klassen erstellen, der über alle Funktionen eines "Standard"-Windows-Programmes verfügt. Dabei machen wir in großem Maße Gebrauch von Standardeigenschaften der Klassen. Die Beispiele dieses Kapitels können Sie allerdings nur mit der Version MFC 2.0 ausprobieren, wie sie mit Visual C++ ausgeliefert wird.

10.1 Der Funktionsumfang

Was soll der Editor alles leisten? Zunächst soll er immer nur eine Datei bearbeiten, das heißt, er verwendet das SDI (Single Document Interface). Da er ansonsten Standardeigenschaften der Windows-Klassen benutzt, läßt sich sein Funktionsumfang am besten anhand von Menüs und Menübefehlen beschreiben.
Der Editor soll über drei Menüs verfügen:

- Datei
- Bearbeiten
- ? bzw. Hilfe

Das Menü *Datei* soll über die Befehle zum Erzeugen, Laden, Speichern und Drucken einer Datei verfügen. Zusätzlich soll jedoch die Druckereinrichtung und eine Bildschirmansicht der Druckseite möglich sein. Ebenso sollen die letzten Dateien, die mit dem Editor bearbeitet wurden, im Menü angezeigt werden.

Das Menü *Bearbeiten* enthält alle Befehle für die Zwischenablage, für Suchen und Ersetzen, sowie Befehle, um Änderungen zu wiederholen bzw. rückgängig zu machen.

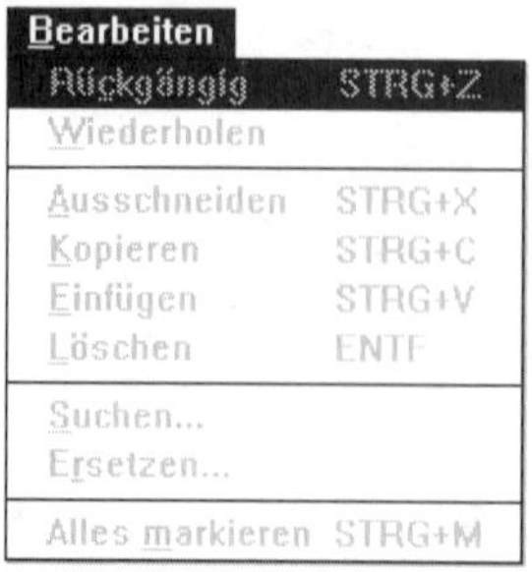

Das Menü "?" enthält nur einen Befehl, der ein Dialogfenster mit Angaben zum Copyright und zur Programmversion enthält.

Sofern einige Befehle Dialogfelder erfordern, werden die bereits bekannten Standarddialoge von Windows eingesetzt. Die Namen der zuletzt bearbeiteten Dateien müssen natürlich gespeichert werden. Dies geschieht automatisch in einer INI-Datei, die den Namen des Programms trägt.
Dies alles soll unser kleiner Editor leisten, ohne daß wir sehr viel Programmcode schreiben müssen.

10.2 Die Ressourcedatei

Als erstes erstellen wir die Ressourcedatei mit den Definitionen für Icon, Menüs, Abkürzungstasten, Dialogfelder und Zeichenketten-Tabellen.

```
/* prg10.rc */
#include "resource.h"

#include "afxres.h"

// Icon
IDR_MAINFRAME   ICON   DISCARDABLE   "MINICPP.ICO"

// Menu
IDR_MAINFRAME MENU PRELOAD DISCARDABLE
BEGIN
  POPUP "&Datei"
  BEGIN
    MENUITEM "&Neu\tSTRG+N",              ID_FILE_NEW
    MENUITEM "Ö&ffnen...\tSTRG+O",        ID_FILE_OPEN
    MENUITEM SEPARATOR
    MENUITEM "&Speichern\tSTRG+S",        ID_FILE_SAVE
    MENUITEM "Speichern &unter...",       ID_FILE_SAVE_AS
    MENUITEM SEPARATOR
    MENUITEM "Sei&tenansicht\tSTRG+A",    ID_FILE_PRINT_PREVIEW
    MENUITEM "&Drucken\tSTRG+D",          ID_FILE_PRINT
    MENUITEM "Drucker ein&richten...",    ID_FILE_PRINT_SETUP
    MENUITEM SEPARATOR
    MENUITEM "Letzte Datei",          ID_FILE_MRU_FILE1, GRAYED
    MENUITEM SEPARATOR
    MENUITEM "&Beenden\tALT+F4",          ID_APP_EXIT
  END
  POPUP "&Bearbeiten"
  BEGIN
    MENUITEM "&Rü&ckgängig\tSTRG+Z",      ID_EDIT_UNDO
    MENUITEM "&Wiederholen",              ID_EDIT_REPEAT
    MENUITEM SEPARATOR
    MENUITEM "&Ausschneiden\tSTRG+X",     ID_EDIT_CUT
    MENUITEM "&Kopieren\tSTRG+C",         ID_EDIT_COPY
    MENUITEM "&Einfügen\tSTRG+V",         ID_EDIT_PASTE
    MENUITEM "&Löschen\tENTF",            ID_EDIT_CLEAR
    MENUITEM SEPARATOR
    MENUITEM "&Suchen...",                ID_EDIT_FIND
    MENUITEM "E&rsetzen...",              ID_EDIT_REPLACE
    MENUITEM SEPARATOR
    MENUITEM "Alles &markieren\tSTRG+M",ID_EDIT_SELECT_ALL
  END
  POPUP "&?"
  BEGIN
    MENUITEM "&Über MiniMFC...",          ID_APP_ABOUT
  END
END

// Accelerator
 IDR_MAINFRAME ACCELERATORS PRELOAD MOVEABLE PURE
 BEGIN
   "A",       ID_FILE_PRINT_PREVIEW, VIRTKEY,CONTROL, NOINVERT
   "C",       ID_EDIT_COPY,          VIRTKEY,CONTROL, NOINVERT
   "D",       ID_FILE_PRINT,         VIRTKEY,CONTROL, NOINVERT
   "M",       ID_EDIT_SELECT_ALL,    VIRTKEY,CONTROL, NOINVERT
   "N",       ID_FILE_NEW,           VIRTKEY,CONTROL, NOINVERT
   "O",       ID_FILE_OPEN,          VIRTKEY,CONTROL, NOINVERT
   "S",       ID_FILE_SAVE,          VIRTKEY,CONTROL, NOINVERT
   "V",       ID_EDIT_PASTE,         VIRTKEY,CONTROL, NOINVERT
   VK_BACK,   ID_EDIT_UNDO,          VIRTKEY,ALT, NOINVERT
   VK_DELETE, ID_EDIT_CLEAR,         VIRTKEY,NOINVERT
```

```
/* 64*/    VK_DELETE, ID_EDIT_CUT,           VIRTKEY,SHIFT, NOINVERT
/* 65*/    VK_F4,     ID_APP_EXIT,           VIRTKEY,ALT, NOINVERT
/* 66*/    VK_INSERT, ID_EDIT_COPY,          VIRTKEY,CONTROL, NOINVERT
/* 67*/    VK_INSERT, ID_EDIT_PASTE,         VIRTKEY,SHIFT, NOINVERT
/* 68*/    VK_RETURN, ID_EDIT_REPEAT,        VIRTKEY,ALT, NOINVERT
/* 69*/    "X",       ID_EDIT_CUT,           VIRTKEY,CONTROL, NOINVERT
/* 70*/    "Z",       ID_EDIT_UNDO,          VIRTKEY,CONTROL, NOINVERT
/* 71*/ END
/* 72*/
/* 73*/ // Dialog
/* 74*/ IDD_ABOUTBOX DIALOG DISCARDABLE  34, 22, 217, 55
/* 75*/ STYLE DS_MODALFRAME | WS_POPUP | WS_CAPTION | WS_SYSMENU
/* 76*/ CAPTION "Über MINIMFC"
/* 77*/ FONT 8, "MS Sans Serif"
/* 78*/ BEGIN
/* 79*/   ICON          IDR_MAINFRAME,IDC_STATIC,11,17,18,20
/* 80*/   LTEXT         "Mini MFC-Programm",IDC_STATIC,40,10,119,8
/* 81*/   LTEXT         "Copyright \251 1993",IDC_STATIC,40,25,119,8
/* 82*/   DEFPUSHBUTTON "OK",IDOK,176,6,32,14,WS_GROUP
/* 83*/ END
/* 84*/
/* 85*/
/* 86*/ ////////////////////////////////////////////////////////////////
/* 87*/ //
/* 88*/ // String Table
/* 89*/ //
/* 90*/
/* 91*/ STRINGTABLE PRELOAD DISCARDABLE
/* 92*/ BEGIN
/* 93*/   AFX_IDS_APP_TITLE    "Mini MFC Editor"
/* 94*/ END
/* 95*/
/* 96*/ STRINGTABLE PRELOAD DISCARDABLE
/* 97*/ BEGIN
/* 98*/   IDR_MAINFRAME  "Mini MFC Editor\n[unbenannt]\nTexte\n
                          Textdateien (*.TXT)\n.TXT"
/* 99*/ END
/*100*/
/*101*/
        #include "afxres.rc"
        #include "afxprint.rc"
/*104*/
```

Zeile 2: Die eingebundene Datei resource.h enthält die beiden einzigen selbst zu definierenden Symbole.

```
#define IDR_MAINFRAME 2
#define IDD_ABOUTBOX  100
```

Zeile 5: Die Datei afxres.h muß eingebunden werden. Sie enthält unter anderem alle vordefinierten Symbole für die Menüs und ist immer erforderlich, wenn von Befehlsstandards der Klassen Gebrauch gemacht wird.

Zeile 9: Hier wird die Datei festgelegt, die das Icon enthält. Der Symbolname folgt einer Microsoft-Konvention: Alle Namen beginnen mit ID, gefolgt von einem Kennbuchstaben und Unterstrich (_). Der Kennbuchstabe R steht hier für Ressource.

Zeile 12-49: Die Menüdefinition kennen Sie bereits. Zu beachten ist hier jedoch, daß nur vordefinierte Symbole benutzt werden. Die einzige Ausnahme ist ID_APP_ABOUT.

Zeile 52-71: Hier werden Abkürzungstasten für einige Befehle definiert. Jede Definition besteht aus drei Angaben: der Tastenbezeichnung, den Befehlssymbolen und einer Attributliste. Die Funktionstasten tragen symbolische Bezeichnungen wie beispielsweise VK_F4 für die Funktionstaste [F4]. Die Attribute legen mit CONTROL, ALT und SHIFT Tastenkombinationen fest. Einigen Befehlen, beispielsweise Kopieren, werden zwei Abkürzungstasten zugewiesen. Eine, hier [Strg]+[C], entspricht der neuen Konvention, die andere, [Strg]+[Einfg], der alten. NOINVERT bewirkt, daß die Befehle bzw. Menüs nicht "aufblitzen", wenn die entsprechende Abkürzungstaste benutzt wird.

Zeile 74-83: Die Definition des Info-Dialogfeldes beinhaltet nichts Neues.

Zeile 91-99: Hier werden der Name der Anwendung für Standardfehlerdialoge und eine zusammengesetzte Zeichenkette definiert. Letztere trägt den gleichen Symbolnamen wie das Icon, das Menü und die Abkürzungstasten. Dies ist wichtig, damit alle Ressourcen, die zu einem Fenster gehören, auch vom Programm aktiviert werden können. Die Teile der Zeichenkette werden durch binäre Nullen (\0) voneinander getrennt. Die einzelnen Komponenten bedeuten von links nach rechts: den Text der Titelleiste, den Namen einer noch nicht gespeicherten Datei, den Dokumenttyp für ein Auswahlfenster bei mehreren Dokumenttypen (wie Excel), das anzuzeigende Format für Öffnen- und Speicherndialogfelder sowie die Standard-Dateinamenserweiterung.

Zeile 102: afxres.rc wird eingeschlossen, damit Standardzeichenketten verfügbar sind.

Zeile 103: afxprint.rc wird eingeschlossen, damit die vordefinierten Dialogfelddefinitionen für Druckbefehle wie beispielsweise die Seitenansicht verfügbar sind.

Das Wesentliche an der Resssourcendatei prg10.rc sind drei Dinge:

(1) Es werden die Dateien afxres.h, afxres.rc und afxprint.rc eingebunden.

(2) Für Standardbefehle werden nur Standardsymbole verwendet, die bereits in afxres.h von Microsoft definiert worden sind.
(3) Die Ressourcen der Typen Menü, Icon, Abkürzungstasten und Zeichenketten, die gleichzeitig von einem Programm benutzt werden, tragen den gleichen Symbolnamen, in unserem Beispiel IDR_MAINFRAME.

Doch nun zum Programm.

10.3 Das Programm

Es verwendet ausschließlich Klassen der MFC mit eingebauten Standards. Lediglich drei Mitgliedsfunktionen werden neu definiert, und eine kommt neu für den Hilfe-Über-Befehl hinzu. Bei den in Großbuchstaben geschriebenen "Funktionen" handelt es sich um Präprozessor-Makros, die in afxwin.h definiert sind.

```
/* prg10.cpp */
        #include <afxwin.h>
        #include <afxext.h>
        #include "resource.h"

class CFenster : public CFrameWnd
{
    DECLARE_DYNCREATE(CFenster)
};

class CAnwendung : public CWinApp
{
    BOOL InitInstance();
    afx_msg void OnAppAbout();
    DECLARE_MESSAGE_MAP()
};

class CDaten : public CDocument
{
    DECLARE_DYNCREATE(CDaten)
    void Serialize(CArchive& ar);
    void DeleteContents();
};

class CAnzeige : public CEditView
{
    DECLARE_DYNCREATE(CAnzeige)
    DECLARE_MESSAGE_MAP()
};

IMPLEMENT_DYNCREATE(CFenster,CFrameWnd)
IMPLEMENT_DYNCREATE(CDaten,CDocument)
IMPLEMENT_DYNCREATE(CAnzeige,CEditView)

BEGIN_MESSAGE_MAP(CAnwendung,CWinApp)
    ON_COMMAND(ID_APP_ABOUT, OnAppAbout)
    ON_COMMAND(ID_FILE_NEW,OnFileNew)
    ON_COMMAND(ID_FILE_OPEN,OnFileOpen)
    ON_COMMAND(ID_FILE_PRINT_SETUP,OnFilePrintSetup)
END_MESSAGE_MAP()

BEGIN_MESSAGE_MAP(CAnzeige,CEditView)
    ON_COMMAND(ID_FILE_PRINT_PREVIEW,OnFilePrintPreview)
END_MESSAGE_MAP()

CAnwendung::InitInstance()
{
 LoadStdProfileSettings();
 AddDocTemplate(new CSingleDocTemplate
                (IDR_MAINFRAME,
                 RUNTIME_CLASS(CDaten),
                 RUNTIME_CLASS(CFrameWnd),
                 RUNTIME_CLASS(CAnzeige)));
 OnFileNew();
 return TRUE;
}

void CAnwendung::OnAppAbout()
{
    CDialog(IDD_ABOUTBOX).DoModal();
}

```

```
/* 62*/  void CDaten::Serialize(CArchive& ar)
/* 63*/  {
/* 64*/      ((CEditView*)m_viewList.GetHead())->SerializeRaw(ar);
/* 65*/  }
/* 66*/
/* 67*/  void CDaten::DeleteContents()
/* 68*/  {
/* 69*/      if(m_viewList.IsEmpty()) return;
/* 70*/      ((CEditView*)m_viewList.GetHead())->DeleteContents();
/* 71*/  }
/* 72*/
/* 73*/ CAnwendung Anwendung;
```

Zeile 2-4: Von den eingebundenen Include-Dateien ist afxwin.h immer notwendig, wenn MFC benutzt wird. Die Datei resource.h enthält selbstdefinierte Symbole (IDC_MAINFRAME und IDD_ABOUTBOX). afxext.h wird u. a. für die Klasse CEditView benötigt.
Zeile 6-9: Die Klasse CFenster wird von CFrameWnd abgeleitet. Dadurch wird unser Programm automatisch eine SDI-Anwendung, das heißt, daß immer nur ein Datei-Fenster benutzt werden kann.
Zeile 8: Das Makro DECLARE_DYNCREATE füllt eine Struktur mit Angaben zur Klasse CFenster. Dadurch kann das Fenster zur Laufzeit des Programms dynamisch erzeugt werden. Dies ist notwendig, wenn Daten beispielsweise sowohl als Tabelle als auch als Grafik dargestellt werden sollen. Dies erfordert zwei unterschiedliche Menüsysteme, Fensterdarstellungen usw.
Zeile 11-16: Die Anwendungsklasse CAnwendung wird von CWinApp abgeleitet. Die Anwendung wird natürlich nicht dynamisch während der Laufzeit, sondern vom Compiler erzeugt.
Zeile 13: Die Initialisierungsfunktion der Programminstanz wird wie immer überschrieben.
Zeile 14: Die Klasse erhält eine neue Funktion, die Meldungen verarbeitet. Sie wird für den Befehl *Hilfe Über* benötigt.
Zeile 15: Das Makro DECLARE_MESSAGE_MAP verbindet die Klassendefinition mit einem durch die Makros BEGIN_MESSAGE_MAP und END_MESSAGE_MAP begrenzten Block. In diesem Block werden die für die jeweiligen Meldungen zuständigen Funktionen der Klasse festgelegt.
Zeile 18-23: Hier wird eine neue Klasse benutzt. CDocument verkapselt die Daten einer Anwendung und verfügt über Speicher- und Ladefunktionen. Wenn ein Programm unterschiedliche Datenorganisationen verwendet, müssen von CDocument mehrere Klassen abgeleitet werden. Kann eine Anwendung beispielsweise Text- und

Bild-Dateien anzeigen, so müssen zwei Klassen von CDocument abgeleitet werden, die unterschiedlich modifiziert werden.

Zeile 20: Auch die Datenorganisation steht erst während der Laufzeit fest. Daher wird auch diese Klasse mit DECLARE_DYNCREATE bestimmt.

Zeile 21: Die Mitgliedsfunktion Serialize lädt und speichert Daten und muß neu definiert werden. Sie verwendet ein Objekt ar der Klasse CArchive. Diese Klasse verkapselt Dateien und enthält Funktionen zum Lesen und Schreiben.

Zeile 22: Die Funktion DeleteContents muß definiert werden, um die Daten im Arbeitsspeicher zu löschen bzw. leere Speicherplätze zu schaffen.

Zeile 25-29: Hier wird von einer weiteren neuen Klasse, nämlich CEditView, eine Klasse abgeleitet. Diese Klasse verkapselt die Datendarstellung von Texten im Fenster. Sie ist selbst abgeleitet von CView, die allgemein die Datendarstellung bestimmt, jedoch für die Belange des Programms angepaßt werden muß.

Zeile 27: Die Fensterdarstellung hängt ab von der Datenorganisation, daher auch hier das Makro DECLARE_DYNCREATE.

Zeile 28: Auch Funktionen dieser Klasse müssen auf Meldungen reagieren, daher wird DECLARE_MESSAGE_MAP benutzt.

Zeile 31-33: Das Makro IMPLEMENT_DYNCREATE muß zusammen mit DECLARE_DYNCREATE benutzt werden.

Zeile 35-40: Hier werden die Funktionen der Klasse CAnwendung bestimmten Meldungen zugeordnet. Bis auf OnAppAbout sind alle Funktionen bereits standardmäßig in der Klasse CWinApp definiert und an CAnwendung vererbt worden. OnAppAbout wird später definiert.

Zeile 41-44: Die einzige Meldung, auf die eine Funktion von CAnzeige reagieren muß, ist ID_FILE_PRINT_PREVIEW. Dies erzeugt die Seitenansicht. Die Mitgliedsfunktion OnFilePrintPreview ist bereits in CEditView eingebaut und vererbt worden.

Zeile 46-55: Die Initialisierungsfunktion muß immer definiert werden. Hier wird jedoch eine andere Methode als in Kapitel 9 verwendet. Die Initialisierung enthält drei Schritte:

Zeile 48: LoadStdProfileSettings lädt aus der INI-Datei des Programms die Standardeinstellungen. Dies sind in unserem Fall, da wir diese Mitgliedsfunktion nicht neu definiert haben, die Namen der zuletzt bearbeiteten Dateien.

Zeile 49-52: Eine verkapselte Mitgliedsvariable von CWinApp enthält eine Liste von sogenannten Dokumentenmustern. Jedes ist ein Objekt der Klasse SingleDocTemplate und enthält Ressourcen sowie jeweils eine Daten-, Fenster- und Darstellungsklasse. Mit dem Operator *new* wird hier das erste und einzige Element erzeugt und mit AddDocTemplate dieser Liste hinzugefügt. Dieses Element besteht aus allen Ressourcen IDR_MAINFRAME, der Datenklasse CDaten, der Fensterklasse CFrameWnd und der Darstellungsklasse CAnzeige.

Zeile 53: OnFileNew erzeugt nun entsprechend dem Muster ein Objekt, das heißt, es erstellt einen leeren Datenpuffer und bringt ihn im Fenster zur Bearbeitung auf den Bildschirm.

Zeile 54: Die Initialisierungsfunktion muß TRUE zurückgeben.

Zeile 57-60: Die Funktion OnAppAbout muß noch definiert werden:

Zeile 59: Das Objekt CDialog enthält alle Daten und Funktionen für ein Dialogfeld. Hier wird die Mitgliedsfunktion DoModal für die Ressource IDD_ABOUTBOX aufgerufen, um ein modales Dialogfeld zu erzeugen.

Zeile 62-65: Die bereits deklarierte Funktion Serialize der Klasse CDaten wird hier definiert:

Zeile 64: Hier wird nur die Funktion SerializeRaw der Klasse CEditView aufgerufen, die bereits vordefiniert ist und reine Texte lädt und speichert. Allerdings wirkt das Konstrukt etwas abschreckend. Die Funktion SerializeRaw erhält als Argument immer ein Objekt der Archivklasse, hier ar. Aufgerufen wird sie über einen Pointer, der auf das Objekt der Klasse CEditView zeigt (->). *m_viewList* ist ein Datenmitglied der Klasse CDocument und enthält die Objektliste der Darstellungsobjekte, die durch AddDocTemplate erzeugt wurde. Die Mitgliedsfunktion GetHead der Klasse *m_viewList* liefert einen Pointer auf das erste Element dieser Liste. Der Cast (CEditView*) erzeugt die korrekte Adreßform für diesen Pointer.

Zeile 67-71: Hier wird die deklarierte Funktion DeleteContents der Klasse CDaten definiert:

Zeile 69: Die Funktion **IsEmpty** ermittelt, ob das Objekt der eigenen Klasse leer ist. In diesem Falle würde ein Löschversuch zu einem Programmabsturz führen, daher wird die Funktion in diesem Falle sofort beendet. Diese Sicherheitsabfrage ist notwendig, weil DeleteContents auch automatisch beim Programmende aufgerufen wird. Dann ist aber das Darstellungsobjekt bereits vernichtet.

Zeile 70: Hier wird die Funktion DeleteContents aus der Klasse CEditView aufgerufen. Der Pointer für den Aufruf wird genauso wie in Zeile 64 ermittelt.

Zeile 73: Ein Objekt der Klasse CAnwendung wird erzeugt. Der Konstruktor startet dabei das gesamte Programm.

10.4 Zusammenfassung

Am Beispiel eines kleinen Texteditors haben Sie die Grundelemente einer vollständigen Anwendung auf der Basis der MFC kennengelernt.

Die Anwendung benutzt vier Klassen:

(1) die Anwendungsklasse, abgeleitet von CWinApp,

(2) eine Fensterklasse, abgeleitet hier von CFrameWnd,

(3) die Datenklasse, abgeleitet von CDocument und

(4) einer Darstellungsklasse, im Beispiel CEditView.

Alle Klassen bis auf die Anwendungsklasse werden zur Laufzeit erzeugt. Die Klassendefinition enthält hierzu das Makro DECLARE_DYNCREATE; das Programm erhält das Makro IMPLEMENT_DYNCREATE.

Die Definitionen der Klassen, deren Funktionen auf Meldungen reagieren müssen, enthalten das Makro DECLARE_MESSAGE_MAP. Im Programm wird für jede dieser Klassen jeweils zwischen den Makros BEGIN_MESSAGE_MAP und END_MESSAGE_MAP mittels ON_COMMAND der Meldung die entsprechende Funktion zugewiesen.

Mindestens drei Funktionen müssen immer neu definiert werden:

- InitInstance
- Serialize
- DeleteContents.

Die Initialisierungsfunktion benötigt zwei Anweisungen:

- Aufnahme des Musters in die Dokumentliste
- Erzeugung eines Musters.

11 PROJEKTE FÜR WINDOWS

Sie haben in den ersten zehn Kapiteln dieses Buches gelernt, wie Windows-Programme in C formuliert werden müssen. Zusätzlich haben Sie einen Einblick in die Verwendung der Windows-Klassen bei der objektorientierten Programmierung mit C++ erhalten. Wie Sie dabei gesehen haben, nimmt sowohl der Umfang der Programmdateien als auch die Anzahl der Dateien eines Projektes rasch zu.
In diesem Kapitel wollen wir Ihnen daher einige nützliche Tips und Methoden aus der Praxis vorstellen, die es Ihnen erleichtern werden, ein eigenes Projekt durchzuführen und zu verwalten.

11.1 Allgemeine Organisation

Verzeichnisse

So wie Sie Ihre Anwendungen, also fertige Programme, auf der Festplatte in separaten Verzeichnissen organisieren, so sollten Sie auch von vornherein für jedes Ihrer Projekte ein eigenes Verzeichnis erstellen. Dies dient nicht nur der Übersicht, sondern hat weitere Vorteile:

(1) die Datensicherung wird einfacher und schneller
(2) das fertige Programm mit Zusatzdateien läßt sich leichter auf Disketten kopieren
(3) Dateien können unter gleichem Namen modifiziert in verschiedenen Projekten verwendet werden.

Dateien

Wenn Sie in C programmieren, so müssen Sie berücksichtigen, daß zwei Compiler, der C-Compiler und der Ressource-Compiler, Ihre Programmdateien bearbeiten müssen. Dabei benötigt jeder spezielle Informationen aus Include-Dateien, die der andere unter Umständen nicht verarbeiten kann. Daher müssen Sie mit mehreren Include-Dateien arbeiten; eine enthält die Symbole (#define IDD_APPBOX usw.) und eine andere Variablen- und Funktionsdeklarationen. Die folgende Abbildung zeigt eine mögliche Organisation.

Verarbeitungsfolge der Dateien

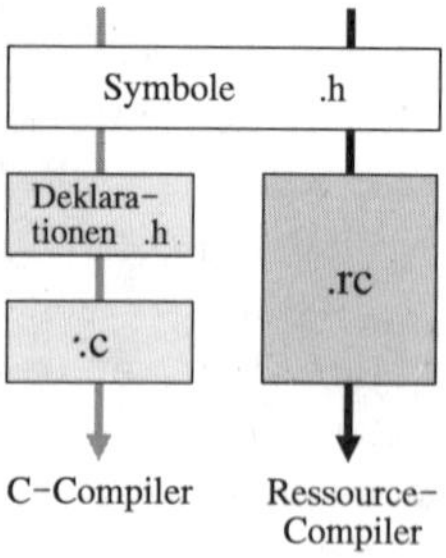

Die RC-Datei enthält hier nur die Include-Anweisung für die Symboldatei; die C-Datei enthält beide Include-Anweisungen. Entsprechend müssen Sie verfahren, wenn Ihr Programm nicht aus einer C-Datei, sondern aus mehreren besteht. Es gibt dann unter Umständen Deklarationen, die für alle Programmteile benötigt werden, und solche, die ein einzelnes Modul benötigt.
So legt Visual C++ beispielsweise für jede Klasse Ihres Programmes eine Include-Datei für die Klassenableitung und eine CPP-Datei für die Klassenimplementierung, ferner Include- und Programmdatei für das Hauptmodul an.

Namen

Nicht nur die Organisation von Verzeichnissen und Dateien bestimmt Ihre Produktivität, sondern auch die Konvention bei der Namensvergabe an Variablen und Symbole.
Es ist üblich, den Symbolen Namen zu geben, die mit ID beginnen, gefolgt von einem weiteren Kennbuchstaben, der den Typ bestimmt. Durch einen Unterstreichungsstrich getrennt, folgt der eigentliche Name. Die folgende Liste führt die verschiedenen Typen auf.

IDR_	Mehrfach-Ressourcen allgemein
IDD_	Dialogfelddefinitionen
IDC_	Cursordefinitionen
IDI_	Icondefinitionen
IDB_	Bitmapdefinitionen
IDM_	Menüs
ID_	Befehle
IDC_	Kontrollelemente
IDS_	Zeichenkette
IDP_	Zeichenkette für Dialogfeldanzeigen

11.2 Das Rahmenprogramm

Beginnen Sie ein neues Projekt mit einigen Grundsatzentscheidungen. Hierzu gehört die Entscheidung, welche Windows-Funktionalität das Programm unterstützen soll. Beispiele sind:

- Unterstützt das Programm MDI oder SDI?
- Welche Darstellungsarten bzw. Dokumenttypen werden verwendet?
- Wird die Zwischenablage benutzt?
- Wird DDE unterstützt?
- Wird OLE unterstützt?
- Wird Hilfe angeboten?
- Welche Schriftarten werden verwendet?
- Welche Optionen soll das Programm speichern?

Nachdem Sie diese Punkte festgelegt haben, erstellen Sie das Rahmenprogramm, also das Modul mit WinMain sowie der Anwendungs- und Instanzinitialisierung mit der Meldungsschleife.

Tip: Weichen Sie von dieser Vorgabe nicht mehr ab. Entwickeln Sie das Programm, bis es lauffähig ist. Erst dann sollten Sie Erweiterungen planen.

11.3 Die Ressourcen

Als zweiten Schritt sollten Sie alle Ressourcen entwerfen. Denken Sie dabei an folgendes:

- Menüs:

Sie brauchen eventuell mehrere, ein Grundmenü und je eines für jeden Dokumenttyp (Beispiel: Excel). Planen Sie den Befehlsstatus, das heißt, wann wird er kontrastarm dargestellt, wann aktiv, wann wird er markiert usw.

- Icons:

Vielleicht wollen Sie dem Anwender mehrere Symbole zur Auswahl anbieten?

- Bilder:

Sie können Dialogfelder mit zusätzlichen Grafiken verständlicher gestalten.

- Dialogfelder:

Verwenden Sie primär die Dialogfelder der COMMDLG.DLL.

- Cursor:

Verwenden Sie primär die vordefinierten Cursor wie beispielsweise IDC_ARROW, IDC_CROSS, IDC_IBEAM und IDC_WAIT. Ein grafischer Cursor, der den Anwender intuitiv zur richtigen Aktion verleitet, ist jedoch besser (Beispiel: Schere zum Ausschneiden).

- Zeichenketten:

Definieren Sie Zeichenketten in der Ressourcendatei. Ein solches Programm läßt sich viel einfacher in eine andere Sprache, beispielsweise ins Englische übertragen.

- Abkürzungstasten:

Definieren Sie nicht für jeden Befehl eine Abkürzungstaste. Diese sollten für solche Aktionen gewählt werden, die vom Anwender häufig benötigt werden. Achten Sie auf leichte Einprägbarkeit. Also besser [Strg]+[D] für Drucken statt [Strg]+[F5]. Beachten Sie, daß Windows bereits Abkürzungstasten verwendet.

Erstellen Sie alle benötigten Ressourcendateien. Sie können dann mit dem Ressourcen-Compiler eine RES-Datei erstellen (Option -r). So wird die Programmerstellung in den Testphasen beschleunigt, denn Sie müssen nur noch das Programm compilieren und mit den Ressourcen verknüpfen.

11.4 Die essentiellen Funktionen

Erstellen Sie danach die anwendungsspezifischen Funktionen, die die "Essenz" Ihres Programms ausmachen. Unabhängig von den Testmöglichkeiten der jeweiligen Entwicklungsumgebung können Sie zusätzliche Meldungsanweisungen in Ihr Programm aufnehmen, die nur mitcompiliert werden, wenn Sie Ihr Programm testen wollen.
Beispiel:

```
#ifdef _DEBUG

Messagebox(.......);
#endif
```

Dieser Programmteil wird mitcompiliert, wenn Sie den Schalter /D_DEBUG beim Compileraufruf benutzen. Das Programm zeigt an dieser Stelle dann ein Dialogfeld, mit dem beispielsweise Variableninhalte angezeigt werden können. Compilieren Sie ohne Angabe des Schalters, so wird die Anweisung nicht ins Programm übernommen. So benötigen Sie in vielen Fällen keinen Debugger und brauchen Ihr Programm auch nicht zu überarbeiten, wenn es fertig ist.

11.5 Programm erstellen

Erst wenn Sie sicher sind, daß Ihr Programm einwandfrei läuft, sollten Sie versuchen, es beispielsweise hinsichtlich Speicherbedarf oder Geschwindigkeit zu optimieren. In vielen Fällen wird das jedoch nicht nötig sein.
Eine spezielle Optimierung bietet Visual C++. Mit dem Schalter /G3 erzeugt der Compiler speziellen Code für 386er und 486er Prozessoren. Ihr Programm läuft dann allerdings auf keinem 286er Rechner mehr.

Anmerkung: Verwechseln Sie nicht 386er-Code mit 32-bit-Code. Keine der Entwicklungsumgebungen erzeugt zur Zeit Programme, die den linearen Adreßraum benutzen, also beispielweise direkt unter Windows NT laufen.

ANHANG

A Produktvergleich

Die folgende Tabelle soll einen Überblick über die Hardwareanforderungen und den Leistungsumfang der Entwicklungsumgebungen ermöglichen, mit denen die Beispiele dieses Buches durchgeführt werden können. Ein detaillierter Leistungsvergleich ist nicht beabsichtigt.

Produkt	**MS-C/C++**	**Quick-C**	**Borland C++ f. W**	**Turbo C++ f. W**	**Visual C++**
Umgebung	DOS/ Windows	Windows	DOS/ Windows	Windows	Windows
C++-Compiler	ja	nein	ja	ja	ja
Prozessor	ab 386	ab 286	ab 286	ab 286	ab 386
RAM min/empf	4MB/8 MB	2MB/4MB	4MB/8MB	3 MB	4MB/6MB
HD min/empf	18MB/ 52MB	7MB	50 MB	12 MB	30MB/60MB
Win-Klassen	MFC 1.0	nein	OWL	ja	MFC 2.0
Dialog Editor	ja	ja	Resource-Workshop	Resource-Workshop	App.Studio
Image-Editor	ja	ja	"	"	"

Produkt	MS-C/C++	Quick-C	Borland C++ f. W	Turbo C++ f. W	Visual C++ f. W
Font-Editor	ja	nein	Resource-Workshop	Resource-Workshop	ja
Hotspot-E.	ja	nein	ja	ja	ja
Help-Compiler	ja	nein	von MS	ja	ja
Makro-Assemb.	nein	nein	ja	ja	nein

Anmerkung: Visual C++ ist in zwei Versionen verfügbar, der Standard- und der Professional-Version. Die Standard-Version löst Quick-C für Windows ab und enthält keinen Optimierungscompiler, keine SDK-Tools und ist in den Debug-Möglichkeiten eingeschränkt. Die Professional-Version ist der Nachfolger von C/C++ 7.0.

B Weitere Tools

Die C-Entwicklungssysteme für Windows-Anwendungen enthalten eine unterschiedliche Zahl weiterer Tools für die fortgeschrittene Programmierung, den Programmtest und zur Optimierung der Anwendungen. Die wichtigsten sollen an dieser Stelle mit ihrem Verwendungszweck genannt werden:

Debugging

Spezielle Programme erlauben es, die Windows-Anwendungen direkt zu testen, indem ihr Ablauf in allen Details verfolgt wird. Es können auch spezielle Situationen oder Anwenderbefehle simuliert werden.

MS-C/C++: CVW.EXE, der CodeView Single Monitor f. Windows
SDK: CVW3.EXE ist CodeView für Windows Ver. 3
MS-C/C++: CVW4.EXE ist CodeView für Windows Ver. 4
MS-C/C++: RCVWCOM.EXE, die MS-DOS-Serial Debug Utility für Windows

MS-C/C++: WDEB386.EXE, die Serial Debug Utility für die systeminterne Ebene
Borland: TDW

Andere Programme testen die Anwendungen indirekt, das heißt, sie unterwerfen sie speziellen Bedingungen. So können sie neben Arbeitsspeicher und Festplattenspeicher dem Programm auch während des Ablaufes Dateihandles dadurch entziehen, daß sie diese Ressourcen für sich selbst reservieren (engl.: allocate).

MS-SDK: STRESS.EXE

Monitorprogramme

Mit dem Programm Dr. Watson von Microsoft (DRWATSON.EXE) lassen sich Windows- und Windowsanwendungs-Fehler in Dateien festhalten, damit man auch nach einem Absturz des Systems die Ursachen feststellen kann. Dieses Programm läuft im Hintergrund und überwacht das System. Falls notwendig, kann Dr. Watson so eingestellt werden, daß eine Windows-Anwendung selbst nach einem sogenannten GP-Fehler (Allgemeine Speicherschutzverletzung, engl.: General Protection) weiterläuft.
Bei Borland C++ werden ähnliche Aufgaben vom Programm WINSPECTOR übernommen.
Einige Programme erlauben die simultane Überwachung des Arbeitsspeichers während des Programmablaufs. Sie zeigen Speicheradressen und die Speicherverwendung an. So kann man beispielsweise feststellen, ob Programme bestimmte Ressourcen nach ihrer Verwendung auch wieder korrekt freigeben.

MS-SDK: HEAPWALK.EXE für globalen Speicher von Windows und lokalen Speicher der Anwendungen

Die Nachrichten, die zwischen den Windows-Anwendungen und Windows ausgetauscht werden, können ebenfalls mit verschiedenen Programmen laufend überwacht werden.

SDK:	SPY.EXE	überwacht Windows-Nachrichten
Borland:	WINSIGHT	dto.
SDK:	DDESPY.EXE	überwacht DDE-Nachrichten und -aktivitäten.

Analyse

Zur Analyse des Computersystems, der Hardware und der Software, dienen spezielle Diagnoseprogramme. Sie zeigen an, welcher Prozessor eingebaut ist, wie groß der Arbeitsspeicher und die Festplatte sind, welches Betriebssystem und welcher Maustreiber geladen sind, und vieles mehr.

Microsoft:	MSD.EXE	kann von DOS (optional) und Windows gestartet werden.

Dateien, die Programmcode enthalten, wie beispielsweise Windows-Anwendungen, Dynamische Link-Bibliotheken (DLL) und Font-Dateien, enthalten im sogenannten Kopfteil (engl.: header) Verwaltungsinformationen. Diese können mit speziellen Programmen angezeigt und verändert werden.

MS-C/C++: EXEHDR.EXE

Mit anderen Programmen kann man feststellen, welche Teile einer Windows-Anwendung häufig durchlaufen werden, also die zeitkritischen Komponenten sind. Wenn man diese dann optimiert, so gelangt man zu einer besseren Performance der gesamten Anwendung.

SDK: Profiler
Borland: TPROF/W

Sonstiges

Wenn man Teile des grafischen Windows-Bildschirms vergrößern möchte, um Details zu ermitteln oder sie zu kopieren (Alt+Druck), so kann man sich sogenannter Zoom-Utilities bedienen. Ihre Anwendungsfläche wirkt wie eine Lupe und muß nur auf die gewünschte Stelle gezogen werden.

SDK: ZOOMIN.EXE

Mit Hilfe eines Font-Editors werden bestehende Font-Dateien verändert oder neue erzeugt. Je nach Art des Programms können bestimmte Typen von Fonts, wie Raster-, Vektor- und TrueType-Fonts, bearbeitet werden.

SDK:	FONTEDIT.EXE	nur für feste und proportionale Raster-Fonts
Borland:	Resource-Workshop	

Da Anwendungen für Windows oft aus vielen und manchmal auch großen Dateien bestehen, gibt es Hilfsprogramme zur Komprimierung und Expandierung. So kann man große Anwendungen auf einer noch halbwegs erträglichen Zahl von Disketten ausliefern.

SDK: COMPRESS.EXE und EXPAND.EXE

Alte Anwendungen für Windows müssen nicht bei neuen Windows-Versionen auch neu übersetzt werden. Haben Tests ergeben, daß sie einwandfrei arbeiten, so können sie interne Markierungen erhalten, die Windows mitteilen, daß sie zur aktuellen Version passen.

SDK: MARK.EXE

C Funktionen

Die folgende Liste enthält beispielhaft einige Funktionen, die im Buch noch nicht ausführlich erläutert wurden. Für eine vollständige und ausführliche Beschreibung aller Funktionen sehen Sie bitte in der Online-Hilfe oder den Handbüchern nach.

MessageBox

■ Syntax:

int MessageBox(*hWndParent, lpText, lpCaption, wType*)

Diese Funktion erzeugt ein Fenster mit einer Titelleiste und einer Meldung. Zusätzlich enthält das Meldungsfeld ein vordefiniertes Symbol und eine oder mehrere Schaltflächen.

Der Parameter *hWndParent* ist ein Bezug auf das Fenster oder das

Dialogfeld, zu dem das Meldungsfeld gehört. *lpText* zeigt auf eine Zeichenkette, die die darzustellende Nachricht enthält. Wenn *lpCaption* NULL ist, wird als Titelleiste "Error" bzw. "Fehler" ausgegeben. Ansonsten erscheint der eingegebene Text. Der Parameter *wType* legt den Aufbau des Meldungsfeldes fest. Es kann sich dabei um eine beliebige Kombination der untenstehenden Werte handeln. Wird mehr als ein Wert verwendet, werden sie durch den bitweisen ODER-Operator (|) verknüpft (MB_ICONSTOP | MB_OK).

MB_ABORTRETRYIGNORE Drei Schaltflächen: *Abbrechen*, *Wiederholen*, *Ignorieren*.

MB_APPLMODAL Der Benutzer muß auf die Meldungsbox reagieren, bevor er mit dem Fenster weiterarbeiten kann. Er kann jedoch zu einer anderen Anwendung umschalten. Diese Einstellung ist Standard, wenn weder MB_SYSTEMMODAL noch MB_TASKMODAL angegeben sind.

MB_DEFBUTTON1 Die erste Schaltfläche ist Standard. Beachten Sie, daß die erste Schaltfläche standardmäßig immer ausgewählt ist, wenn nicht MB_DEFBUTTON2 oder MB_DEFBUTTON3 spezifiziert wurde.

MB_DEFBUTTON2 Die zweite Schaltfläche ist ausgewählt.

MB_DEFBUTTON3 Die dritte Schaltfläche ist ausgewählt.

MB_ICONASTERISK Hat die gleiche Bedeutung wie MB_ICONINFORMATION.

MB_ICONEXCLAMATION Ein Ausrufezeichen erscheint im Meldungsfenster.

MB_ICONHAND Hat die gleiche Bedeutung wie MB_ICONSTOP.

MB_ICONINFORMATION Ein kleines i in einem Kreis erscheint im Meldungsfenster.

MB_ICONQUESTION Ein Fragezeichen erscheint im Meldungsfenster.

MB_ICONSTOP Ein Stopzeichen erscheint im Meldungsfenster.

MB_OK Das Meldungsfenster enthält nur die Schaltfläche *OK*.

MB_OKCANCEL Das Meldungsfenster hat zwei Schaltflächen: *OK* und *Abbrechen*.

MB_RETRYCANCEL Das Meldungsfenster hat zwei Schaltflächen: *Wiederholen* und *Abbrechen*.

MB_SYSTEMMODAL Der Anwender muß auf dieses Meldungsfenster reagieren. Er kann nicht in eine andere Anwendung umschalten.

MB_TASKMODAL Hat die gleiche Bedeutung wie MB_APPMODAL mit der Ausnahme, daß alle Hauptfenster, die zur aktuellen Task gehören, gesperrt sind, wenn *hWndParent* NULL ist.

MB_YESNO Das Meldungsfeld enthält die beiden Schaltflächen *Ja* und *Nein*.

MB_YESNOCANCEL Das Meldungsfeld enthält drei Schaltflächen: *Ja*, *Nein* und *Abbrechen*.

▒ Rückgabewert:

Ist nicht genügend Speicherplatz vorhanden, wird Null zurückgegeben. Im anderen Fall einer der folgenden Werte:

Wert	Bedeutung
IDABORT	Abbruch-Schaltfläche gedrückt
IDCANCEL	Abbruch-Schaltfläche gedrückt
IDIGNORE	Ignorieren-Schaltfläche gedrückt
IDNO	Nein-Schaltfläche gedrückt
IDOK	OK-Schaltfläche gedrückt
IDRETRY	Wiederholen-Schaltfläche gedrückt
IDYES	Ja-Schaltfläche gedrückt

Wenn das Meldungsfeld eine Abbruch-Schaltfläche hat, wird IDCANCEL zurückgeliefert, falls entweder die Abbruchschaltfläche oder die [Esc]-Taste gedrückt wurde. Hat das Meldungsfeld keine Abbruchschaltfläche, bleibt die [Esc]-Taste wirkungslos.

LoadCursor

▒ Syntax:

HCURSOR LoadCursor*(hinst, pszCursor)*

Diese Funktion lädt die Cursor-Ressource, die durch den Parameter *pszCursor* bezeichnet ist. *hinst* identifiziert die Instanz des Moduls, das den zu ladenden Cursor enthält.

▒ Rückgabewert:

Der Rückgabewert ist der Handle (*HCURSOR*) dieses geladenen Cursors.

▒ Bemerkungen:

Soll ein vordefinierter Cursor verwendet werden, wird *hinst* auf 0 gesetzt und für *pszCursor* einer der folgenden Werte benutzt:

IDC_ARROW	Standard Pfeil-Cursor	
IDC_CROSS	Kreuz	
IDC_IBEAM	Text-I-Cursor	
IDC_ICON	Ein Rechteck in einem Rechteck	
IDC_SIZE	Ein Kreuz, das in alle vier Himmelsrichtungen zeigt	
IDC_SIZENESW	Doppelpfeil von oben rechts nach unten links	
IDC_SIZENS	Doppelpfeil von oben nach unten	
IDC_SIZENWSE	Doppelpfeil von oben links nach unten rechts	
IDC_SIZEWE	Doppelpfeil von links nach rechts	
IDC_UPARROW	Pfeil nach oben	
IDC_WAIT	Sanduhr	

Die Bezeichnung IDC steht für ”ID Cursor”.

LoadIcon

- Syntax:

HICON LoadIcon*(hinst, pszIcon)*

Diese Funktion lädt die Symbol-Ressource, die durch den Parameter *pszIcon* bezeichnet ist. *hinst* identifiziert die Instanz des Moduls, das das zu ladende Symbol enthält.

- Rückgabewert:

Der Rückgabewert ist der Handle (*HICON*) dieses geladenen Symbols.

■ Bemerkungen:

Soll ein vordefiniertes Symbol verwendet werden, wird *hinst* auf 0 gesetzt und für *pszIcon* einer der folgenden Werte benutzt:

IDI_APPLICATION 

IDI_ASTERISK 

IDI_EXCLAMATION 

IDI_HAND 

IDI_QUESTION 

SetCursor

■ Syntax:

HCURSOR SetCursor*(hcur)*

Die Funktion SetCursor ändert den Cursor in die Form, die *hcur* bestimmt. *hcur* muß vorher mit der Funktion LoadCursor ermittelt worden sein. Ist der Parameter *hcur* gleich NULL, wird der Cursor vom Bildschirm entfernt.

■ Rückgabewert:

Der Rückgabewert ist der Handle (*HCURSOR*) des vorherigen Cursors.

■ Bemerkungen:

Eine Anwendung, die den Cursor in ihrem Fenster ändern muß, sollte sicherstellen, daß der Cursor für die Fensterklasse auf NULL gesetzt ist (wc.hCursor = NULL). Ist der Cursor der Fensterklasse nicht NULL, wird er standardmäßig bei jeder Bewegung der Maus in die Ursprungsform zurückgesetzt.

WinHelp

■ Syntax:

BOOL WinHelp*(hwnd, lpszHelpFile, fuCommand, dwData)*

Die Funktion WinHelp startet WINHELP.EXE und übergibt zusätzliche Daten, die die gewünschte Hilfe genauer beschreiben. Das Programm gibt den Namen und bei Bedarf den Pfad der Hilfedatei (*.HLP) an, die WINHELP anzeigen soll.

■ Parameter:

hwnd Bestimmt das Fenster, das Hilfe benötigt.

lpszHelpFile Zeiger auf einen String, der den Namen der Hilfedatei und wenn nötig den Pfadnamen enthält.

fuCommand Legt den Typ der angeforderten Hilfe fest (siehe unten).

dwData Bestimmt zusätzliche Werte. Die Bedeutung des Wertes hängt vom Wert des Parameters *fuCommand* ab (siehe unten).

■ Rückgabewert:

Der Rückgabewert ist ungleich Null, wenn die Funktion erfolgreich war, anderenfalls Null.

■ Bemerkungen:

Bevor das Fenster geschlossen wird, das die Hilfe aufgerufen hat, muß das Programm WinHelp nochmals aufrufen, wobei der Parameter *fuCommand* den Wert HELP_QUIT hat. Wenn eine Anwendung dies unterläßt, wird die Windows-Hilfe nicht beendet. In der Regel sollte dieser Aufruf spätestens auf die Nachricht WM_DESTROY hin erfolgen. Wurden mehrere Hilfedateien geöffnet, müssen sie auch alle wieder explizit geschlossen werden.

Beispiel:

```
case WM_DESTROY:
WinHelp(hwnd, lpszHelpFile, HELP_QUIT, NULL)
```

Die folgende Tabelle zeigt die möglichen Werte des Parameters *fuCommand* und die zugehörigen Werte des *dwData*-Parameters:

fuCommand	***dwData***	**Bedeutung**
HELP_CONTEXT	Ein unsigned long Integer, der die Kontextnummer des Themas enthält.	Zeigt die Hilfe an, die durch die Kontextnummer festgelegt ist. Die Nummern sind im [MAP]-Abschnitt der HPJ-Datei definiert worden.
HELP_ CONTENTS	Wird ignoriert. Sollte auf 0L gesetzt werden.	Zeigt das Inhaltsverzeichnis an, so wie es durch die CONTENTS-Option im [OPTIONS]-Abschnitt definiert wurde.

fuCommand	***dwData***	**Bedeutung**
HELP_ SETCONTENTS	Ein unsigned long Integer, der die Kontextnummer des Themas enthält, das die Anwendung als Inhaltsthema verwenden möchte.	Legt fest, welches Inhaltsthema angezeigt werden soll, wenn der Benutzer [F1] drückt.
HELP_ CONTEXT-POPUP	Ein unsigned long Integer, der die Kontextnummer des Themas enthält.	Zeigt in einem Pop-Up-Fenster ein bestimmtes Hilfethema an, das durch eine Kontextnummer spezifiziert wurde. Die Nummer ist im [MAP]-Abschnitt der HPJ-Datei definiert worden.
HELP_KEY	Ein Zeiger auf eine Zeichenkette, die ein Schlüsselwort für das gewünschte Thema enthält.	Zeigt das Thema an, das dem Schlüsselwort entspricht. Werden mehrere Themen gefunden, wird die "Suchen"-Dialogbox angezeigt.
HELP_ PARTIALKEY	Ein Zeiger auf eine Zeichenkette, die ein Schlüsselwort für das gewünschte Thema enthält.	Zeigt das Thema an, das dem Schlüsselwort entspricht. Werden mehrere oder keine Themen gefunden, wird die "Suchen"-Dialogbox angezeigt. Soll nur die "Suchen"-Dialogbox erscheinen, muß eine leere Zeichenkette übergeben werden.
HELP_ MULTIKEY	Ein Zeiger auf die MULTIKEYHELP-Struktur, wie sie in windows.h definiert ist.	Zeigt das Thema an, das durch ein Schlüsselwort in der zusätzlichen Schlüsselwort-tabelle definiert wird.

fuCommand	*dwData*	**Bedeutung**
	Diese Struktur legt die Tabelle der Fußnotenzeichen und Schlüsselwörter fest.	
HELP_ COMMAND	Ein Zeiger auf eine Zeichenkette, die das auszuführende Makro enthält.	Führt das Makro aus.
HELP_ SETWINPOS	Ein Zeiger auf die Struktur HELPWININFO (definiert in windows.h). Diese Struktur bestimmt die Größe und Position des Hilfefensters.	Zeigt das Hilfefenster gemäß den übergebenen Daten an.
HELP_ FORCEFILE	Wird ignoriert. Sollte auf 0L gesetzt werden.	Sorgt dafür, daß WinHelp die richtige Datei anzeigt. Wird die richtige Datei bereits angezeigt, geschieht nichts. Anderenfalls öffnet WinHelp die richtige Datei.
HELP_ HELPONHELP	Wird ignoriert. Sollte auf 0L gesetzt werden.	Zeigt das Thema *Hilfe benutzen* an.
HELP_QUIT	Wird ignoriert. Sollte auf 0L gesetzt werden.	Meldet der Windows-Hilfe, daß sie nicht länger benötigt wird. Wird Hilfe auch von keiner anderen Anwendung momentan verwendet, wird sie geschlossen.

D Meldungen

Die folgende Liste enthält beispielhaft zwei Meldungen. Für eine vollständige und ausführliche Beschreibung aller Meldungen sehen Sie bitte in der Online-Hilfe oder den Handbüchern nach.

WM_MOUSEMOVE

Diese Nachricht wird geschickt, wenn der Benutzer die Maus bewegt.

- Parameter-Beschreibung:

wParam Enthält einen Wert, der anzeigt, ob bestimmte Tasten gedrückt sind (*wParam* entspricht der Variablen *parameter1* in den ersten Beispielprogrammen des Buches). Es kann sich dabei um eine Kombination der folgenden Werte handeln:

MK_CONTROL	[Strg] gedrückt
MK_LBUTTON	Linke Maustaste gedrückt
MK_MBUTTON	Mittlere Maustaste gedrückt
MK_RBUTTON	Rechte Maustaste gedrückt
MK_SHIFT	[⇧] gedrückt

lParam Enthält den Wert der x- und y-Koordinaten des Cursors (*lParam* entspricht der Variablen *parameter2* in den ersten Beispielprogrammen des Buches). Die x-Koordinate ist das niederwertige Wort, die y-Koordinate das höherwertige. Die Koordinaten beziehen sich immer auf die obere linke Ecke.

WM_LBUTTONDBLCLK

Diese Nachricht wird geschickt, wenn der Benutzer die linke Maustaste doppelklickt.

- Parameter-Beschreibung:

wParam Enthält einen Wert, der anzeigt, ob bestimmte Tasten gedrückt sind (*wParam* entspricht der Variablen *parameter1* in den ersten Beispielprogrammen des Buches). Es kann sich dabei um eine Kombination der folgenden Werte handeln:

MK_CONTROL	[Strg] gedrückt
MK_LBUTTON	Linke Maustaste gedrückt
MK_MBUTTON	Mittlere Maustaste gedrückt
MK_RBUTTON	Rechte Maustaste gedrückt
MK_SHIFT	[⇧] gedrückt

lParam Enthält den Wert der x- und y-Koordinaten des Cursors (*lParam* entspricht der Variablen *parameter2* in den ersten Beispielprogrammen des Buches). Die x-Koordinate ist das niederwertige Wort, die y-Koordinate das höherwertige. Die Koordinaten beziehen sich immer auf die obere linke Ecke.

Hinweis: Nur Fenster, deren Fensterklasse den Stil CS_DBLCLKS haben, können Doppelklick-Nachrichten erhalten!

E Tabellen

ASCII-Tabelle

Windows benutzt nicht die ASCII-Tabelle, welche auch als OEM-Zeichensatz bezeichnet wird. Man kann jedoch in Windows-Anwendungen diese Zeichen eingeben, indem man die [Alt]-Taste gedrückt hält und auf dem separaten Ziffernblock der Tastatur den Zeichencode eintippt. Dann erst darf die [Alt]-Taste losgelassen werden. Tippt man beispielsweise [Alt]+172, so erhält man das Zeichen ¼. Windows transformiert das Zeichen bei der Eingabe jedoch in den Code 188, der im ANSI-Zeichensatz dieses Zeichen repräsentiert. Zeichen des ASCII-Zeichensatzes, die kein Äquivalent im ANSI-Code haben, können nicht in Windows-Anwendungen benutzt werden!

ASCII-Code (Industriestandard Set#2)

NULL	☺	☻	♥	♦	♣	♠	BEL	◘	TAB	LF	VT	FF	CR	♫	☼	►	◄	↕	‼
0	1	2	3	4	5	6	7	8	9	10	11	12	13	14	15	16	17	18	19
¶	§	▬	↨	↑	↓	→	←	∟	↔	▲	▼	BLANK	!	"	#	$	%	&	'
20	21	22	23	24	25	26	27	28	29	30	31	32	33	34	35	36	37	38	39
(	)	*	+	,	-	.	/	0	1	2	3	4	5	6	7	8	9	:	;
40	41	42	43	44	45	46	47	48	49	50	51	52	53	54	55	56	57	58	59
<	=	>	?	@	A	B	C	D	E	F	G	H	I	J	K	L	M	N	O
60	61	62	63	64	65	66	67	68	69	70	71	72	73	74	75	76	77	78	79
P	Q	R	S	T	U	V	W	X	Y	Z	[	\	]	^	_	`	a	b	c
80	81	82	83	84	85	86	87	88	89	90	91	92	93	94	95	96	97	98	99
d	e	f	g	h	i	j	k	l	m	n	o	p	q	r	s	t	u	v	w
100	101	102	103	104	105	106	107	108	109	110	111	112	113	114	115	116	117	118	119
x	y	z	{	¦	}	~	⌂	Ç	ü	é	â	ä	à	å	ç	ê	ë	è	ï
120	121	122	123	124	125	126	127	128	129	130	131	132	133	134	135	136	137	138	139
î	ì	Ä	Å	É	æ	Æ	ô	ö	ò	û	ù	ÿ	Ö	Ü	¢	£	¥	₧	ƒ
140	141	142	143	144	145	146	147	148	149	150	151	152	153	154	155	156	157	158	159
á	í	ó	ú	ñ	Ñ	ª	º	¿	⌐	¬	½	¼	¡	«	»	░	▒	▓	│
160	161	162	163	164	165	166	167	168	169	170	171	172	173	174	175	176	177	178	179
┤	╡	╢	╖	╕	╣	║	╗	╝	╜	╛	┐	└	┴	┬	├	─	┼	╞	╟
180	181	182	183	184	185	186	187	188	189	190	191	192	193	194	195	196	197	198	199
╚	╔	╩	╦	╠	═	╬	╧	╨	╤	╥	╙	╘	╒	╓	╫	╪	┘	┌	█
200	201	202	203	204	205	206	207	208	209	210	211	212	213	214	215	216	217	218	219
▄	▌	▐	▀	α	β	Γ	π	Σ	σ	µ	τ	Φ	Θ	Ω	δ	∞	ø	∈	∩
220	221	222	223	224	225	226	227	228	229	230	231	232	233	234	235	236	237	238	239
≡	±	≥	≤	⌠	⌡	÷	≈	°	·	.	√	ⁿ	²	■					
240	241	242	243	244	245	246	247	248	249	250	251	252	253	254	255				

- **BEL** BELL = Glocke, erzeugt eine akustische Ausgabe (Signalton).
- **TAB** TABULATOR: springt zur nächsten Bildschirmtabulatorposition.
- **LF** LINE FEED = aktuelle Position eine Zeile nach unten bewegen.
- **VT** HOME = neue aktuelle Position ist die linke obere Ecke des Bildschirms.
- **FF** FORM FEED = Bildschirminhalt wird gelöscht, neue Seite einrichten.
- **CR** CARRIAGE RETURN = neue Zeile am linken Bildschirmrand beginnen.

ANSI-Tabelle

Der ANSI-Zeichensatz ist der neue Zeichensatz für Computerprogramme. Er wird von Windows und seinen Anwendungen benutzt. Zeichen dieser Tabelle, die nicht direkt über Tasten eingegeben werden können, erhält man durch Festhalten der [Alt]-Taste und Eintippen der 0, gefolgt vom entsprechenden Zeichencode auf dem numerischen Ziffernblock. Mit [Alt]+0188 erhält man also das Zeichen 1/4.

ANSI-Zeichensatz

								RS	TAB				CR						
0	1	2	3	4	5	6	7	8	9	10	11	12	13	14	15	16	17	18	19
												BLANK	!	"	#	$	%	&	'
20	21	22	23	24	25	26	27	28	29	30	31	32	33	34	35	36	37	38	39
(	)	*	+	,	-	.	/	0	1	2	3	4	5	6	7	8	9	:	;
40	41	42	43	44	45	46	47	48	49	50	51	52	53	54	55	56	57	58	59
<	=	>	?	@	A	B	C	D	E	F	G	H	I	J	K	L	M	N	O
60	61	62	63	64	65	66	67	68	69	70	71	72	73	74	75	76	77	78	79
P	Q	R	S	T	U	V	W	X	Y	Z	[	\	]	^	_	`	a	b	c
80	81	82	83	84	85	86	87	88	89	90	91	92	93	94	95	96	97	98	99
d	e	f	g	h	i	j	k	l	m	n	o	p	q	r	s	t	u	v	w
100	101	102	103	104	105	106	107	108	109	110	111	112	113	114	115	116	117	118	119
x	y	z	{	|	}	~													
120	121	122	123	124	125	126	127	128	129	130	131	132	133	134	135	136	137	138	139
140	141	142	143	144	145	146	147	148	149	150	151	152	153	154	155	156	157	158	159
BLANK	¡	¢	£	¤	¥	¦	§	¨	©	ª	«	¬	-	®	¯	°	±	²	³
160	161	162	163	164	165	166	167	168	169	170	171	172	173	174	175	176	177	178	179
´	µ	¶	·	¸	¹	º	»	¼	½	¾	¿	À	Á	Â	Ã	Ä	Å	Æ	Ç
180	181	182	183	184	185	186	187	188	189	190	191	192	193	194	195	196	197	198	199
È	É	Ê	Ë	Ì	Í	Î	Ï	Ð	Ñ	Ò	Ó	Ô	Õ	Ö		Ø	Ù	Ú	Û
200	201	202	203	204	205	206	207	208	209	210	211	212	213	214	215	216	217	218	219
Ü	Ý	Þ	ß	à	á	â	ã	ä	å	æ	ç	è	é	ê	ë	ì	í	î	ï
220	221	222	223	224	225	226	227	228	229	230	231	232	233	234	235	236	237	238	239
ð	ñ	ò	ó	ô	õ	ö		ø	ù	ú	û	ü	ý	þ	ÿ				
240	241	242	243	244	245	246	247	248	249	250	251	252	253	254	255				

RS RÜCKSCHRITT = löscht das Zeichen links von der Cursorposition.
TAB TABULATOR = springt zur nächsten Bildschirmtabulatorposition.
CR CARRIAGE RETURN = neue Zeile am linken Bildschirmrand beginnen.

Achtung:
Diese Tabelle stellt den Standardfont dar, auch System genannt. Wenn eine Windows-Anwendung einen anderen Font benutzt, so erscheinen häufig auch andere Zeichen. Ein Beispiel hierfür ist eine Textverarbeitung wie WRITE, die den Font Wingdings benutzen kann. Sie erhalten bei diesem Font für Alt+0188 das Zeichen

Literaturverzeichnis

Marcellus Buchheit: Windows Programmierbuch, Sybex Verlag, 1992
Helmut Erlenkötter, Volker Reher: Programmiersprache C, Rowohlt Verlag, 1992
Helmut Erlenkötter, Volker Reher: Betriebssystem Windows 3.1, Rowohlt Verlag, 1992
Charles Petzhold: Programmierung unter Windows, Microsoft Press, 1993

Produkt- und Warenname

Hinweis

Bücher auf Rädern

Nibelungen-Buchhandlung · Arno Juhre

Spohrstraße 41 · 60318 Frankfurt
Telefon 069/5 50 50-7+8 · Telefax 069/5 50 50-9
Btx 069568197 · Mobil 01 72/67[illegible]56

Datum: 17.4.97

Anz.	Artikel	Preis	DM	Pf
1	C für Windows		16,00	

Im Betrag sind 7 %= ____________ DM MwSt. enthalten

Verk.	3-000250	Bei Irrtum oder Umtausch bitte diesen Kassenzettel vorlegen.

Stichwortverzeichnis